Ästhetische Modellierung von politischer Macht in der Literatur

STUDIEN ZUR DEUTSCHEN UND EUROPÄISCHEN LITERATUR DES 19. UND 20. JAHRHUNDERTS

Begründet von Dieter Kafitz, Franz Norbert Mennemeier und Erwin Rotermund

Herausgegeben von Bernhard Spies

BAND 75

PETER LANG

Nanka Anatere

Ästhetische Modellierung von politischer Macht in der Literatur

Untersuchungen zu ausgewählten afrikanischen und deutschsprachigen Romanen des 20. Jahrhunderts

PETER LANG

Bibliografische Information der Deutschen Nationalbibliothek
Die Deutsche Nationalbibliothek verzeichnet diese Publikation in der Deutschen Nationalbibliografie; detaillierte bibliografische Daten sind im Internet über http://dnb.d-nb.de abrufbar.

Zugl.: Mainz, Univ., Diss., 2017

Die Publikation ist mit freundlicher Unterstützung der Konrad-Adenauer-Stiftung (KAS) erfolgt.

Gedruckt auf alterungsbeständigem, säurefreiem Papier.

Druck und Bindung: CPI books GmbH, Leck

D 77
ISSN 0946-9168
ISBN 978-3-631-75942-4 (Print)
E-ISBN 978-3-631-77684-1 (E-PDF)
E-ISBN 978-3-631-77685-8 (EPUB)
E-ISBN 978-3-631-77686-5 (MOBI)
DOI 10.3726/b15124

Peter Lang – Berlin · Bern · Bruxelles · New York · Oxford · Warszawa · Wien

Diese Publikation wurde begutachtet.

www.peterlang.com

Inhaltsverzeichnis

Dank

Die vorliegende Arbeit, die von der Problematik politischer Macht in der Literatur handelt, wurde im März 2017 dem Fachbereich 05 der Johannes Gutenberg-Universität Mainz als Dissertation vorgelegt. Sie wurde für die aktuelle Fassung leicht überarbeitet. Dank der Unterstützung mehrerer Personen und Institutionen ist sie zustande gekommen. Im Folgenden möchte ich ihnen meinen Dank aussprechen.

Zunächst bedanke ich mich bei der Konrad-Adenauer-Stiftung e.V. (KAS) für die finanzielle Unterstützung, aber auch für die ideelle Förderung durch themenreiche studienbegleitende Seminarprogramme. Die Teilnahme an diesen Seminarprogrammen ermöglichte den StipendiatInnen, nicht nur ihre Kenntnisse über verschiedene Themen zu vertiefen, sondern auch gute Freundschaften zu knüpfen. Mein Dank geht auch an alle Mitarbeiter der KAS.

Herrn Prof. Dr. Bernhard Spies bin ich besonders dankbar für die Betreuung dieser Arbeit. Er war immer ansprechbar und begleitete mich durch alle Etappen der Arbeit stets mit Rat und Tat. Meine Probekapitel las und korrigierte er mit einer bewundernswerten Schnelligkeit. Seine Ratschläge und Bemerkungen haben mich zur Selbstverbesserung geführt. Seine menschliche Wärme und tatkräftige Unterstützung für jedwede Verlängerung meiner finanziellen Förderung durch die KAS werden mir immer in Erinnerung bleiben. Frau Prof. Dr. Véronique Porra danke ich auch von Herzen für die Übernahme der Co-Betreuung meiner Dissertation und des zweiten Gutachtens.

Gedankt sei Herrn Prof. Dr. Hans-Joachim Fuchs aus dem Geographischen Institut, Vertrauensdozent der KAS-Stipendiatengruppe 03 Mainz, für die Unterstützung. Herrn Prof. Dr. Serge Glitho bin ich für die wertvollen Ratschläge während meiner Forschung zu Dank verpflichtet.

Ellen Stephainski, Dr. Ernst Conzelmann, Florian Meyer, Dr. Dieter Roth, Dr. Signe Seiler, Melanie Selle, Irmela Götz und Thorsten Nasse gilt mein herzlicher Dank für die vielwertige Hilfe beim Korrekturlesen.

Herrn N'Tchombitché Axel Séidou drücke ich an dieser Stelle meinen Dank für das gegenseitige Ermutigen während unserer Forschungszeit aus. Zu guter Letzt bin ich allen Freunden, die mich auf irgendeine Weise unterstützt haben, dankbar.

Einleitung

1 Zum Thema, zur Fragestellung und zur Zielsetzung der Arbeit

Die Diskussion über politische Macht, insbesondere die Legitimität von Macht, wird nicht nur von Politikern und Publizisten in der politischen Öffentlichkeit geführt, sondern auch in der literarischen Öffentlichkeit. Auch wenn Schriftsteller sich in dieser Debatte oft diskursiv und direkt programmatisch äußern, so formulieren sie doch die spezifisch schriftstellerischen Beiträge durch die sprachliche Konstruktion imaginärer Welten. Das Thema der vorliegenden Arbeit „Ästhetische Modellierung von politischer Macht in der Literatur. Untersuchungen zu ausgewählten afrikanischen und deutschsprachigen Romanen des 20. Jahrhunderts" interessiert sich gerade für diese literarisch-ästhetischen Wortmeldungen, um sie zu analysieren und einer breiteren Allgemeinheit zugänglich zu machen.

Im Jahre 2012 stellte ein prominenter afrikanischer Literaturkritiker, Alexie Tcheuyap, in seinem Vorwort zum Buch *Imaginary spaces of power in sub-Saharan literatures and films* rhetorisch die Frage, ob sich ein weiteres Buch über ein solches Thema lohne. Er antwortete darauf, indem er auf die damals hochaktuellen Ereignisse im politischen Bereich hinwies: „Un autre ouvrage sur l'imaginaire du pouvoir en Afrique? La question mérite-t-elle encore la moindre attention? Le champ n'est-il pas éculé? De telles interrogations pourraient sembler légitimes – et même pertinentes – si l'actualité la plus brutale ne cessait de nous crever les yeux"[1]. Diese Antwort von Alexie Tcheuyap bestätigt die Aktualität und die Wichtigkeit meines Forschungsthemas, denn bis heute wird – nicht nur in Afrika, sondern auch in allen Weltteilen – angesichts aktueller Geschehnisse[2] die Problematik von politischer Macht intensiver diskutiert. Übrigens ist Tcheuyap, nachdem er die damaligen Ereignisse skizziert hat, der Meinung, dass in Afrika das Ende der Überlegungen über dieses Thema ein „énigme" (ein

---

1 Alexie Tcheuyap: „Préface" zu Alix Mazuet (Hrsg.): *Imaginary spaces of power in sub-Saharan literatures and films*, Newcastle upon Tyne: Cambridge Scholars Publishing 2012, S. vii–xi, hier S. vii.

2 Als Zeitereignisse kann man, was den afrikanischen Kontinent betrifft, die Beispiele der beiden Kongos nennen, in denen eine unerbittliche Gewalt gegen die Bevölkerungen angewandt wird. In anderen Teilen der Welt ist die Situation in Syrien, die vor allem in Deutschland weiter hohe Wellen schlägt, erwähnenswert.

Rätsel) sei[3], man würde besser sagen, völlig „offen" ist. Gerechter wäre es eigentlich zu formulieren, dass dies in der ganzen Welt ein Rätsel ist. Bei den heutigen politischen Debatten wird immer wieder ein Rückblick auf das 20. Jahrhundert geworfen. Mit Recht, wenn man sich die bedenklichen politischen Tatsachen in Europa, vor allem in Deutschland, bis Anfang 90er Jahre jenes Jahrhunderts in Erinnerung ruft. Auch das postkoloniale Afrika blieb zur gleichen Zeit nicht davon unbetroffen. Die politischen Tatsachen im postkolonialen Afrika wie in Deutschland bzw. Europa im 20. Jahrhundert haben viele Schriftsteller veranlasst, sich in ihren Werken mit der Problematik von Macht literarisch-ästhetisch auseinanderzusetzen.

Mein Arbeitsthema wird anhand von vier Romanen aus dem 20. Jahrhundert behandelt: zwei frankophonen Romanen aus der afrikanischen Literatur südlich der Sahara und zwei aus der deutschsprachigen. Es handelt dabei sich um: *La vie et demie*[4] des kongolesischen Schriftstellers Sony Labou Tansi, *En attendant le vote des bêtes sauvages*[5] des Ivorers Ahmadou Kourouma, *Lidice*[6] von Heinrich Mann und *Das grosse Netz*[7] Hermann Kasacks. Den ausgewählten Texten ist gemeinsam das Thematisieren der Legitimität von politischer Macht. In den afrikanischen Romanen wird diese Frage generell aus der Sicht der Machtelite selber, d.h. der jeweiligen Herrschenden wie ihrer unmittelbaren Gegner thematisiert. Eine solche Darstellungsperspektive kommt in der deutschen Literatur, seltener in Romanen, sondern viel eher in Dramen vor. Dramatische deutsche Texte wären jedoch mit den afrikanischen Romantexten nicht vergleichbar, zumal sie in der theoretischen Sache abgehoben wären.

Dass die Repräsentation von politischer Macht aus der Sicht der Mächtigen in der deutschen Literatur vielmehr in Dramen vorgenommen wird, wirft eine nicht unerhebliche Frage auf: Warum zeigen die deutschen Autoren gerade dann eine große Affinität zum Drama, wenn sie sich einmal mit der Problematik politischer Macht von „Oben", d.h. aus dem Blickwinkel der Regierenden, literarisch auseinandersetzen wollen? Eine mögliche Antwort auf diese Frage suggeriert der deutsche Germanist Bernhard Spies in seinem Aufsatz zum Thema Macht in

---

3 Vgl. Alexie Tcheuyap: „Préface", a. a. O., S. x–xi.

4 Sony Labou Tansi: *La vie et demie*, Paris: Seuil 1979.

5 Ahmadou Kourouma: *En attendant le vote des bêtes sauvages*, texte intégral, Paris: Seuil 1998.

6 Heinrich Mann: *Lidice*, 1. Auflage, Berlin und Weimar: Aufbau-Verlag 1984.

7 Hermann Kasack: *Das grosse Netz*, Berlin und Frankfurt am Main: Suhrkamp Verlag 1952.

deutschen Dramen von Schiller bis Dürrenmatt[8]. Was die Affinität ausmacht, lässt sich schön an einer historischen Anekdote erläutern: Am 2. Oktober 1808 trifft sich der französische Kaiser Napoleon mit dem bekanntesten deutschen Klassiker in Erfurt. Bei diesem Treffen klärt der Kaiser Goethe über seine Ansichten zum Drama auf und im Speziellen über seine Ablehnung der Schicksalsdramen der französischen Klassik „wegen ihres obsoleten Begriffs vom Schicksal"[9]. Dabei betont er sein persönliches Verständnis vom Schicksal als keinesfalls mehr eine dem Menschen übergeordnete Instanz, sondern als etwas, das der Mensch selbst gestalten könne. Er drückt es exemplarisch-demonstrativ durch folgendes Diktum aus: „Die Politik ist das Schicksal". Diese politische Poetologie Napoleons hat, Spies zufolge, vor allem die Dramatiker des 19. und 20. Jahrhunderts beeindruckt; allerdings weniger wegen der Überzeugungskraft jenes Diktums als vielmehr wegen „der weitreichenden Modernisierung des politischen Systems", die sowohl die Französische Revolution als auch die Siege und Niederlagen Napoleons veranlassten[10]. Diese Schriftsteller versuchen, in Dramen die „Gleichsetzung von Macht und Legitimität", die Napoleon durch seine Poetologie erkennen lässt und die ihnen zum Problem werde, zu thematisieren. Spies zählt im Zeitraum zwischen 1800 und dem Abfassen seines Artikels (2003) 127 Dramen-Titel, die an der historischen Person Napoleons das Problem der Legitimität von Macht behandeln[11].

Dennoch schließt die genregemäße Nähe von Drama und Politik keineswegs aus, dass die Darstellung von Mächtigem bei der Ausübung von Macht zum Stoff von Prosatexten wird. Solche Texte – meist Novellen und Romane – sind vergleichsweise geringer an der Zahl; umso mehr fallen sie in der erzählenden Literatur als Texte auf, die nicht nur inhaltlich, sondern auch in der ästhetischen Form Außerordentliches versuchen. Das wird sich auch bei der Analyse der Romane von Heinrich Mann und Hermann Kasack zeigen.

Der Roman *Lidice* von Heinrich Mann weist zudem auch Gemeinsamkeiten mit weiteren deutschen Texten auf. In der Forschung wird immer wieder auf die Ähnlichkeiten von Heinrich Manns Text mit jenen literarischen Werken verwiesen. Es handelt sich dabei um das im Jahre 1941 geschriebene, aber erst 1957

---

8 Bernhard Spies: „Die Macht im Drama. Napoleon-Dramen von Schiller bis Dürrenmatt". In: Peter Ensberg/Jürgen Kost (Hrsg.): *Klassik-Rezeption: Auseinandersetzung mit einer Tradition. Festschrift für Wolfgang Düsing*, Würzburg: Königshausen & Neumann 2003, S. 243–255.

9 Bernhard Spies: „Die Macht im Drama.", a. a. O, S. 243.

10 Ebd., S. 243.

11 Vgl. Ebd., S. 244, Anm. 3.

in Deutschland veröffentlichtes Drama *Der aufhaltsame Aufstieg des Arturo Ui* von Bertolt Brecht und Lion Feuchtwangers zum ersten Mal 1936 im Querido-Verlag, in Amsterdam, erschienenen Roman *Der falsche Nero*. Bei *Lidice* und *Der falsche Nero* unterstreichen die Literaturkritiker die in beiden Texten stattfindende „Verwendung des Nachahmungs- und des Doppelgänger-Motivs bei der Gestaltung des Faschismus, die Darstellung von führenden Nationalsozialisten als Schauspieler“[12]. *Der aufhaltsame Aufstieg des Arturo Ui* und *Lidice* hätten gemeinsam die Darstellung der NS-Führer als Schauspieler. Im Zusammenhang mit Heinrich Manns Roman kommentiert Uwe Naumann das Schauspielertum im dramatischen Text Brechts folgendermaßen: „Bertolt Brecht läßt in seinem Stück ‚Der aufhaltsame Aufstieg des Arturo Ui‘ (1941) die Figur des Ui (Hitler) Unterricht von einem verarmten Shakespeare-Schauspieler nehmen – Gestik, Mimik und Stimme werden zielbewußt eingeübt, um die Menschen täuschen zu können“[13].

Wie in der Formulierung meines Forschungsthemas angekündigt, wird in vorliegender Untersuchung eine vergleichende Studie durchgeführt. Sie reiht sich aus diesem Grund in das Gebiet der Komparatistik ein. Die zu analysierenden afrikanischen und deutschen Romane gehen, wie die Untersuchung zeigen wird, auf unterschiedliche Herrschaftssysteme und Erfahrungen von Machtausübung zurück. Sie weisen dennoch Berührungspunkte in der angewandten Ästhetik auf: Diese Ästhetik ist die der Skandalisierung. Die Skandalisierungsästhetik wird in der vorliegenden Analyse als ein Darstellungsverfahren verstanden, bei dem der dargestellte Gegenstand als etwas moralisch Verwerfliches, Verachtenswertes, ja als ein Unding hingestellt wird und in der Konsequenz als

12 Uwe Naumann: *Faschismus als Groteske: Heinrich Manns Roman „Lidice“*, Worms: Heintz 1980, S. 97. Siehe auch S. 98. Die Ähnlichkeit von den beiden Texten hat in einem Aufsatz zu einer vergleichenden Analyse geführt; vgl. Frédéric Teinturier: „Le rire comme arme: satire et grotesque dans *Der Falsche Nero* de Lion Feuchtwanger et dans *Lidice* d'Heinrich Mann“. In: Daniel Azuélos (Hrsg.): *Lion Feuchtwanger und die deutschsprachigen Emigranten in Frankreich von 1933 bis 1941/Lion Feuchtwanger et les exilés de langue allemande en France de 1933 à 1941*, Bern [u.a.]: Peter Lang 2006, S. 207–224. In der deutschen Zusammenfassung seines Aufsatzes betont der Verfasser die Gemeinsamkeit von beiden Texten so: „In ihren in vorliegender Untersuchung herangezogenen Büchern ziehen beide Autoren […] die Nazis ins Lächerliche, indem sie einen satirisch-entlarvenden Doppelgänger der Henker auftreten lassen.“, S. 207.

13 Uwe Naumann: *Faschismus als Groteske*, a. a. O., S. 98. [Hervorhebung von Uwe Naumann].

etwas, was nur abgelehnt werden soll. Das ist eine abstrakte Verteuflung eines Gegenstandes oder einer Person schlechthin.

Die auf der Ebene der Darstellung festgestellten Ähnlichkeiten zwischen den zu analysierenden afrikanischen und deutschsprachigen Texten lassen sich durch vergleichbare politische Bedingungen erklären, unter denen diese Texte entstanden sind. Diese Bedingungen sind analog, denn es handelt sich um Kontexte willkürlicher Herrschaft. Kontakte zwischen den behandelten afrikanischen und den deutschen Autoren lassen sich, soweit ich sehe, nicht herausstellen; auch keine Beeinflussung der Ersteren durch die Letzteren. Nirgends in ihren Interviews (siehe Literaturverzeichnis, Nr. 5), die ich gelesen habe, deuten die ausgewählten afrikanischen Schriftsteller auf die deutsche Literatur hin. Im Falle von Sony Labou Tansi wurde in der Forschung mehrfach seine Affinität mit lateinamerikanischer Literatur diskutiert (vgl. nächstes Unterkapitel und Kap. 1, Teil I) und aufgezeigt, dass er sich von dieser Literatur habe inspirieren lassen.

Aus den eben erwähnten Gründen ist der Vergleich, der in vorliegender Arbeit angestellt wird, „der typologische Vergleich", der sich von dem „genetischen" unterscheidet:

> *Während der genetische Vergleich als Kontaktstudie – im Sinne von Gerhard R. Kaiser – Ähnlichkeiten zum Gegenstand hat, die durch Kontakt, d.h. durch direkte oder indirekte Beeinflussung entstehen, werden im Rahmen eines typologischen Vergleichs Ähnlichkeiten untersucht, die ohne Kontakt aufgrund von analogen Produktions- oder Rezeptionsbedingungen zustande kommen.*[14]

Werden in der wiedergegebenen Definition des typologischen Vergleichs die Ähnlichkeiten unterstrichen, so bedeutet dies allerdings nicht, dass dieses Verfahren ein kontrastives Vorgehen absolut ausschließt. Im Gegenteil: Peter Václav Zima, der österreichische Literaturwissenschaftler, der gerade zitiert wurde, einer der bekanntesten Forscher, die sich mit der Wissenschaftsgeschichte und Theorie der Komparatistik intensiv auseinandergesetzt haben, findet, „dass es auch sinnvoll ist, kontrastiv vorzugehen"[15]. Er theoretisiert es nicht nur, er veranschaulicht es durch ein konkretes Beispiel: Aufgrund der Vergleichbarkeit der „gesellschaftlichen und sprachlichen Bedingungen"[16], unter denen sie geschrieben wurden, vergleicht er *The Importance of Being Earnest* von Oscar Wilde mit

---

14 Peter V. Zima: *Komparatistik: Einführung in die vergleichende Literaturwissenschaft*, 2. überarb. und erg. Auflage, Tübingen [u.a.]: A. Francke Verlag 2011, S. 105. [Hervorhebung im Original].

15 Ebd., S. 107.

16 Ebd., S. 109.

Hugo Hofmannstahls *Der Schwierige* aus typologischer Perspektive; dabei hebt er nicht nur das hervor, was beide Werke verbindet, sondern ebenso das, was sie trennt. Es ist deshalb vollkommen gerechtfertigt, wenn die vorliegende Untersuchung in ihrem Vergleichsteil auch von den Unterschieden zwischen den zu behandelnden afrikanischen und deutschsprachigen Romanen spricht.

Was ist das Ziel dieser Untersuchung? Sie thematisiert die sprachlich-ästhetische Darstellung von Machthabern sowie Machtstrukturen in den von mir ausgewählten Romanen, die zuvor genannt wurden. In diesen Texten geht es überwiegend darum, die jeweilige politische Macht als mehr oder weniger legitime, d.h. mit den vorausgesetzten Prinzipien gerechter Machtausübung konforme oder von diesen abweichende Macht zu schildern. Außerdem geht es in dieser Arbeit nicht nur um die Analyse sprachlich-ästhetischer Aspekte der literarischen Darstellung, sondern auch um die Ermittlung von inhaltlichen Varianten, die sich bei der Darstellung des Gegensatzes zwischen dem Ideal gerechter Machtausübung und der jeweils vorgestellten historischen Macht bzw. Mächtekonstellation herausbilden.

Um dieses Ziel zu erreichen, wird in der Untersuchung folgendem Fragenkomplex nachgegangen: Mit welchen sprachlich-ästhetischen Mitteln und mit welchen darstellerischen Strategien werden die Machthaber und Machtstrukturen in den ausgewählten Texten geschildert? Welche sind die Wahrnehmungs- und Bewertungsperspektiven, in welche die ausgewählten Romane die jeweils historisch gegebene politische Macht stellen? Die Machtinhaber berufen sich auf (moderne) Legitimitätsprinzipien, um ihre Macht bzw. Gewalt zustimmungsfähig zu machen: Welche sind diese und wie bewerten sie die Verfasser? Welche Gemeinsamkeiten und Unterschiede gibt es in der Repräsentation von politischer Macht sowie deren Wahrnehmung zwischen den ausgewählten afrikanischen und deutschsprachigen Werken und worin liegen diese Gemeinsamkeiten und Unterschiede? Dabei werden aber die jeweiligen Sprach- und Kulturkreise nicht getrennt behandelt.

Die bereits vorliegenden Analysen zu den ausgewählten Erzählwerken haben teilweise auch die inhaltlich-politischen Aspekte angeschnitten. Freilich haben sie die ästhetische Schilderung von Machthabern und Machtstrukturen nur wenig oder nicht angesprochen. Zudem wurde die Legitimitätsfrage auch nicht thematisiert. Diese Untersuchung hingegen behandelt die Frage nach der Legitimität von Macht als das inhaltliche Gravitationszentrum der zu analysierenden Romane. Obendrein soll sie einen Beitrag zur Diskussion über die zeitlose Thematik von politischer Macht leisten.

2 Zur Forschungssituation

In diesem Unterkapitel werden die bereits vorliegenden Untersuchungen zu den zu analysierenden Romanen (*La vie et demie* Sony Labou Tansis, *En attendant le vote des bêtes sauvages* von Ahmadou Kourouma, Heinrich Manns *Lidice* und *Das grosse Netz* von Hermann Kasack) vorgestellt. Der Bericht über diese Abhandlungen verfolgt zweierlei Zwecke: Zum einen wird dadurch ein (wiewohl nicht vollständiger) Überblick über die Forschung zu den ausgewählten Texten verschafft; zum anderen ermöglicht er es, den eigenen Beitrag davon abzugrenzen.

In der frankophonen afrikanischen Literatur hat Sony Labou Tansi bislang einen wichtigen Platz eingenommen. Sein Eingang in diese Literatur war aufsehenerregend: Seine Schreibweise hatte sich von der damals dominanten vollkommen abgehoben. Patrice Nyembwe Tshikumambila fasst deren Hauptmerkmale wie folgt zusammen:

> En lisant l'œuvre de Sony Labou Tansi, beaucoup sont frappés surtout par des particularités de forme: l'invention et la truculence verbales provenant d'éléments aussi divers que des jeux de mots, des raccourcis inattendus, des intrusions permanentes de l'oral dans l'écrit, des images tour à tour somptueuses et brutales[17].

Diese verallgemeinerte Zusammenfassung kann auf den Roman *La vie et demie* vorzüglich angewandt werden. Bei der Lektüre der verschiedenen kritischen Analysen fällt auf, dass ein bedeutender Teil davon sich mit den formalen Besonderheiten auseinandergesetzt hat. Die Besprechungen fallen durchweg lobend aus: Sie betonen stets, dass Stil, Sprache und Schreibweise dieses Textes eine Erneuerung der Romangattung in Afrika eingeleitet hätten. Weitere Analytiker haben einige Aspekte älterer literarischer Traditionen (nämlich aus Europa) identifiziert, die ihnen zufolge ebenfalls zu Neuerungen im afrikanischen Roman beigetragen haben. Ein anderer Meilenstein der Forschung ist die Untersuchung von intertextuellen Bezügen im Roman. Auf einer ganz anderen Ebene haben sich andere Kritiker mit der Symbolik bzw. dem Sinn der Darstellung des beschädigten oder gefolterten Körpers, dessen Präsenz im Text auffällt, beschäftigt. Die Thematik von politischer Macht wurde ebenso diskutiert.

17 Patrice Nyembwe Tshikumambila: „Les droits de l'homme dans l'œuvre de Sony Labou Tansi". In: Mukala Kadima-Nzuji/Abel Kouvouama/Paul Kibangou (Hrsg.): *Sony Labou Tansi ou la quête permanente du sens*, Paris: L'Harmattan 1997, S. 343–349, hier S. 343.

Die neue Schreibweise Sony Labou Tansis wird von François Salien als die „destruction des vieux mythes“[18], als die „Zerstörung der alten Mythen“ des Romans, bewertet. Er ermittelt hierbei bis zu zehn Verfahren, die der Autor zu diesem Zweck verwendet hat. Séwanou Dabla diskutiert hingegen die Merkmale, welche die neue Schreibweise ausmachen, u. a.: die Subversion der Linearität der Erzählung, die vage erzählte Zeit, die Nicht-Aufteilung der Romanfiguren in Gute auf einer Seite und Böse auf der anderen (also die Ablehnung des Manichäismus), die Schilderung der Handlung mit so vielen Effekten, dass sie unwahrscheinlich erscheint, das Zurückgreifen auf die Oralität und das Wunderbare, die Übertreibung, die sprachliche Erfindung[19]. Dabla scheint von der sprachlichen Erfindung besonders begeistert zu sein; für ihn ist sie der interessanteste Aspekt in der Erzählung: „Au sein de la narration de Sony Labou Tansi, le domaine le plus éloquent de l'invention reste celui de l'expression“[20]. Dass die Romanhandlung unwahrscheinlich erscheint, bestätigt u. a. Damien Bédé, der sich in einem Aufsatz mit dem Verhältnis von Realem und Fiktivem in *La vie et demie* beschäftigt hat: „on voit que les réalités décrites dans *La vie et demie* sont perverties comme si l'ambition de Sony Labou Tansi était de plonger le lecteur dans une société de l'absurde, de le détourner de toute réalité saisissable“[21].

Weitere Besonderheiten von Sony Labou Tansis Schreibweise wurden erforscht. Djédjé Hilaire Bohui[22] untersucht die hyperbolischen, erotisch-pornographischen Ausdrucksformen und die Neologismen als Elemente der Romanästhetik von Sony Labou Tansi, und Pierre N'Da[23] die Subversion der Codes im

---

18 François Salien: „‚La destruction des vieux mythes‘ dans ‚La vie et demie‘“. In: ders.: *Mélanges d'articles critiques sur le roman africain*, Bandundu: CEEBA 1985, S. 197–216. Die von ihm identifizierten Verfahren sind: „l'absence de découpage logique en séquences narratives“, „la multiplicité des péripéties“, „les digressions innomables“, „les flashbacks“, „le nombre effarant des noms propres“, „la démesure“, etc.

19 Vgl. Séwanou Dabla: *Nouvelles écritures africaines. Romanciers de la seconde génération*, Paris: L'Harmattan 1986, S. 134–144.

20 Séwanou Dabla: *Nouvelles écritures africaines*, a. a. O., S. 141.

21 Damien Bédé: „Le réel et la fiction dans *La vie et demie* de Sony Labou Tansi“. In: D. Gérard Lezou/Pierre N'Da (Hrsg.): *Sony Labou Tansi, témoin de son temps*, Limoges: Presses Universitaires de Limoges 2003, S. 241–257, hier S. 250.

22 Djédjé Hilaire Bohui: „L'esthétique romanesque sonienne comme exemple de l'expression de la langue par la parole dans *La vie et demie*“. In: D. Gérard Lezou/Pierre N'Da (Hrsg.): *Sony Labou Tansi, témoin de son temps*, a. a. O., S. 15–27.

23 Pierre N'Da: „L'écriture de la transgression ou le parti pris de la subversion des codes. L'exemple de Sony Labou Tansi et de Baenga Bolya dans *La vie et demie* et *Cannibale*“. In: D. Gérard Lezou/Pierre N'Da (Hrsg.): *Sony Labou Tansi, témoin de son temps*, a. a. O., S. 47–59.

Roman. Nach N'Da, der *La vie et demie* mit dem Text eines anderen kongolesischen Schriftstellers verglichen hat, subvertiert Sony Labou Tansi durch die Schilderung unvorstellbarer Grausamkeit der Führerfiguren und deren zügelloser Sexualität wie der blasphemischen Skandalszenen die sozialen und moralischen Codes. Er stellt ebenfalls die Subversion der Formen des traditionellen Romankanons und der französischen Sprache fest. All dies partizipiert ihm zufolge an der Neuerung der Romanschreibweise.

Auf der Repräsentationsebene hat sich Gérard Dago Lezou[24] mit der Darstellung des Monströsen, der Monstrosität und der Monster befasst, die er als Ästhetik der Teratologie kennzeichnet. Nachdem er die Wesenszüge physischer und moralischer Teratologie analysiert hat, bemerkt er, dass es eine enge Beziehung zwischen der physischen Gestaltung der Figuren und deren moralischem Verhalten, d.h. deren Grausamkeit gibt. Dennoch bedarf diese Bemerkung einer Nuancierung, die in der Untersuchung zu *La vie et demie* vorgenommen wird. Die Grausamkeit der Führerfiguren kommt in Horrorszenen zum Ausdruck. Die Stilisierung dieser Horrorszenen nennt Bi Kacou Parfait Diandué[25] „esthétique du chaos" (Ästhetik des Chaos); angesichts der historischen Geschehnisse in Kongo in den 1990er Jahren ist die Schreibweise von Sony Labou Tansi laut dem Kritiker als eine Art Prophezeiung anzusehen.

Der Roman *La vie et demie* weist auch Merkmale älterer literarischer Schreibformen, nämlich europäischer Schreibtraditionen, auf. Die Forschung hat die Präsenz folgender Schreibformen nachgewiesen: das Burleske, die karnevalesken und Barockformen. Elo Dacy[26], der die Merkmale des Burlesken in *La vie et demie* erforscht hat, macht u. a. die folgenden aus: die zügellose Einbildungskraft, das Unwahrscheinliche, die Maßlosigkeit, die Karikatur, die Komik. Das Karnevalistische im Sinne Michail Bachtins als Romanstrategie („stratégie romanesque") Sony Labou Tansis ist der Analysegegenstand von Anny Wynchank[27].

---

24 Vgl. Gérard Dago Lezou: „*La vie et demie*: une esthétique de la tératologie". In: D. Gérard Lezou/Pierre N'Da (Hrsg.): *Sony Labou Tansi, témoin de son temps*, a. a. O., S. 97–111.

25 Bi Kacou Parfait Diandué: „Esthétique du chaos et prémonition romanesque: une prophétie de la tragédie congolaise". In: Papa Samba Diop/Xavier Garnier (Hrsg.): *Sony Labou Tansi à l'œuvre*, Paris: L'Harmattan 2007, S. 247–253.

26 Elo Dacy: „La tradition burlesque dans *La vie et demie* de Sony Labou Tansi". In: Mukala Kadima-Nzuji/Abel Kouvouama/Paul Kibangou (Hrsg.): *Sony Labou Tansi ou la quête permanente du sens*, a. a. O., S. 75–86.

27 Anny Wynchank: „La stratégie romanesque de Sony Labou Tansi dans *La vie et demie*: le carnavalesque". In: D. Gérard Lezou/Pierre N'Da (Hrsg.): *Sony Labou Tansi, témoin de son temps*, a. a. O., S. 83–95.

Aber für die Kritikerin ist das Karnevalistische bei Sony Labou Tansi mehr als eine bloße Strategie, um der Zensur zu entkommen; es sei eine Schreibweise zur Selbstbefreiung des Autors von dem Ersticken und der Unterdrückung[28]. In seiner Analyse befasst sich Mahougnon Kakpo[29] mit dem Archaischen als einer der Formen des Barocks. Um dies aufzeigen zu können, untersucht er folgende Themen: die Gewalt, den Mythos und das Wunderbare.

Die intertextuellen Relationen des Romans *La vie et demie* zu anderen literarischen und nicht-literarischen Texten wurden in weiteren Analysen behandelt. Drocella Mwisha Rwanika vergleicht Sony Labou Tansi und den französischen Schriftsteller der Renaissance, François Rabelais[30], im Hinblick auf das Thema des Gigantismus. Sie stellt neben Unterschieden auch Ähnlichkeiten in der Schreibweise beider Schriftsteller fest. Sie hebt eine bedeutende Differenz hervor: Die Rabelaisischen Figuren seien gute Riesen, deren Erfindungsgabe und Lebensenergie ihre Taten bewundernswert erscheinen lassen; die Riesen des kongolesischen Autors indessen sind durch und durch Monster. Viel diskutiert sind aber die intertextuellen Bezüge zwischen *La vie et demie* und lateinamerikanischer Literatur, insbesondere den Romanen des Kolumbianers Gabriel García Márquez[31]. Unter den Kritikern, die diesen Aspekt erörtert haben, werten manche

28 Vgl. auch den im Jahre 1994 erschienenen Aufsatz derselben Kritikerin, Anny Wynchank: „Réponse de Sony Labou Tansi aux dictatures: une satire ménippée. L'univers carnavalesque de Sony Labou Tansi". In: *Présence Francophone*, n° 45, 1994, S. 133–149.

29 Mahougnon Kakpo: „*La vie et demie*: L'Archaïque et le Baroque dans le roman négro-africain d'expression française". In: Papa Samba Diop (Hrsg.): *Littératures francophones: langues et styles*, Paris: L'Harmattan 2001, S. 107–117.

30 Vgl. Drocella Mwisha Rwanika: „Sony Labou Tansi et Rabelais: le thème du gigantisme dans *La Vie et demie*". In: Drocella Mwisha Rwanika/Nyunda ya Rubango (Hrsg.): *Francophonie littéraire africaine en procès. Le destin unique de Sony Labou Tansi*, Ivry-sur-Seine: Silex/Nouvelles du Sud 1999, S. 89–103.

31 Vgl. u. a. Daniel-Henri Pageaux: „García Márquez en français: de la traduction au modèle". In: *Lendemains*, Nr. 27, 1982, S. 45–52; Séwanou Dabla: *Nouvelles écritures africaines. Romanciers de la seconde génération*, a. a. O.; Anatole Mbanga: *Les procédés de création dans l'œuvre de Sony Labou Tansi. Systèmes d'interactions dans l'écriture*, Paris: L'Harmattan 1996, Théo Ananissoh: „A propos de Sony Labou Tansi lecteur de Garcia Marquez". In: *Palabres: Revue Culturelle Africaine*, Vol. I, N° 3&4, 1997, S. 59–98; Alycia Jones: „Sony Labou Tansi et Gabriel Garcia Marquez autour de la solitude". In: Kadima-Nzuji, Mukala/Kouvouama, Abel/Kibangou, Paul (Hrsg.): *Sony Labou Tansi ou la quête permanente du sens. Actes du colloque international tenu à Brazzaville les 13, 14 et 15 juin 1996 avec le concours de l'Union Européenne, Programme Culturel Régional Bantu*, Paris: L'Harmattan 1997, S. 363–368.

diese Ähnlichkeit als einen „Einfluss" von Gabriel García Márquez auf Sony Labou Tansi. Die Sichtweise von Beeinflussung, sei sie von den gesellschaftlichen oder anderen literarischen Diskursen, stellt Josias Semujanga[32] infrage. Er analysiert die Schreibweise von *La vie et demie* vielmehr unter dem Aspekt der „Verwandlung" („métamorphose") und aus der Perspektive der „Transkulturalität". Ihm zufolge greift Sony Labou Tansi zu bereits an-/erkannten sozialen Konzeptionen oder zu existierenden literarischen Konzepten (Diskursen) wie denen des Manichäismus, Fantastischen, Realismus und des Begriffes „tropicalité", um sie dann zu relativieren oder um deren Sinn zu modifizieren oder sie zu dekonstruieren.

Im Sinne von externer Intertextualität, nicht zuletzt der Bezüge zur Bibel, erschließt Drocella Mwisha Rwanika nach der Beschäftigung mit dem Thema des Gigantismus den biblischen Wortschatz im Roman[33] und kommt zur Erkenntnis, dass der Autor dem in seinem Text eingebauten sakralen Wortschatz seinen sakralen Charakter nimmt; er unternehme somit eine Satire auf die politische Situation in dem geschilderten Staat. Auf die Struktur der Romangeschichte geht Marie-Clémence Adom[34] ein. Sie sieht in dieser Struktur eine Rekonstruktion bzw. Umschreibung des christlichen Mythos der Menschheit – von der Genesis über Christus bis hin zur Offenbarung des Johannes. Der Kritikerin zufolge schreibt der Autor dem Mythos jedoch eine andere Bedeutung zu: Der Roman verweise den Menschen auf seine eigene Verantwortung, sich aus eigener Kraft von den Plagen, die er darstellt, zu befreien.

Die Taten der Romanfiguren, vor allem die Chaïdanas und ihrer Tochter, wurden auch abgehandelt – teils am Rande, teils ausführlich. Nach dem Tod ihres Vaters führen die beiden den Kampf gegen die Regimes der Diktatoren-Clique des fiktiven Staates Katamalanasie weiter. Ihre Kampfmittel werden unterschiedlich bewertet: entweder als moralisch absolut schlecht oder als tolerierbar. Kouamé Kouamé bezeichnet in seinem Aufsatz, den er der Problematik der Freiheit gewidmet hat, Chaïdana und ihre Tochter als die „extremen Anhängerinnen des Machiavellismus" („Les ultra du machiavélisme ou les jusqu'au

32 Josias Semujanga: „Du roman comme art de la métamorphose: *La Vie et demie*". In: ders.: *Dynamique des genres dans le roman africain. Eléments de poétique transculturelle*, Paris: L'Harmattan 1999, S. 131–148.

33 Drocella Mwisha Rwanika: „Influences bibliques dans *La Vie et demie* de Sony Labou Tansi". In: Drocella Mwisha Rwanika/Nyunda ya Rubango (Hrsg.): *Francophonie littéraire africaine en procès*, a. a. O., S. 205–220.

34 Marie-Clémence Adom: „Le mythe christique dans *La vie et demie* de Sony Labou Tansi". In: D. Gérard Lezou/Pierre N'Da (Hrsg.): *Sony Labou Tansi, témoin de son temps*, a. a. O., S. 227–240.

boutistes des ›moyens sales‹")[35]. Kouamé analysiert die Problematik der Freiheit aus der Perspektive der Befreiung von einer Unterdrückung. Zu den Kritikern, die sich Chaïdanas Verhalten gegenüber verständnisvoll zeigen, zählt Virginie Kouassi Affoué. Sie betrachtet die gesellschaftlich-politische Situation von Katamalanasie als eine liminale, d. h. als eine Situation, die diese Republik zu einer sozusagen Neugeburt führen soll; aus dieser Sicht kennzeichnet sie Chaïdana als eine liminale Figur[36]. Für sie kann in liminalen Umständen alles Mögliche geschehen, sowohl Gutes als auch Nicht-Gutes.

Der beschädigte menschliche Körper als Metapher des Sozio-Politischen: So könnten die Abhandlungen von Nicole Vaschalde[37] und Jean Pierre Fewou Ngouloure[38] zusammengefasst werden. Beide zeigen jeder auf seine Weise auf, dass Sony Labou Tansi durch den dargestellten beschädigten Körper, wesentlich durch den von Martial, die gesellschaftlich-politische Realität schildert. Aus der Perspektive des Widerstands betrachten Isaac Bazié[39] und Pascale Perraudin[40] die Darstellung des Körpers. Der Erstere analysiert diesen Aspekt nicht nur in *La vie et demie*, sondern auch in *Les sept solitudes de Lorsa Lopez*, dem vierten Roman des Autors, indem er die Bedeutungen des geschilderten Körpers ermittelt. Er unterstreicht nicht zuletzt die Tatsache, dass der Verfasser nicht den biologischen, sondern einen widerstandsfähigen Körper ins Bild setzt, der sich jenseits des biologischen Todes gegen seine eigene Destruktion durch Produktion vom Diskurs richtet. Dabei widerstehe dieser Körper auch der Macht, die ihn vernichten will. Perraudin demonstriert ihrerseits, wie Martials gefolterter

---

35 Kouamé Kouamé: „Sony Labou Tansi et le problème de la liberté: l'exemple de *La vie et demie*". In: D. Gérard Lezou/Pierre N'Da (Hrsg.): *Sony Labou Tansi, témoin de son temps*, a. a. O., S. 279–294, hier S. 284.

36 Vgl. Virginie Kouassi Affoué: „Chaïdana, figure d'une situation liminale". In: D. Gérard Lezou/Pierre N'Da (Hrsg.): *Sony Labou Tansi, témoin de son temps*, a. a. O., S. 259–277.

37 Nicole Vaschalde: „La référence corporelle dans *La Vie et demie* de Sony Labou Tansi". In: Jacqueline Bardolph (Hrsg.): *Littérature et maladie en Afrique. Image et fonction de la maladie dans la production littéraire*, Paris: L'Harmattan 1994, S. 203- 218.

38 Jean Pierre Fewou Ngouloure: „L'alibi du corps". In: Papa Samba Diop/Xavier Garnier (Hrsg.): *Sony Labou Tansi à l'œuvre*, a. a. O., S. 237–246.

39 Isaac Bazié: „Corps-signe et esthétique de la résistance chez Sony Labou Tansi". In: *Applied Semiotics/Sémiotique appliquée (AS/SA)*, Vol. 4, n°11/12, 2002, S. 111–121.

40 Pascale Perraudin: „From a ‚large morsel of meat' to ‚passwords-in-flesh': Resistance through Representation of the Tortued Body in Labou Tansi's *La vie et demie*". In: *Research in African Literatures*, 36, 2, 2005, S. 72–84.

Körper vom Status eines Objektes zum Subjekt übergeht, das „the danger of effacement and annihilation“[41] trotzt.

Erwähnenswert ist auch die Untersuchung von Marie-Rose Maurin-Abomo (später in geänderter Namensschreibweise: Abomo-Maurin). Sie erörtert den Kannibalismus als Thema – dies im Lichte von einigen Reiseberichten. Sie neigt in ihrer Erörterung zu der Auffassung, dass der Roman ein reales Phänomen behandelt: „Nous voici donc à la source du cannibalisme, sa raison d'être que Sony ne peut accepter, – et nous non plus d'ailleurs. On mange l'autre pour se l'approprier, pour mélanger la chair de sa victime à la sienne et prétendre ainsi doubler sa propre énergie“[42]. Drei Seiten später führt sie weiter aus: „Comment comprendre cette tare qu'il nous faut combattre? Sinon comme une plaie qui, fatalement, ramène l'homme à l'état sauvage, à des élans bestiaux qui lui ôtent tout sens de la charité, de l'humanité et du monde“[43]. Die Kritikerin scheint Sony Labou Tansi als einen Augenzeugen des Kannibalismus zu betrachten, der reale Erfahrungen beschreibe, gegen die er zugleich Stellung nehme. Dies wäre eine Überinterpretation, denn der Autor macht nicht den Kannibalismus zum Thema, sondern er konzipiert Vorstellungsbilder desselben[44], um auf den archaischen Charakter der thematisierten politischen Macht hinzudeuten und damit diese Macht zu skandalisieren[45] (vgl. Teil I, Kap. 1).

---

41 Pascale Perraudin: „From a ‚large morsel of meat‘ to ‚passwords-in-flesh‘: Resistance through Representation of the Tortued Body in Labou Tansi's *La vie et demie*“, a. a. O., S. 81. Noch eine weitere Analyse, die sich mit der Darstellung des Körpers befasst hat: Franca Marcato Falzoni: „Le corps, la mémoire et les mouches dans *La Vie et demie* de Sony Labou Tansi“. In: ders.: (Hrsg.): *Animisme et technologie dans la littérature francophone subsaharienne*, Bologna: CLUEB 1989, S. 145–169.

42 Marie-Rose Maurin-Abomo: „Sony Labou Tansi et le cannibalisme: une manière de donner du sens à la vie à travers *La Vie et demie*“. In: Mukala Kadima-Nzuji/Abel Kouvouama/Paul Kibangou (Hrsg.): *Sony Labou Tansi ou la quête permanente du sens*, a. a. O., S. 309–327, hier S. 319.

43 Ebd., S. 322.

44 Auch Isaac Bazié kritisiert die Deutungsweise des Kannibalismus durch Marie-Rose Maurin-Abomo. Er betont den fiktionalen und poetischen Charakter der Schreibweise Sony Labou Tansis, welche eine Deutung wie die von Maurin-Abomo nicht zuließe, vgl. Isaac Bazié: „Corps-signe et esthétique de la résistance chez Sony Labou Tansi“, a. a. O., S. 117.

45 In einer späteren Analyse deutet dieselbe Kritikerin *La vie et demie* (zusammen mit *L'État honteux*) aber als „œuvre […] polémique […]“ und bezeichnet die darin verwendete Rhetorik als die „Rhetorik der Polemik“ („rhétorique de la polémique“), Marie-Rose Abomo-Maurin: „*La Vie et demie* et *L'État honteux*: œuvres polémiques

Aus dem Vorhergehenden geht hervor, dass sich keine der bisher vorgestellten Analysen unmittelbar mit dem Thema der vorliegenden Arbeit auseinandergesetzt hat – auch wenn hier und da Äußerungen gemacht werden, die den politischen Inhalt in *La vie et demie* aufgreifen. Folgende Untersuchungen aber haben politische Aspekte im Roman direkt diskutiert. Serigne Ndiaye hat die Rhetorik der Machthaber besprochen und aufgezeigt, dass ihr totalitärer Diskurs im Grunde leer sei. Zudem beinhalte er die Keime der Selbstvernichtung[46]. Im zweiten Teil seiner Dissertation hat Koffi Anyinefa[47] untersucht, wie Sony Labou Tansi die Diktatur in seinen zwei ersten Romanen denunziert. Er behandelt in *La vie et demie* fast nur die Sprach- und Stilmittel, anhand derer der Schriftsteller die diktatorische Herrschaft brandmarkt und macht hierbei u. a. folgende aus: die Antiphrase, die Ironie, die Karikatur, die Wiederholung, die genaue Aufzählung. Anyinefa geht auf die ästhetische Repräsentation der Machthaber nicht ein; diese bildet jedoch einen wichtigen Untersuchungsschwerpunkt vorliegender Arbeit. Gerard Dago Lezou, der zuvor erwähnt wurde, zeigt auf, wie der Schriftsteller die Romanfiguren, so auch die Herrscherfiguren, ästhetisch repräsentiert, seine Analyse steht doch nicht unmittelbar im Zusammenhang mit der Problematik politischer Macht.

Wie Sony Labou Tansi gilt auch Ahmadou Kourouma als ein Klassiker der frankophonen afrikanischen Literatur. Die beiden Schriftsteller haben die Macht zum Gegenstand ihrer literarischen Texte gemacht. Schon 1968, als kein einziger Schriftsteller über die neuen einheimischen Machthaber der erst kürzlich unabhängig gewordenen Länder Afrikas ein Wort zu schreiben wagt, veröffentlicht

---

et d'engagement politique". In: Papa Samba Diop/Xavier Garnier (Hrsg.): *Sony Labou Tansi à l'œuvre*, a. a. O., S. 53–64.

46 Vgl. Serigne Ndiaye: „Dictatorship and Emptiness of the Rhetoric of Totalitarian Discourse in Sony Labou Tansi's *La vie et demie*". In: *Research in African Literatures*, Vol. 34, No. 2, 2003, S. 112–126. Eine weitere Untersuchung, die sich mit dem Diskurs befasst hat, ist die Eileen Juliens; vgl. Eileen Julien: „Dominance and Discourse in ‚La vie et demie' or how to do things with words". In: *Research in African Literatures*, Vol. 20, N° 3, 1989, S. 371–384. Julien hat das Verhältnis von Herrschaft und Diskurs herausgestellt und nachgewiesen, dass der Staat durch beispielsweise Slogans, Erlasse, aber auch Gewalt versucht, den dominierenden Diskurs durchzusetzen und zu erhalten, welcher jedoch vom Erzähler und den Beherrschten subvertiert wird. Der Diskurs des Staates nennt sie „Diskurs der Macht" („Discourse of power") und der subvertierende Diskurs „Macht des Diskurses" („Power of Discourse").

47 Koffi Anyinefa: *Littérature et politique en Afrique noire. Socialisme et Dictature comme thèmes du roman congolais d'expression française*, Bayreuth: Bayreuth Univ. 1990.

Ahmadou Kourouma seinen ersten Roman[48], in dem er gerade die unorthodoxen Herrschaftsmethoden dieser neuen Herrschenden entlarvt. Sein Anliegen, die Machenschaften der politischen Herrschaft fiktional bloßzulegen, setzt er in seinem dritten Roman *En attendant le vote des bêtes sauvages* hervorragend fort. Dort stellt er jedoch diese Problematik in den Kontext der internationalen Beziehungen zwischen Afrika und vor allem „dem Westen" in der Zeit des Kalten Krieges. Dabei inszeniert er entscheidende Einschnitte der Geschichte Afrikas. Die Erörterungen der Forschung kreisen um die Verflechtung von nicht-fiktionalen und fiktionalen Ereignissen, d. h. die Schilderung tatsächlicher Ereignisse in der Fiktion, die Technik des Erzählens (hier die Vermischung hochgradiger Fiktion mit traditionellen Formen mündlichen Erzählens) sowie weitere formale Aspekte, die Beschreibung der Figuren. Die Kritik hat ebenfalls die Problematik von politischer Macht im Roman angeschnitten.

Bi Kacou Parfait Diandué, Sélom Komlan Gbanou und Josias Semujanga haben sich mit dem Verhältnis von Geschichte und Fiktion auseinandergesetzt, anders ausgedrückt: Sie haben untersucht, jeder auf seine Weise, wie der Autor historische Ereignisse fiktionalisiert[49]. Ihre Hauptthesen können wie folgt zusammengefasst werden: Ahmadou Kourouma nimmt nicht bloß tatsächlich stattgefundene Geschehnisse in die Fiktion auf, sondern er bearbeitet sie neu – durch Travestierung („travestissement") und Umsetzung („transposition") (Diandué – er spricht von Ästhetisierung der Geschichte), Verfremdung, Parodie (Semujanga) – um sie in die ästhetische Logik der Fiktion einzufügen.

Die Mischung zweier verschiedener Literaturgenres, ja zweier verschiedener literarischer Ästhetiken (Oralität: das Donsomana und Schriftlichkeit: der Roman, also „Oralitur" und Literatur) hat manche Kritiker beschäftigt. Das Donsomana ist in der Malinke-Kultur mündliches Erzählen von und zugleich Lob auf die Heldentaten der Jäger. Madeleine Borgomano hebt in ihrem Buch *Des hommes ou des bêtes?*[50] und in ihrem in *Notre Librairie* erschienenen Artikel

---

48 Ahmadou Kourouma: *Les Soleils des indépendances*, Paris: Editions du Seuil 1970 [1968].

49 Bi Kacou Parfait Diandué: *Histoire et fiction dans la production romanesque d'Ahmadou Kourouma*, Diss., 2003. Online aufrufbar unter: http://epublications.unilim.fr/theses/2003/diandue-bi-kacou-parfait/diandue-bi-kacou-parfait.pdf, zuletzt aufgerufen am 12.06.2016; Sélom Komlan Gbanou: „*En attendant le vote des bêtes sauvages* ou le roman d'un ‚diseur de vérité'". In: *Études françaises*, vol. 42, n° 3, 2006, S. 51–75; Josias Semujanga: „Des ruses du roman au sens de l'histoire dans l'œuvre de Kourouma". In: *Études françaises*, vol. 42, n° 3, 2006, S. 11–30.

50 Madeleine Borgomano: *Des hommes ou des bêtes? La lecture de En attendant le vote des bêtes sauvages d'Ahmadou Kourouma*, Paris: L'Harmattan 2000.

diese Mischung („metissage“) besonders hervor. Ihr entsprechend erfindet der Autor dadurch eine recht wirksame gemischte Form, die (am besten) über das Leben der Hauptfigur Koyaga berichtet: „Il [Ahmadou Kourouma] invente ainsi une forme métissée extrêmement efficace pour rendre compte du parcours du chasseur dictateur“[51]. Für Ibrahima Wane, der sich ebenfalls mit derselben Thematik befasst hat, führt diese Mischung zu einer neuen Gattung: „Cette combinaison de deux esthétiques aux perspectives opposées débouche sur l'élaboration d'un genre nouveau qui s'ouvre un public hétérogène“[52].

Die von Ahmadou Kourouma verwendete Schreibsprache, Französisch, analysiert Nagalasso Mwatha Musanji in einer vergleichenden Studie. Dieser stellt einen positiven Fortschritt in der Sprachanwendung und in der Schreibweise zwischen dem ersten Roman des Autors und *En attendant le vote des bêtes sauvages*[53] heraus. Der Humor ist auch ein Teil formaler Elemente dieses Textes. Mit seiner Analyse haben sich Xavier Garnier[54] und Paschal Kyiiripuo Kyoore[55]

---

51 Madeleine Borgomano: „En attendant le vote des bêtes sauvages: à l'école de la dictature“. In: *Notre Librairie*, N° 155–156, juillet-décembre 2004, S. 158–163, hier S. 159.

52 Ibrahima Wane: „Transgressions, concessions et conciliations ou l'altérite dans *En attendant le vote des bêtes sauvages* d'Ahmadou Kourouma“. In: *Ethiopiques*, n° 75, 2ème semestre 2005, online publiziert: http://ethiopiques.refer.sn/spip.php?article1031, zuletzt aufgerufen am 07.01.2017. Weitere Kritiker haben weitere Aspekte derselben Problematik (Oralität und Schriftlichkeit im Roman) untersucht: vgl. Effoh Clément Ehora: „La ‚parole recopiée‘ dans *En attendant le vote des bêtes sauvages*: une autre manière d'écrire le conte oral africain“. In: *Synergies*, n° 7, 2010, S. 21–29, oder sie differenziert analysiert: vgl. Boubakary Diakité: „Entre *désécriture* et oralité feinte: *En attendant le vote des bêtes sauvages* ou la rhétorique de l'instabilité“. In: *Nouvelles Études Francophones*, Vol. 25, No. 2, 2010, S. 55–71.

53 Mwatha Musanji Nagalasso: „De *Les soleils des indépendances* à *En attendant le vote des bêtes sauvages*. Quelles évolutions de la langue chez Ahmadou Kourouma?“. In: Papa Samba Diop (Hrsg.): *Littératures francophones: langues et styles*, a. a. O., S. 13–47. In der gleichen Richtung und in einer allgemeineren Betrachtung konstatiert Thorsten Schüller „[d]ie Annäherung [des selben Romans] an europäische Codes“, Thorsten Schüller: *„Wo ist Afrika?“. Paratopische Ästhetik in der zeitgenössischen Romanliteratur des frankophonen Schwarzafrika*, Frankfurt am Main/London: IKO – Verlag für Interkulturelle Kommunikation 2008, siehe den Abschnitt: *„En attendant le vote des bêtes sauvages* – Die Annäherung an europäische Codes“, S. 75–88.

54 Xavier Garnier: „Le rire cosmique de Kourouma“. In: *Études françaises*, vol. 42, n° 3, 2006, S. 97–108.

55 Paschal Kyiiripuo Kyoore: „L'humour satirique dans *En attendant le vote des bêtes sauvages* d'Ahmadou Kourouma“. In: Jean Ouédraogo (Hrsg.): *L'imaginaire d'Ahmadou Kourouma. Contours et enjeux d'une esthétique*, Paris: Éditions Karthala 2010, S. 225–244.

auseinandergesetzt. Für den Ersteren stellt Ahmadou Kourouma eine Beziehung zwischen dem Humor und den grausamen Taten her, welche er schildert, sodass sie beim Leser nicht Mitleid erregen, sondern eher Lachen. Er identifiziert u. a. „le cercle sacrificiel ou la technique de l'élargissement cosmique" und „l'emballement linguistique et ses effets humoristiques" als Verfahren des Humors. Der Letztere hebt die Ironie, die Übertreibung, die Sprüche und die Tiermetapher als Quellen des satirischen Humors hervor, dessen Ziel es sei, den Leser zu unterhalten und dabei aber die sozialen und politischen Unzulänglichkeiten zu attackieren. Ein Aufsatz, der einen weiteren formalen Aspekt analysiert hat, ist der von Théopiste Kabanda[56]. Er erforscht die theatralischen Aspekte und parodistischen Formen in *En attendant le vote des bêtes sauvages*.

Welche Bedeutungen werden dem Donsomana in diesem Roman zugeschrieben? Auf erzählerischer Ebene interpretiert Madeleine Borgomano[57] den Roman als eine Bemühung, um dem dargestellten Weltchaos zu widerstehen, indem der Autor insbesondere die magischen Kräfte des Donsomana auf den Roman selbst überträgt; der Roman werde somit zu einer reinigenden und magischen Erzählung, ja einer Zeremonie der Teufelsbeschwörung. Bintou Bakayoko Kamalan konstatiert ihrerseits einen Unterschied zwischen dem traditionellen und dem literarischen Donsomana und deutet das Letztere als Prozess: „Le donsomana prit dans son ensemble devient alors le procès de Koyaga et ses pairs, le procès de la dictature, le procès d'une Afrique noire ›mal partie‹"[58].

Hinsichtlich der Analyse der Romanfiguren haben sich Kasongo M. Kapanga[59] und Margaret E. Colvin mit den Gestalten von Koyaga und Maclédio beschäftigt. Kapanga hat die Kindheit Koyagas[60] (und seines Ministers Maclédio) unter die

56 Théopiste Kabanda: „Théâtralité et formes parodiques dans *En attendant le vote des bêtes sauvages*". In: Jean Ouédraogo (Hrsg.): *L'imaginaire d'Ahmadou Kourouma*, a. a. O., S. 245–267.

57 Madeleine Borgomano: „Les pouvoirs du récit: un remède au chaos du monde? *En attendant le vote des bêtes sauvages*". In: *Présence Francophone*, N° 63, 2004, S. 65–83.

58 Bintou Bakayoko Kamalan: „Le Donsomana ou les «quatre vérités» de Kourouma". In: Bi Kacou Parfait Diandué (Hrsg.): *Actes du colloque «Ahmadou Kourouma, un écrivain total» des 18, 19 et 20 Septembre 2013. Approches interculturelles de l'œuvre d'Ahmadou Kourouma*, o. O., Le Graal édition, S. 7–24, hier S. 16. Online Veröffentlichung: http://nodusciendi.net/articles.php, zuletzt aufgerufen am 13.06.2016.

59 Kasongo M. Kapanga: „L'enfance échoué comme source de drame dans *En attendant le vote des bêtes sauvages*". In: *Présence Francophone*, N° 59, 2002, S. 92–108.

60 Im Zusammenhang mit Koyaga als Romanhelden ist auch der Aufsatz von Yao Louis Konan erwähnenswert. Konan hat sich mit den Charakteristiken der Romanhelden bei Kourouma auseinandergesetzt. Koyaga sowie die Hauptfiguren weiterer Texte

Lupe genommen und führt seine schlechte Regierungsführung auf seine schluderige Kindheit („enfance bâclée") zurück. „Le Périple néobaroque de Maclédio" ist das Subjekt der Untersuchung Colvins. Colvin ergründet nämlich die Reise der Figur des Maclédio durch Europa und Afrika und bezeichnet die Figur als „le personnage baroque par excellence"[61].

Es soll an dieser Stelle noch einmal daran erinnert werden, dass der Gegenstand der vorliegenden Arbeit die ästhetische Darstellung politischer Macht ist. Manche Aspekte politischer Herrschaft in Ahmadou Kouroumas Roman wurden bereits teilweise abgehandelt. O. Affin Laditan[62] hat untersucht, wie die Diktatur errichtet wird, jedoch hat er nur einen Aspekt des Errichtungsprozesses behandelt: Insbesondere hat er die Initiationsreise Koyagas erforscht und anschließend aufgezeigt, dass die Herrschaftsmethoden, die Koyaga in seiner Regierungszeit verwendet, eine Umsetzung der Lehren der besuchten Diktatoren darstellt. In seiner Studie vergleicht Pierre Fandio[63] *En attendant le vote des bêtes sauvages* mit dem Roman *Trop de soleil tue l'amour* des kamerunischen Schriftstellers Mongo Beti und findet, dass beide Texte die demokratischen Übergänge in Afrika in Form einer Bilanz thematisieren. Dabei zeigt er anhand der Analyse gemeinsamer Merkmale beider Texte auf, dass sie in der Fiktion eine neue „Schicksalsgemeinschaft" („communauté de destin") mit einer neuen Wahrnehmung von politischer Macht konstruieren. In einem zu Beginn des

---

des Schriftstellers analysiert der Kritiker unter dem Aspekt des Postmodernismus und kommt zum Resultat, dass man bei Kourouma doch von einem Helden sprechen kann, jedoch geht es um eine neue Form vom Helden, den er „postmodernen Helden" bezeichnet. Für ihn ist der postmoderne Held eigentlich das Gegenbild des epischen und ist gekennzeichnet durch die Überempfindlichkeit, den Narzissmus; er ist auch fragmentiert; Yao Louis Konan: „D'un héros… Dans le roman d'Ahmadou Kourouma? Étude d'un personnage à l'aune du postmodernisme", in: Bi Kacou Parfait Diandué (Hrsg.): *Actes du colloque «Ahmadou Kourouma, un écrivain total» des 18, 18 et 20 Septembre 2013. Approches interculturelles de l'oeuvre d'Ahmadou Kourouma*, a. a. O., S. 83-103.

61 Margaret E. Colvin: „‚Cette Vaste et Multiple Afrique': Le Périple néobaroque de Maclédio dans *En attendant le vote des bêtes sauvages*". In: *Nouvelles Études Francophones*, Vol. 22, No. 2, 2007, S. 25–33, hier S. 28.

62 O. Affin Laditan: „De l'école de la dictature à sa pratique dans *En attendant le vote des bêtes sauvages* d'Amadou [sic!] Kourouma". In: *Neohelicon*, XXVII/2, 2000, S. 269–285.

63 Pierre Fandio: „*Trop De Soleil Tue L'amour* Et *En Attendant Le Vote Des Betes Sauvages*: Deux Extrêmes, Un Bilan Des Transitions Démocratiques En Afrique". In: *African Studies Quarterly*, vol. 7, Issue 1, 2003, S. 1–14, online aufrufbar: http://asq.africa.ufl.edu/files/v7i1.pdf, zuletzt aufgerufen am 04.01.2017.

Jahres 2017 erschienenen Artikel hat der Verfasser vorliegender Arbeit demonstriert, wie sich Ahmadou Kourouma in seinem Roman mit der Problematik guter Regierungsführung auseinandersetzt. Kourouma kritisiere nicht direkt, wie es in vielen Romanen üblich ist, die Verstöße gegen die anerkannten Grundsätze guter Regierungsführung, sondern er stilisiere die Praxis jener Grundsätze in den dargestellten afrikanischen Staaten in ihrer systematischen Verkehrung ins Gegenteil. Damit entlarve er illegitime Herrschaftsformen durch eine satirische Methode, welche die Wirklichkeit überzeichnet[64]. Eine etwa ideologisch ausgerichtete Analyse der politischen Problematik hat Jean-Fernand Bédia[65] unternommen. Er deutet den Roman wesentlich als eine Kritik an den westlichen Demokratien[66], die den Fortschritt in den afrikanischen Ländern ruinieren. Demgegenüber erscheint die folgende Abhandlung von Benjamin Ngong als eine Nuancierung der Sicht über die politische Lage in Afrika. In seiner Dissertation[67], die sich mit Macht, Gewalt und Widerstand in *En attendant le vote des bêtes sauvages* beschäftigt hat, hat er – in Anlehnung an Achille Mbembe,

---

64 Vgl. Verfasser (N. A.): „Kontrastive Bilder als Darstellung der guten Regierungsführung in *En attendant le vote des bêtes sauvages* Ahmadou Kouroumas". In: *MultiFontaines*, no 4, Janvier 2017, S. 144–157.

65 Jean-Fernand Bédia: „Donsomana pour Koyaga ou la mise à nu de la logique de la démocratie postmoderne". In: *Ethiopiques*, n° 86, 1er semestre 2011, online publiziert: http://ethiopiques.refer.sn/spip.php?article1757, zuletzt aufgerufen am 04.01.2017.

66 Drei Jahre nach dem Aufsatz veröffentlichte Jean-Fernand Bédia einen Essay, in dem er aufgezeigt hat, dass das Gesamtwerk Ahmadou Kouroumas die Afrikapolitik des Westens und insbesondere Frankreichs denunziere, vgl. Jean-Fernand Bédia: *Ahmadou Kourouma: romancier de la politique africaine de la France. Un écrivain et critique engagé en situation postcoloniale*, Paris: L'Harmattan 2014.

67 Benjamin Ngong: *Pouvoir, violence et résistance en Postcolonie: Une lecture de En attendant le vote des bêtes sauvages d'Ahmadou Kourouma*, Diss., University Minnesota, 2008, online-Ressource, unter: https://conservancy.umn.edu/bitstream/handle/11299/47226/Ngong_umn_0130E_10143.pdf?sequence=1zuletzt aufgerufen am 14.01.2016. In seinem 2012 erschienenen Artikel „Costume et pouvoir" entwickelt er einen Gedanken weiter, den er auch in seiner Dissertation behandelt hat: das Verhältnis von Kleidung und Macht. Er demonstriert anhand des Romans *En attendant le vote des bêtes sauvages* und des Dokumentarfilms *Mobutu roi du Zaïre*, dass die Kleidung in der Politik im postkolonialen Afrika über ihre traditionelle Funktion, d.h. über die Schutz- und Schmuck-Funktion, hinausgeht. Sie wird dann auch zu einem zur Schau gestellten Objekt und zu einem Mittel der Beherrschung, Benjamin Ngong: „Costume et pouvoir: La fonction comminatoire du vêtement dans la politique post-coloniale en Afrique". In: Alix Mazuet (Hrsg.): *Imaginary spaces of power in sub-Saharan literatures and films*, a. a. O., S. 88–117.

den kamerunischen Theoretiker des Postkolonialismus – demonstriert, dass die Afrikaner und die Europäer zusammen die Verantwortung für die politische Gewalt in Afrika tragen und nicht die einen oder die anderen allein, wie es gewisse Theorien (nämlich der Afro-Pessimismus und der Afro-Radikalismus) jeweils vertreten. Zudem hat er die Schreibmechanismen untersucht, welche der Verfasser einsetzt, um der politischen Gewalt zu widerstehen.

In Ahmadou Kouroumas Roman erscheint die Magie als ein bedeutender Bestandteil der Politik. Jean Ouédraogo[68] sieht in diesem Text die Instrumentalisierung der Magie, vor allem der Wahrsagerei, für nur noch politische Zwecke. Die Eroberung der Macht und deren Erhaltung brächten die Machthaber dazu, auf Wahrsagerei, Magie und Zauberei zurückzugreifen[69].

Die gerade vorgestellten Analysen zur Problematik der Politik in Kouroumas Roman verlangt an dieser Stelle eine Klarstellung: Die zuvor angesprochene Dissertation von Ngong macht die endogenen und exogenen Faktoren aus, welche seiner Ansicht nach bisher die Ursachen politischer Gewalt in Afrika, nicht zuletzt in den frankophonen afrikanischen Ländern, darstellen. Als Faktoren hebt er folgende hervor: die diktatorisch geprägten Herrschaftsformen, die schlechte, persönliche Wirtschaftsführung und das „réseau Françafrique". Damit wird deutlich, dass die Analyse von Ngong dem Inhalt des Romans nicht wirklich gerecht wird. Denn der Text von Ahmadou Kourouma versucht, die Ursachen eben jener diktatorischen Herrschaftsformen zu entschlüsseln, die in der Zeit des Kalten Krieges in vielen afrikanischen Ländern vorherrschten. Er weist gerade dem Kalten Krieg die Schuld zu, da er der Auffassung ist, dass er eine erhebliche Rolle beim Aufkommen vieler Diktatoren gespielt habe. Die Verbrechen, die diese Gewaltherrscher begangen haben, rechnet er demnach dem Konflikt zwischen den Westmächten und dem Ostblock zu. Aber – wie die vorliegende Analyse zeigen wird – tragen auch andere Aspekte zur Gewaltherrschaft in Afrika in der zweiten Hälfte des 20. Jahrhunderts bei. Die vorliegende Arbeit geht jedoch weit über die Betrachtung der Ursachen der diktatorisch geprägten Macht hinaus und analysiert, wie der Autor die Machthaber und Machtstrukturen darstellt und wie er die geschilderte Macht wahrnimmt und bewertet. Was

68 Jean Ouédraogo: „Magie et démagogie. L'instrumentalisation de la divination dans les écrits d'Ahmadou Kourouma". In: ders.: (Hrsg.): *L'imaginaire d'Ahmadou Kourouma*, a. a. O., S. 193–223.

69 Joseph Ndinda, der in seiner Monographie die Beziehung zwischen dem Machthaber, dem Marabut und dem Griot untersucht hat, ist ähnlicher Meinung; vgl. Joseph Ndinda: *Le politicien, le marabout-féticheur et le griot dans les romans d'Ahmadou Kourouma*, Paris: L'Harmattan 2011, S. 166.

die Magie angeht, interpretiert diese Untersuchung sie als Instrument nicht nur zur Machteroberung, sondern vor allem als Instrument, das schreckliche Gewalt (hauptsächlich physische) erzeugt und somit zur Errichtung und Erhaltung der Diktatur beiträgt. Daraus kann gefolgert werden, dass Ahmadou Kourouma die Praxis der Magie im postkolonialen Afrika nicht nur als eine unverschämte Instrumentalisierung anprangert, er stilisiert sie aber auch als eine gewichtige Quelle der Gewalt, die die stilisierten Mächte kennzeichnet.

Wie die ausgewählten afrikanischen Autoren, sind Heinrich Mann und Hermann Kasack, deren Romane *Lidice* und *Das grosse Netz* auch in der vorliegenden Arbeit herangezogen werden, für die deutsche Literatur des 20. Jahrhunderts relevante Autoren.

Es liegen zu *Lidice* einige kritische Untersuchungen vor. Sie behandeln hauptsächlich die Entstehungs-, Verbreitungs- und Rezeptionsgeschichte, den Zusammenhang von Fiktion und Realität, die literarisch-fiktionale Verarbeitung des Gegenstandes des Romans, d. h. des deutschen Faschismus und die poetologische Dimension der Schreibweise Heinrich Manns.

Auf der Basis von Archivmaterialien hat Elke Emrich in verschiedenen Aufsätzen die Entstehungsgeschichte des Lidice-Textes rekonstruiert. Dabei erörtert sie die Abweichungen zwischen der Druckversion des Romans und den im Archiv erhalten gebliebenen Materialien zum Manuskript[70]. Emrich hat auch den Zusammenhang zwischen Fiktion und Geschichte in *Lidice* untersucht. Dabei kommt sie zu dem Resultat, dass der Roman „[e]ine verschlüsselte Demaskierung faschistischer Strukturen“[71] darstelle. Nach Emrich zeichnet

---

70 Vgl. Elke Emrich: „Vorstufen zu Heinrich Manns Roman *Lidice*“. In: *Arbeitskreis Heinrich Mann Mitteilungsblatt*, 17, 1982, S. 2–38; vgl. dies.: „Die erste Fassung von Heinrich Manns Roman ‚Lidice‘ “. In: *Heinrich Mann – Jahrbuch*, 2, 1984, S. 99–110 und auch dies.: „Das Theater der Macht und die Macht des Theaters in der ersten Fassung von Heinrich Manns Roman *Lidice*“. In: *Heinrich Mann-Jahrbuch*, 3, 1985, herausgegeben v. Helmut Koopmann und Peter-Paul Schneider unter dem Titel *Heinrich Mann – Sein Werk im Exil*, S. 143–163. Zusätzlich zur Entstehungsgeschichte erörtern Rüdiger Reinecke und Hendrik Weber die Verbreitung und die Rezeption von *Lidice*, vgl. Rüdiger Reinecke/Hendrik Weber: „‚Wer genug geweint hat, lacht‘. Entstehung, Verbreitung und Rezeption von Heinrich Manns *Lidice*. In: Walter Delabar/Walter Fähnders (Hrsg.): *Heinrich Mann (1871–1950)*, Berlin: Weidler Buchverlag 2005, S. 277–310.

71 Elke Emrich: „Heinrich Manns Roman *Lidice*: Eine verschlüsselte Demaskierung faschistischer Strukturen“. In: *Amsterdamer Beiträge zur neueren Germanistik*, herausgegeben von Gerd Labroisse, Amsterdam: Rodopi 1975, S. 55–112; vgl. auch dies.: „Heinrich Manns Roman *Lidice*: Eine Legende von der menschlichen Verwandlung“.

Heinrich Mann aus seiner Sicht die korrumpierte Struktur Hitlerdeutschlands. Aus dem historisch-kritischen Blickwinkel geht Ulrich Weisstein an denselben Roman heran. Nach der Erläuterung der Gründe für die Stoffwahl analysiert er die beiden Hauptfiguren des Romans: Pavel Ondracek und Reinhard Heydrich und charakterisiert die Romanfigur Heydrich als „das Zerrbild" der gleichnamigen historischen Person[72].

Einer poetologischen Lektüre haben Stephan Braese und Ute Welscher den Roman *Lidice* unterzogen. Braese macht darin „eine Radikalisierung der satirischen Arbeit"[73] aus, die Heinrich Mann bereits in der 1939 erschienenen „Rede" ausprobiert hat. Für ihn wird im Roman „die Tauglichkeit der satirischen Methode im Kampf gegen den Nationalsozialismus verhandelt". Zentraler „Gegenstand der satirepoetologischen Debatte"[74] im Roman ist ihm zufolge die Ambivalenz der satirischen Methode der Einverleibung des Gegners. Schließlich sieht er im Roman „nicht nur das Ende der Satire, sondern zugleich das Ende allen Schreibens, das noch irgendeinen kämpferischen Nutzwert hatte"[75].

In ihrer 2002 publizierten Dissertation hat sich Ute Welscher mit dem Spätwerk Heinrich Manns, darunter auch dem Lidice-Text, ebenfalls poetologisch auseinandergesetzt. Sie erschließt jene literarische Texte mithilfe literarischer Kategorien ‚Selbstreflexion' und ‚Metafiktion'. Nachdem sie, in dem medothologischen

In: Rudolf Wolff (Hrsg.): *Heinrich Mann: das Werk im Exil*, Bonn: Bouvier 1985, S. 13–69, hier S. 13.

72 Vgl. Ulrich Weisstein: „Von ‚Lidice' bis zum ‚Empfang bei der Welt' ". In: ders.: *Heinrich Mann: Eine historisch-kritische Einführung in sein dichterisches Werk; mit einer Bibliographie der von ihm veröffentlichten Schriften*; Tübingen: Max Niemeyer Verlag 1962, S. 188–200. Sigrid Anger untersucht in ihrer Dissertation das Alterswerk Heinrich Manns aus der „historisch-analytischen" Sicht. Bezüglich der Heydrich-Gestalt stellt auch sie einen Bruch mit der Realität fest: „Aber ein Bruch mit der Realität liegt vor, wenn Heinrich Mann den Heydrich des Romans als lächerliche Figur und erfolglosen Komödianten darstellt", Sigrid Anger: *Untersuchungen zum Gesellschaftsbild in Heinrich Manns Romanen „Empfang bei der Welt", „Lidice" und „Der Atem"*, Dissertation, Humboldt-Universität zu Berlin, 1979, S. 77.

73 Stephan Braese: „Antifaschistische Satire und die ›Epoche der Geschichtslosigkeit‹: Heinrich Manns ›Filmroman‹ *Lidice* im Kontext". In: Margrit Fröhlich/Hanno Loewy/Heinz Steinert (Hrsg.): *Lachen über Hitler – Auschwitz-Gelächter?: Filmkomödie, Satire und Holocaust*, München: Ed. Text + Kritik 2003, S. 107–124, hier S. 111.

74 Ebd., S. 112.

75 Ebd., S. 114. Vgl. auch ders.: „‚den einzigen Krieg, den wir vermochten' – Heinrich Manns *Lidice*: Vom Ende der Mimese". In ders.: *Das teure Experiment: Satire und NS-Faschismus*, Opladen: Westdeutscher Verlag 1996, S. 180–213.

Teil ihrer Arbeit, *Lidice* – in Anlehnung an Stephan Braese – als Negation des „Glauben[s] an eine konkrete und verändernde Wirkung der Literatur auf Politik und Gesellschaft“[76] eingeordnet hat, untersucht sie „Ästhetik“ und „Verständnis von Kunst und Wirklichkeit“ sowie die „neue[n] Merkmale einer modernen Poetik“[77]. Der Roman bringe „eine Poetologie zum Ausdruck, nach der Kunst die Wirklichkeit beliebig übersteigern und konstruieren kann, um die Absurdität und Brutalität der sogenannten Alltagswirklichkeit stärker wiedergeben zu können, als ein Abbildungsverfahren dies könnte“[78]. Aber nicht nur das: Der Roman reflektiert ihr zufolge metafiktional auch den Begriff der Wirklichkeit im Hinblick auf dessen Grenzen[79]; zudem würden anhand der Gestalt des Pavel die Grenzen der Kunst aufgezeigt[80]. Ute Welscher kommt zum Schluss, dass *Lidice* „durch eine überraschend deutliche Poetologie Möglichkeiten des theatralisch-literarischen Umgangs mit dem nationalsozialistischen Genozid“ diskutiere[81].

Weitere Literaturwissenschaftler haben ihrerseits die literarische Verarbeitung des deutschen Faschismus in *Lidice* erarbeitet, freilich aus unterschiedlichen Blickwinkeln. Uwe Naumann und Frédéric Teinturier haben das Thema „Faschismus“ wesentlich aus der Perspektive des Grotesken[82] analysiert. Für die beiden entlarvt der Autor die deutschen Faschisten anhand grotesker Mittel bzw. des Motivs der Nachahmung und macht sie dadurch lächerlich. In ihrer Untersuchung zu *Lidice* hat Monika Socha hingegen aufgezeigt, wie die Nationalsozialisten komisch dargestellt werden[83]. Heinrich Mann lasse sie durch ihr aggressives Auftreten als Rollenspiel, die Nachahmung Heydrichs durch Pavel

---

76 Ute Welscher: *Sprechen-Spielen-Erinnern: Formen poetologischer Selbstreflexion im Spätwerk Heinrich Manns,* Bonn: Bouvier 2002, S. 21.

77 Ebd., S. 151. Das dem Roman *Lidice* gewidmete Kapitel lautet: „Literarische Verharmlosung oder Emphase? – Die Theatralik des Nationalsozialismus in *Lidice*“, S. 150–163.

78 Ebd., S. 156.

79 Ebd., S. 158.

80 Ebd., S. 159.

81 Ute Welscher: *Sprechen-Spielen-Erinnern,* a. a. O., S. 162.

82 Vgl. Uwe Naumann: *Faschismus als Groteske*, vgl. auch das Lidice-Kapitel „Faschismus als Groteske: Heinrich Manns Dialogroman ‚Lidice‘“ in seiner 1983 publizierten Dissertation; ders.: *Zwischen Tränen und Gelächter. Satirische Faschismuskritik 1933 bis 1945*, Köln: Pahl Rugenstein Verlag, 1983, S. 70–120; vgl. Frédéric Teinturier: „Le rire comme arme: satire et grotesque dans *Der falsche Nero* de Lion Feuchtwanger et dans *Lidice* d'Heinrich Mann“, a. a. O.

83 Vgl. Monika Socha: *Komisches Selbstverkennen. Zur Darstellung von Nationalsozialisten in Heinrich Mann „Lidice“, Günter Grass' „Die Blechtrommel“ und Edgar Hilsenraths „Der Nazi & der Friseur“*, Hamburg: Verlag Dr. Kovač 2014.

und durch die Kommentare der Tschechen komisch erscheinen. Zur Funktion der Komik merkt sie an, dass die Komik u.a. dazu dient, „die Autorität und Souveränität der Nationalsozialisten als aufgesetzt zu entlarven, anstatt sie zu bestätigen“[84]. Die Deutung der Furchtbarkeit bzw. der Brutalität der deutschen Faschisten als Schauspielertum, dessen Ziel es nur ist, ihre eigene Schwäche zu kaschieren, findet sich bei allen erwähnten Kritikern.

Anzuführen ist noch die Untersuchung von Frithjof Trapp[85]. Im Kapitel „›Lidice: Darstellungskategorien moralistischer Erkenntnis‹“ untersucht er diesen Roman hauptsächlich aus der ästhetischen Perspektive. Er zeigt auf, dass der Autor nach „ästhetischen Kategorien“ eine „Kunstwirklichkeit“ erstellt hat. Diese Wirklichkeit sei nicht bloß ästhetisch „verschlüsselt“, sondern auch moralisch opak. Die Schauspielerthematik betrachtet er als „ein in sich abgeschlossenes Thema innerhalb des Romans“[86]. Dementsprechend sieht er in der Nachahmung Heydrichs durch Pavel ein Experiment, das Pavel mit sich selbst versucht.

Über die Analyse von Trapp ist gleichwohl zu bemerken, dass die Schauspielerproblematik innerhalb der Romanhandlung – wie es auch Uwe Naumman in seinem *Faschismus als Groteske* erkennt – ein zentrales Element des Romans ist. So gesehen ist die Nachahmung kein ‚Selbstexperiment‘. Die Imitation ist im Roman viel eher darauf angelegt, das psychologische Defizit des sich selbst als mächtig inszenierenden Heydrich bloßzulegen. Diese kritische Bemerkung macht deutlich, dass Frithjof Trapp zwar *Lidice* aus der ästhetischen Sicht bearbeitet hat, die politische Thematik jedoch nur partiell einbezogen hat. Die vorliegende Arbeit widmet sich dahingegen der Stilisierung von politischer Macht im selben Text.

Der zweite deutsche Schriftsteller, Hermann Kasack, dessen Text in dieser Arbeit analysiert wird, ist in der Literaturkritik viel mehr als Autor von *Die Stadt hinter dem Strom* bekannt und diskutiert. Sein zweiter Roman *Das grosse Netz* wurde nur in kurzen Feuilleton-Rezensionen, literaturwissenschaftlich aber kaum behandelt. M. Boussart hat in den literarischen Werken Hermann Kasacks „La crise européenne“[87] erforscht. Dabei greift er auch den Roman *Das grosse Netz* auf: Er sei eine allgemeinere Satire auf die willkürliche Macht des Staates,

84 Ebd., S. 176.
85 Frithjof Trapp: *»Kunst« als Gesellschaftsanalyse und Gesellschaftskritik bei Heinrich Mann*, Berlin [u.a.]: Walter de Gruyter 1975. Zum Kapitel über den Roman *Lidice*, siehe S. 84–138.
86 Ebd., S. 114.
87 M. Boussart: „La crise européenne au travers des œuvres d'après-guerre de H. Kasack“. In: *Revue des Langues vivantes*, 3, 1964, S. 221–234.

seinen Totalitarismus wie auf die Hypertrophie der Bürokratie und der Technik. Er hebt hervor, dass Kasack in seiner Zeitdiagnose nicht auf die Frage antwortet, ob es noch möglich sei, den Westen zu retten; sein Text bleibe dennoch eine Warnung.

Heribert Besch hat in seiner Dissertation dem Spätwerk Hermann Kasacks ein Kapitel gewidmet und dieses Spätwerk, darunter auch *Das grosse Netz*, einer übergreifenden Analyse unterzogen. Die Gestaltung des Endes der drei letzten Erzählwerke des Autors – *Der Webstuhl* (1949), *Das grosse Netz* (1952) und *Fälschungen* (1953) – orientiert sich ihm zufolge an den literarischen Modellen der Gegenutopie. In der Absicht des Autors stellt er eine Paradoxie fest: „die Inszenierung des Untergangs im Spiel, um den wirklichen Untergang zu verhindern"[88]. Nach Besch bezieht der Autor in seine Erzählungen auch seine Ängste und Wut mit ein. Folgende Schlussfolgerung zieht er: „KASACK beabsichtigt mit seinen phantasierten Vergegenwärtigungen der Katastrophe eine Schocktherapie"[89].

In seinem *Panorama des internationalen Gegenwartsromans*[90] stellt Wolfgang Grözinger eine knappe Analyse zu *Das grosse Netz* an. Nachdem er die Gemeinsamkeit mit Swift hervorgehoben hat, kritisiert er an dem Roman den Mangel an Vitalität und Humor.

Diese Untersuchungen zeigen deutlich, dass sich bisher niemand mit der Thematik von politischer Macht im Roman *Das grosse Netz* wirklich beschäftigt hat.

Die vorliegende Untersuchung führt die Diskussion über die ausgewählten Texte fort, wobei sie den Akzent auf die ästhetische Repräsentation von politischer Macht setzt und möglichst alle Konturen dieser Repräsentation herausarbeitet. Ebenso spielt die Legitimitätsfrage politischer Macht, wie in der Einleitung dargelegt, eine zentrale Rolle in vorliegender Abhandlung. Sie lässt sich in die interkulturelle Literaturwissenschaft (Näheres zur Methodologie dieser Literaturwissenschaft im folgenden Unterkapitel) einfügen: Sie stellt einen Vergleich zwischen den ausgewählten Romanen aus zwei unterschiedlichen Kulturkreisen an. Bislang wurde meines Wissens noch keine vergleichende Studie zu den ausgewählten Werken und zum behandelten Thema vorgelegt.

---

88 Heribert Besch: *Dichtung zwischen Vision und Wirklichkeit: eine Analyse des Werkes von Hermann Kasack mit Tagebuchedition (1930-1943)*, St. Ingbert: Röhrig 1992, S. 334.

89 Heribert Besch: *Dichtung zwischen Vision und Wirklichkeit*, a. a. O., S. 335.

90 Wolfgang Grözinger: „Hermann Kasack: *Das große Netz*". In: Wolfgang Grözinger/Erwin Rotermund/Heidrun Ehrke-Rotermund: *Panorama des internationalen Gegenwartsromans. Gesammelte „Hochland"-Kritik 1952–1965*, Paderborn: Ferdinand Schöningh 2004, S. 64–65.

3 Zum methodischen Verfahren

Diese Arbeit ist dem Dekonstruktivismus verpflichtet. Aber nicht in der gewöhnlichen Weise, sondern in einer eigentümlichen Weise. In der Literaturwissenschaft wird der Dekonstruktivismus als eine Methode der Analyse, wenn nicht der Deutung betrachtet. Bei der Lektüre der ausgewählten Romane fällt freilich auf, dass sie selber ein zentrales Element des Dekonstruktivismus zur Konstruktion bzw. Darstellung ihrer erzählten Welten verwenden.

Als Begründer und Wegbereiter des Dekonstruktivismus/der Dekonstruktion gilt der französische Philosoph Jacques Derrida. Jacques Derrida definiert die Dekonstruktion wie folgt:

> Sehr schematisch: eine Opposition metaphysischer Begriffe (zum Beispiel, Sprechakt/Schrift, Anwesenheit/Abwesenheit usw.) ist nie die Gegenüberstellung zweier Termini, sondern eine Hierarchie und die Ordnung einer Subordination. Die Dekonstruktion kann sich nicht auf eine Neutralisierung beschränken oder unmittelbar dazu übergehen: sie muß durch eine doppelte Gebärde, eine doppelte Wissenschaft, eine doppelte Schrift eine Umkehrung der klassischen Opposition und eine allgemeine Verschiebung des Systems bewirken. Allein unter dieser Bedingung wird die Dekonstruktion sich die Mittel verschaffen, um in das Feld der Oppositionen, das sie kritisiert, und das auch ein Feld nicht-diskursiver Kräfte ist, eingreifen zu können.[91]

Das Verfahren der Umkehrung ist eben das zentrale Element der Dekonstruktion, das die analysierten Romane verwenden. Diese Umkehrung lässt sich an dem stilisierten hierarchischen Verhältnis Herrschende/Beherrschte erkennen; sie bezieht sich auf die Vorstellung, die es seit der in der Aufklärung entstandenen Vertragstheorie der politischen Macht (Hobbes, Locke, Rousseau) gibt und die in der Herausbildung und Durchsetzung demokratischer Staaten im 19. und 20. Jahrhundert zu einer politisch-moralischen Selbstverständlichkeit wurde. Diese Vorstellung befürwortet ein Unterordnungsverhältnis, das in der moralisch-ideellen Unterordnung der politischen Herrschaft unter die Bedürfnisse und den Willen der Bürger besteht.

Gleichwohl muss auch hervorgehoben werden, dass die behandelten afrikanischen Autoren sich nicht allein auf eine solche Vorstellung stützen, sondern ebenfalls auf die Machtpraxis im traditionellen Afrika. Allerdings weist diese traditionelle Machtpraxis eine überraschende Analogie zum Denkmuster der Vertragstheorie auf. Sony Labou Tansi schildert jene Herrschaftspraxis in einem

---

91 Jacques Derrida: „Signatur Ereignis Kontext". In: ders.: *Randgänge der Philosophie*, herausgegeben von Peter Engelmann [aus d. Franz. von Günther R. Sigl …], 1. vollst. dt. Ausg., Wien: Passagen Verlag 1988, S. 291–314, hier S. 313.

Interview, wobei er deutlich macht, dass in der traditionellen afrikanischen Kultur die Macht nicht durch Waffen erobert wird; sondern dass das Volk sie einer Person gibt, die es als fähig genug beurteilt, zu herrschen: „Dans la tradition africaine, le pouvoir ne se prend pas par les armes. Le peuple donne le pouvoir à un homme, parce qu'il considère que ce dernier possède une certaine expérience, qu'il est apte à diriger le pays“[92]. Sony Labou Tansi weist hierdurch implizit darauf hin, dass das Konzept von der Stiftung der politischen Macht durch einen „Gesellschaftsvertrag“, das sich erst ab dem 19. Jahrhundert in Europa durchgesetzt hat, schon lange in der präkolonialen afrikanischen Machttradition Verwendung fand. Indem das Volk einer Person die Macht gibt; indem das Volk eine Person beauftragt, es zu regieren, entsteht faktisch ein Vertrag zwischen dem Volk und dieser Person: Der Mandatar verpflichtet sich, indem er den Auftrag nimmt, die Macht im Sinne des Mandanten auszuüben. Seine Äußerung bekräftigt Sony Labou Tansi durch das Beispiel der politischen Kultur des damaligen Kongo-Reichs, wonach der König in vier Wahlgängen gewählt werden musste:

> Si je prends le cas du royaume du Kongo au XIVe siècle, le Roi était élu. À ma connaissance, il n'existe pas de royauté élue en Europe. Jadis, au Congo, le Roi était élu en quatre étapes. Il obtenait d'abord le titre de gouverneur de la province de Mata afin de pouvoir gérer l'armée. C'est à cette province que revenait l'insigne honneur de monter une armée en cas de guerre. Ensuite, il était nommé gouverneur de Sohio, c'est-à-dire qu'il avait le droit de diriger les croyances religieuses, fétichistes. Puis, il était élu gouverneur de la province de Mpemba, et finalement gouverneur de la province de Ndandi. Une fois qu'il était devenu gouverneur de cette dernière province, il pouvait être élu Roi.[93]

Diese Art und Weise, wie ein König im vorkolonialen Afrika gewählt wurde, entspräche heutzutage der demokratischen Praxis, wie sie beispielsweise in Europa und in den USA zu beobachten ist, wo der Wahlprozess von den Erstwahlen der Spitzenkandidaten bis hin zur eigentlichen Wahl des Staatschefs läuft.

Die bis heute dominante demokratische Vorstellung oder ihre Entsprechung im traditionellen Afrika wird in den ausgewählten Romanen[94] als etwas

---

92 Pierrette Herzberger-Fofana: „Sony Labou Tansi, écrivain congolais“. In: Drocella Mwisha Rwanika/Nyunda ya Rubango (Hrsg.): *Francophonie littéraire africaine en procès*, a. a. O., S. 268–272, hier S. 269. Dieses Interview wurde 1993 auf *dem Congrès international de Littérature* in Erlangen aufgenommen.

93 Pierrette Herzberger-Fofana: „Sony Labou Tansi, écrivain congolais“, a. a. O., S. 269 f.

94 Für Papa Samba Diop und Xavier Garnier denunziert Sony Labou Tansi, einer der in dieser Analyse behandelten Autoren, in seinem literarischen Werk den Skandal politischer Macht, jedoch täte er dies nicht im Bezug auf die Demokratie: „Que le Guide élimine les opposants, que le soldat tire, que la police fasse des constats, que le juge condamne, rien de plus normal dans un État qui fonctionne, et pourtant il y a là

hingestellt, was sich keineswegs von selbst versteht. Auf den ersten Blick scheint in diesen Romanen die Unterordnung durchweg die umgekehrte Richtung zu haben, d. h., ganz einseitig von den Herrschenden zu den Beherrschten. Die untersuchten Erzählwerke ordnen in der Tat die Beherrschten dem alleinigen Willen der Herrscher unter. Solche Mächte verhalten sich als absolut souverän. In diesen Texten wird der Wille der Machthaber zur absoluten Beherrschung stilisiert. In der jeweils geschilderten politischen Macht wird der ganze Machtapparat ausschließlich auf die Person der Führer reduziert – hießen sie „Guide Providentiel" oder einfach „guide" (*La vie et demie*) –, auf den Willen von Potentaten, die sich mit dem Titel „Vater der Nation" ausstaffieren (*En attendant le vote des bêtes sauvages*) oder auf den Reichsprotektor als Repräsentanten der NS-Herrschaft (*Lidice*) oder auch auf ein System, das von einem mysteriösen Unternehmen verkörpert wird (*Das grosse Netz*). In einem solchen Unterordnungsverhältnis erscheinen die Beherrschten als nichts anderes denn als Instrumente, wenn nicht Objekte, in der Hand der Herrschaft. O. Affin Laditan zufolge ist die Perzeption der Herrschaft im Roman Ahmadou Kouroumas weit entfernt von der Konzeption des Gesellschaftsvertrags: „La gouvernance n'est pas perçue comme étant un contrat social, mais plutôt comme une confiscation du pouvoir, l'asservissement et la domestication du peuple"[95]. Diese Interpretation, die Regierungsgewalt werde als eine Konfiskation der Macht, die Knechtung und Zähmung des Volkes wahrgenommen, trifft übrigens auf die stilisierten Mächte in den anderen zu analysierenden Texten zu.

Mit der einseitigen Unterordnung ganz von oben nach unten – sie ist außerdem nicht moralisch-ideell wie im Ideal gerechter Herrschaft, sondern physisch-reell – weisen die ausgewählten Romane durch diese doppelte Umkehrung auf die Dekonstruktion der klassisch gewordenen Vorstellung des Unterordnungsverhältnisses von leitenden Diskursprinzipien hin. Damit zeigt sich – auf den zweiten Blick –, dass eben durch die stilisierte Einseitigkeit umso stärker herausgebildet wird, wie *wirksam* im Schlimmen die *Abwesenheit* dieses Maßstabs

---

un scandale que Sony entend dénoncer. Apparemment pas au nom de la démocratie, c'est un mot qui ne semble pas faire partie de son vocabulaire d'écrivain." In: Einleitung zu *Sony Labou Tansi à l'œuvre*, herausgegeben von Papa Samba Diop und Xavier Garnier, a. a. O., S. 11. Die Bemerkung, dass Sony Labou Tansi in seinem Werk den Begriff Demokratie nicht unmittelbar verwendet, mag wahr sein. Jedoch schildert er in *La vie et demie* eine Gegenrepublik zur Republik Katamalanasie, deren politischen Charakteristiken denen eines demokratischen Staates gleichkommen.

95 O. Affin Laditan: „De l'école de la dictature à sa pratique dans *En attendant le vote des bêtes sauvages* d'Amadou [sic!] Kourouma", a. a. O., S. 276.

ist: *ex negativo* zeigt sich in den Texten, dass die selbstherrlichen Machthaber nicht an den Maßstäben gerechter Herrschaft vorbeikommen. Demnach ist es nicht zu sehr gewagt, zu sagen, dass die Verfasser in ihren Texten auch die gerechte Herrschaft behandeln, aber – wie zuvor erwähnt, versteht sich diese nicht von selbst.

Methodologisch macht sich die vorliegende Arbeit die Überlegungen der interkulturellen Literaturwissenschaft zu eigen: Diesen Überlegungen zufolge soll die interkulturelle Literaturwissenschaft als „Inszenierung eines egalitären Dialogs der Literaturen, einer gegenseitigen Befragung der sich in ihnen zu literarischem Wort meldenden Gesellschaften“[96] agieren. Dazu gibt es eine ausgearbeitete Methodologie. Diese Untersuchung lehnt sich an die von den Germanisten Leo Kreutzer und David Simo vorgeschlagene Herangehensweise an. Leo Kreutzer legt nahe, der „eigenen“ [National]literatur in einer interkulturellen Literaturwissenschaft „eine privilegierte Stellung“ zuzuweisen:

> [D]ie eigene Nationalliteratur wird in einer interkulturellen Literaturwissenschaft eine privilegierte Stellung einnehmen, weil man an ihr die intimste Erfahrung machen kann, auf welche Weise überhaupt Literatur sich auf Geschichte und Gesellschaft bezieht.[97]

Diese Anregung Leo Kreutzers wurde schon vor ihm durch den kamerunischen Germanist David Simo diskutiert. Für ihn ist „die Beschäftigung mit dem ›Fremden‹“ ein „dialogischer Vorgang“. Er schlägt dem Wissenschaftler vor, in einem solchen Unternehmen von dem »Eigenen«, d. h., der „eigenen Kultur“ auszugehen:

> Die Beschäftigung mit dem »Fremden« ist ein dialogischer Vorgang, ein kontrastiver Versuch, bei dem der Wissenschaftler als Dialogpartner von der eigenen Kultur

---

96 Leo Kreutzer: „Germanistik und ›Midlife-crisis‹ oder: Wie meine endgültige Literaturwissenschaft zu einer interkulturellen Entwicklungsforschung wurde“. In: Frank Griesheimer/Alois Prinz (Hrsg.): *Wozu Literaturwissenschaft?: Kritik und Perspektiven*, durchges. Nachdruck. der 1. Aufl., Tübingen: Francke Verlag 1992, S. 260–276, hier S. 264.

97 Leo Kreutzer: „Germanistik und ›Midlife-crisis‹, a. a. O., S. 267; auch Ders.: „Eigensinn und Geschichte. Überlegungen zu einer Literaturwissenschaft als interkulturelle Entwicklungsforschung“. In: Lutz Danneberg/Friedrich Vollhardt: *Wie international ist die Literaturwissenschaft?: Methoden- und Theoriediskussion in den Literaturwissenschaften: kulturelle Besonderheiten und interkultureller Austausch am Beispiel des Interpretationsproblems (1950–1990)*, in Zusammenarbeit mit Hartmut Böhme und Jörg Schönert, Stuttgart [u.a.]: Verlag J. B. Metzler 1996, S. 591–599, hier S. 598.

> ausgeht, um die fremde zu verstehen. Seine Kultur liefert ihm sowohl die methodischen Ansatzpunkte als auch die Klassifikation, die Ordnungsprinzipien.[98]

Wie es die zitierten Äußerungen deutlich machen, handelt es sich bei der Beschäftigung zunächst mit der eigenen Literatur oder eigenen Kultur um einen methodischen Vorteil. Aus diesem Grund werde ich mich bei meiner Untersuchung zuerst mit den afrikanischen Romanen befassen. In Anlehnung an die Auffassung David Simos versteht sich meine Arbeit also als ein „dialogischer Vorgang" zwischen zwei Literaturen und allgemein zwischen zwei Kulturkreisen.

Die vorliegende Arbeit setzt sich aus drei Teilen zusammen: Im ersten Teil werde ich die afrikanischen Texte untersuchen. Der zweite Teil widmet sich dann der Untersuchung der deutschen Romane. In jedem Teil werden in jeweils zwei Kapiteln die Texte einzeln und in der zeitlichen Abfolge ihrer Entstehung analysiert. Die Analyseschwerpunkte liegen auf der ästhetischen Darstellung der jeweils vorgestellten Machthaber, der Charakterisierung der Machtstrukturen, der Darstellung von Legitimierungsprinzipien. Bei der Bearbeitung der eben erwähnten Aspekte werden die Sprach- und Stilmittel, die von besonderer Bedeutung sind, hervorgehoben. Die Gegenüberstellung der Ergebnisse der jeweiligen Untersuchung erfolgt im dritten und letzten Teil. Hierbei werden nicht nur die Stilisierungsweisen und die Grundgedanken afrikanischer Romane mit denen deutscher Werke verglichen; es wird auch ein intrakultureller Vergleich angestellt, d.h. ein Vergleich zwischen den Texten aus demselben Kulturraum. Dieser doppelte Vergleich zeigt interessanterweise, dass die untersuchten Romane trotz Unterschiede ein gemeinsames Ziel verfolgen, das in ihrer Stilisierungsweise zum Ausdruck kommt.

Bezüglich der afrikanischen Texte meines Corpus habe ich in der Untersuchung aus der französischen Originalfassung zitiert und in der Fußnote das entsprechende Zitat aus der deutschen Übersetzung abgedruckt.

4 Zur Auswahl des Untersuchungsgegenstands

Das Textcorpus, das meiner Untersuchung zugrunde liegt, umfasst vier Romane aus dem 20. Jahrhundert, zwei frankophone subsahara-afrikanische und zwei

98 S. Simo: „Germanistik und Selbsterfindung. Zur Dialektik Fremdverstehen-Selbstverstehen". In: Alois Wierlacher (Hrsg.): *Perspektiven und Verfahren interkultureller Germanistik. Akten des I. Kongresses der Gesellschaft für Interkulturelle Germanistik*, München: Iudicium Verlag 1987, S. 693–700, hier S. 694.

deutsche Romane, die allesamt politische Macht bzw. Machtkonstellationen und -zusammenhänge thematisieren. Bei den afrikanischen Texten handelt es sich um die Stilisierung von politischer Macht von der Epoche der Unabhängigkeit der meisten afrikanischen Staaten bis einige Zeit nach dem Fall der Berliner Mauer. In den deutschen Romanen wird die politische Herrschaft in der NS- und Nachkriegszeit inszeniert.

Hieraus leitet sich das erste Auswahlkriterium des dieser Arbeit zugrunde liegenden Textcorpus ab. Es beruht auf der behandelten Thematik und der Perspektive ihrer Darstellung: Sowohl die zu analysierenden afrikanischen Texte als auch die deutschen behandeln die diktatorisch geprägte Herrschaft und die Perspektive ist bei allen Texten die von „Oben". In vielen Staaten des afrikanischen Kontinents herrschte von der Zeit nach der Unabhängigkeit bis zu den ersten Demokratisierungsversuchen zu Beginn der 1990er Jahre eine diktatorische Machtausübung vor. Diese politische Situation wurde zum Schreibanlass vieler Schriftsteller; diese stellen Diktatoren und deren Machtausübung mit literarischen Mitteln dar. Auch Sony Labou Tansi und Ahmadou Kourouma gehören dazu. Außerdem gelten beide als Klassiker der afrikanischen Literatur. Ihre in dieser Arbeit herangezogenen Romane diskutieren die diktatorische Herrschaft mit einer unvergleichlichen Virulenz.

Politisch hat auch Deutschland im 20. Jahrhundert eine furchtbare Diktatur erlebt: die NS-Diktatur. Mit unterschiedlichen literarischen Mitteln reflektierten ebenfalls viele deutsche Schriftsteller über diese Herrschaft, hierunter auch Heinrich Mann. Die Besonderheit bei ihm ist die Personalisierung der NS-Macht in einer der nationalsozialistischen Führungspersönlichkeiten sowie die Verformung der Gewalt der Nazis. Nach der Überwindung der Hitlerzeit begann in Deutschland bzw. in Europa eine neue Epoche, die Nachkriegszeit. Die politischen Mächte dieser Epoche kamen jedoch manchen Leuten als eine Willkürherrschaft vor, die sie übrigens an die Gewalt der vorherigen deutschen Macht erinnerte; hierzu ist der Fall des Schriftstellers Hermann Kasack.

Ein weiteres Auswahlkriterium sind die Epochen, aus denen die behandelten Texte stammen, aber auch die geschilderten Zeiten. Was die zu untersuchenden Romane aus der afrikanischen Literatur anbelangt, ist *La vie et demie* von Sony Labou Tansi im Jahre 1979 erschienen und thematisiert die diktatorische Macht in den 1970er Jahren. *En attendant le vote des bêtes sauvages* wurde 1998, also knapp zwanzig Jahre nach dem Erscheinen von Sony Labou Tansis Roman, publiziert. In diesem Text beschäftigt sich Ahmadou Kourouma mit demselben Sujet von der Berliner Konferenz (1884–1885) über den Fall des eisernen Vorhangs (1989) bis hin zu den daraus entstandenen Folgen für die afrikanischen Länder (die etwas dekretierte Demokratisierung dieser Länder durch den Westen und das Scheitern dieses Prozesses). Kourouma durchforstet somit literarisch eine längere Erfahrung der Machtausübung in Afrika. Überdies deckt er nahezu den ganzen Kontinent ab: Er diskutiert anhand von in die Rahmengeschichte eingefügten Nebengeschichten die Willkürherrschaft in mehreren Staaten, die in den verschiedenen Regionen (Westen, Zentrum, Norden) Afrikas liegen. Da der Roman nicht nur einen längeren Zeitraum, sondern auch noch einen weiten Raum abdeckt, hat er sich als ein interessanter Analysegegenstand für die vorliegende Arbeit erwiesen.

Heinrich Mann veröffentlichte 1943 seinen Lidice-Roman, in dem er die NS-Herrschaft personalisiert und entlarvt. Der Text von Hermann Kasack erschien im Jahre 1952 und handelt die Machtumstände in der Zeit unmittelbar nach dem Zweiten Weltkrieg ab. Durch die Unterschiedlichkeit der Erscheinungsepochen der Romane und erzählter Zeiten zielt das zweite Auswahlkriterium darauf ab, zu überprüfen, ob innerhalb ein und derselben Literatur ein bedeutender, auf Epochenunterschiedlichkeit basierter Wandel in der Stilisierungsästhetik festzustellen ist. Die ausgewählten Autoren verwenden zwar unterschiedliche formale sowie inhaltliche Mittel, aber die Untersuchung wird auch zeigen, dass diese Mittel auf eine gemeinsame Ästhetik verweisen.

Teil I: Ästhetische Darstellung von politischer Macht in den ausgewählten afrikanischen Romanen

1 Monstrosifizierung von Machthabern in *La vie et demie* von Sony Labou Tansi

1.1 Zur Erzähltechnik

Der 1979 bei Seuil erschienene Roman *La vie et demie*[99] ist der Erstlingsroman des am 5. Juli 1947 in Kimwanza (in der heutigen Demokratischen Republik Kongo) geborenen und am 14. Juni 1995 in Moundoli-Brazzaville gestorbenen kongolesischen Schriftstellers Sony Labou Tansi.[100] Er wurde zwar in der heutigen Demokratischen Republik Kongo geboren, war aber immer Staatsbürger der Republik Kongo. Er ist in seinem Geburtsland aufgewachsen, hat dann seit seinem zwölften Lebensjahr bis zu seinem Tod in der Republik Kongo gelebt. Sein erster Roman erhielt noch im Jahr seines Erscheinens den „Prix spécial du Jury" beim „Festival International de la Francophonie".

Dieser Roman behandelt – wie fast alle literarischen Werke[101] desselben Autors – ein bis heute brennendes Thema: die Problematik der diktatorischen Macht im postkolonialen Afrika. In neun Kapiteln schildert der Autor in diesem Text in einem persönlichen Stil und in einem bissigen Ton die diktatorische Herrschaft einer Herrscherclique über ein fiktives Land namens Katamalanasie (später in Kawangotara, dann in Bampotsoata umbenannt): Insgesamt haben nacheinander zehn „guides" die Macht dieses Landes inne. Er beschreibt dabei – wie auch in seinen weiteren Romantexten und Theaterstücken – die Mechanismen der Diktatur und stilisiert die Machthaber literarisch-ästhetisch. Gegen die

---

99 Die deutsche Übersetzung lautet: Sony Labou Tansi: *Verschlungenes Leben*, deutsche Erstausgabe, Zürich: Eco-Verlag 1981 (übersetzt aus dem Französischen von Bettina Kobold). Alle deutschen Zitate des Romans in der Folge beziehen sich auf diese Ausgabe.

100 Eigentlich heißt er Sony Marcel. Sony Labou Tansi ist sein Schriftstellername. Mehr zur Biographie des Autors und vor allem zur Erklärung seines Namens, siehe u. a. Jean-Michel Devésa: *Sony Labou Tansi: écrivain de la honte et des rives magiques du Kongo*, Paris: L'Harmattan 1996; Norbert Stamm: *‚Den Kongo schreiben'. Geschriebene Heterogenität: das Werk Sony Labou Tansis*, Frankfurt/M: IKO-Verlag für Interkulturelle Kommunikation 2000.

101 Hier können z. B. angeführt werden: Romane: *L'état honteux*, 1981 (deutsch: *Die Heillose Verfassung*, 1984), *L'anté-peuple*, 1983 (deutsch: *Die tödliche Tugend des Genossen Direktor*, 1985), *Les sept solitudes de Lorsa Lopez*, 1985, *Les yeux du volcan*, 1988; Theaterstücke: *La parenthèse de sang*, gefolgt von *Je, soussigné cardiaque*, 1981, *Antoine m'a vendu son destin*, 1986, *Qui a mangé Madame d'Avoine Bergotha?*, 1989, usw.

dargestellte Diktatur richtet sich der charismatische Oppositionsführer Martial, den der erste Führer mit eigenen Händen tötet. Doch führen Martials Tochter, Chaïdana, und seine Enkelin (oder auch Tochter?[102]), Chaïdana aux-gros-cheveux, den Kampf gegen die Willkürherrschaft weiter.

Die Erzählung von der diktatorischen Machtausübung im Roman verläuft nicht linear. Die ganze Geschichte von *La vie et demie* ist, wie auch Séwanou Dabla es gut hervorgehoben hat, eigentlich aus drei Intrigen zusammengesetzt: Aus der Erzählung von den nacheinander folgenden Herrschaften der Dynastie der Führer von Katamalanasie; sowie aus der Erzählung von der Familie des politischen Gegners Martial, die sich dem Regime des jeweiligen Führers widersetzt, und schließlich aus der Geschichte der Integration der Pygmäen[103].

Diese drei Geschichten sind durch das Verfahren des Einsetzens („procédé de l'enchâssement") miteinander verbunden: Die Geschichte von der Gewaltherrschaft der Führer von Katamalanasie verursacht die Revolte und den Kampf von Martials Familie und seinen Anhängern sowie auch die Integration der Pygmäen[104]. Die „Pazifikation" oder die Integration der Pygmäen, die nicht ohne Gewalt geschieht, liegt den Führern am Herzen, weil sie diesen Teil von Katamalanasie unbedingt unter ihre Herrschaft bringen wollen.

Ein Hauptmerkmal der literarischen Werke Sony Labou Tansis ist die Gewalt. In Form eines Horrorszenarios steht sie (fast) immer am Anfang seiner literarischen Texte:

> Ouvrir le rideau sur l'horreur, sur la «mocheté», sur un univers de sang et de chairs éclatées, un univers de jungle où le «sacro-saint roi» peut *être* «sacro-saint roi» (ou Président ou Guide), dévore (au propre et au figuré) ses sujets. Telle est la caractéristique aujourd'hui bien connue de l'écriture de Sony Labou Tansi.[105]

Im Roman *La vie et demie* erlebt der Leser auf den ersten Seiten eine Horrorszene mit. Der Guide Providentiel (Führer der Vorsehung) schlachtet seinen

---

102 Chaïdana wird nach der Vergewaltigung durch ihren verstorbenen Vater und nach der Vergewaltigung durch eine 363 Mann starke Soldatenmiliz schwanger und bringt Drillinge zur Welt darunter Chaïdana-aux-gros-cheveux. Es bestehen hier Zweifel, was den echten Vater dieser Drillinge angeht.

103 Séwanou Dabla: *Nouvelles écritures africaines*, a. a. O., S. 134. Die Pygmäen sind ein Volk, das selbstständig im Wald lebt. Dieses Volk versuchen die Führer von Katamalanasie zwangsweise unter ihre Herrschaft zu bringen, was sie „Integration" nennen.

104 Vgl. Séwanou Dabla: *Nouvelles écritures africaines*, a. a. O., S. 135.

105 Joseph E. Mwantuali: „La «parenthèse» de Sony ou l'espace palingénésique". In: Drocella Mwisha Rwanika/Nyunda ya Rubango (Hrsg.): *Francophonie littéraire africaine en procès*, a. a. O., S. 129–142, hier S. 129.

Opponenten Martial wie in einem Horrorfilm ab, bis dieser tot ist. In der Horrorszene sind Übertreibungen des Autors wahrnehmbar. Sie berauben der Handlung jeglichen Realitätsbezug: Der Guide Providentiel bringt seinen Gegner mittels verschiedener Waffen um; dieser, wie mit einer übernatürlichen Kraft versehen, verweigert es, zu sterben. Schließlich kommt der Führer seinem Gegner bei und zwingt dessen Familie, das zerhackte Fleisch des Ehemanns und Vaters zu verzehren (S. 11–19). Auch verzehrt ist Martial nicht definitiv vernichtet; er wird durch das hartnäckige Erscheinen seines Schreckgespenstes eher teuflischer („plus infernal") als der Guide Providentiel selbst.

Nach Henri Lopes, auch ein renommierter Schriftsteller aus der Republik Kongo, hat man beim Lesen der literarischen Texte Sony Labou Tansis das Gefühl, in eine vertraute Welt einzudringen, aber diese Welt erscheint verbeult und verzerrt. Die Kunst des Autors bestehe darin, die Realität neu zu schaffen, sodass man der Aktualität gegenüber sagen könnte, es handle sich um etwas, das typisch für Sony sei:

> On a, le lisant, le sentiment de pénétrer dans un univers qui nous est familier mais que des puissances en colère auraient cabossé et déformé. C'est que l'art de l'auteur consiste à recréer la réalité, à la passer à l'étamine de son talent, si bien que, par la suite, face à l'actualité il nous prend envie de dire ‚On dirait du Sony'; tout comme en voyant telle chaise en paille, ou tel paysage des Maures, on ne peut s'empêcher de d'écrier [sic]: ‚on dirait du Van Gogh, on dirait du Cézanne'. C'est que Sony donne un coup de pouce gauchisant, conscient et lyrique, à l'image de la réalité, pour nous avertir que si nous ne mettons pas un terme à certains agissements, voilà les cauchemars que nous devons nous apprêter à vivre.[106]

Diese eher verallgemeinernde Meinung Henri Lopes' trifft meines Erachtens auch auf den Text *La vie et demie* zu. Die Wirklichkeit kommt in diesem Roman von Sony Labou Tansi verzerrt zum Vorschein. Norbert Stamm vergleicht den kongolesischen Schriftsteller mit dem berühmten kolumbianischen Autor Gabriel García Márquez und stellt fest, dass die Romane der beiden als Fabeln und Grotesken eingeordnet werden könnten, „die durch Verfremden von Wirklichkeit moralisch wirken wollen"[107].

---

106 Henri Lopes: „La littérature congolaise dans l'espace francophone". In: *Lettres et Cultures 2*, 1990, S. 3–12, hier S. 7, zitiert nach Norbert Stamm: ‚*Den Kongo schreiben*', a. a. O., S. 192.

107 Norbert Stamm: ‚*Den Kongo schreiben*', a. a. O., S. 236. Sylvain Bemba – Schriftsteller ebenfalls aus der Republik Kongo – bezeugt, dass Sony Labou Tansi die Texte *Cent ans de solitude* und *L'automne du Patriarche* (beide französische Übersetzungen von

Séwanou Dabla merkt bei der Untersuchung der Schreibweise des Romans *La vie et demie* „le refus évident du vraissemblable“[108] an. Diese augenscheinliche Ablehnung des Wahrscheinlichen entferne den Roman von der realistischen Erzählweise: „installe[…] *La vie et demie* en marge de la perspective réaliste chère aux premiers prosateurs africains“[109]. Für ihn ersetzt der Autor den

Cien años de soledad und *El otoño del patriarca*) jeweils 1976 und 1978, also vor der Publikation seines Romans, gelesen habe, vgl. Théo Ananissoh „A propos de Sony Labou Tansi lecteur de Garcia Marquez“, a. a. O.,S. 60 f. Es gilt, daran zu erinnern, dass Norbert Stamm nicht der einzige Literaturkritiker ist, der die Gemeinsamkeiten von den literarischen Texten beider Schriftsteller diskutiert hat. Vor ihm haben auch manche Literaturwissenschaftler die inhaltlichen, thematischen wie stilistischen Ähnlichkeiten zwischen den Romanen Sony Labou Tansis und denen Gabriel García Márquez' untersucht, hierzu siehe u. a.: Daniel-Henri Pageaux: „García Márquez en français: de la traduction au modèle“, a. a. O., besonders S. 48–52; Séwanou Dabla: *Nouvelles écritures africaines*, a. a. O., S. 227–232; Anatole Mbanga: *Les procédés de création dans l'œuvre de Sony Labou Tansi*, a. a. O., S. 165–170. Pageaux geht von der These aus, dass die ins Französische übersetzten Romane *Cent ans de solitude* und *L'automne du Patriarche* den damals noch jungen Schriftsteller Sony Labou Tansi beim Verfassen von *La vie et demie* tief beeinflusst haben. Anhand einiger Beispiele aus den drei Romanen illustriert er die Ähnlichkeit der thematischen und stilistischen Motive bei den beiden Autoren. Er kommt dann zum Schluss, dass Sony Labou Tansi in García Márquez einen Meister des Stils und des Fantastischen gefunden habe; er nuanciert aber, dass die Worterfindung die eigene Originalität des Kongolesen darstellt (vgl. S. 51). Séwanou Dabla seinerseits arbeitet die Gemeinsamkeiten (Wiederholung der gleichen Handlung im Verlauf des Romans, ähnliche Erzählweise, gleiche Motive, gleiche Bilder und Themen, Ähnlichkeit in der Figurennamengebung) zwischen *La vie et demie* und den beiden zuvor erwähnten Romanen Márquez' aus der Perspektive der Intertextualität heraus. Die Gegenüberstellung vom selben Roman und *Cent ans de solitude* erfolgt bei Anatole Mbanga in einer allgemeineren Analyse der Intertextualität in den Texten des kongolesischen Schriftstellers. In dem Unterkapitel mit der Überschrift „Autres sources littéraires“ erörtert er die ähnlichen Merkmale zwischen den beiden Texten. Zuvor weist er darauf hin, dass Garcia Márquez nicht die einzige Inspirationsquelle von Sony Labou Tansi gewesen sei. Für ihn haben auch Henri Lopes, Tchicaya U Tam'si und Ahmadou Kourouma den Verfasser von *La vie et demie* inspiriert. Auch bei Mbanga sind die Erzählweise, die Figurenbezeichnung und die Thematik die herausgearbeiteten Elemente. Aufgrund der hier vorgestellten Untersuchungen wird auf die in der vorliegenden Arbeit auftauchenden Verwandtschaften zwischen Sony Labou Tansi und Gabriel García Márquez nicht vertiefend eingegangen. Es wird, wo es nötig ist, nur auf die eine oder andere Studie verwiesen.

108 Séwanou Dabla: *Nouvelles écritures africaines*, a. a. O., S. 140.

109 Ebd., S. 140.

Effekt des Realen („effet de réel“) durch irreale Züge, z. B. „le gigantisme des actions, la confusion des personnages, aucunement ›campés‹“[110] Die Exzesse in den beschriebenen Handlungen kennzeichnen den Gigantismus, von dem Dabla spricht. Diese Exzesse rückten den Roman an eine Sage heran: „La surenchère qui caractérise sa narration ressemble bien aux majorations propres aux légendes et épopées traditionnelles“[111]. Somit wird verständlich, warum der Autor seinen Roman in der Vorbemerkung als „fable“ bezeichnet. Die Schilderung, z. B., die der hartnäckigen Todesverweigerung Martials, der den Guide Providentiel unablässig quält, sowie die zahlreichen und auf übertriebene Weise beschriebenen legendären Wesenszüge einiger Figuren (die Schwangerschaft Chaïdanas dauert 18 Monate und 16 Tage, S. 74; Layisho, auch ein Bekämpfer der Diktatur, stirbt im Alter von 133 Jahren und 9 Monaten, nachdem er innerhalb von 86 Jahren tonnenweise Papier mit seinem Blut beschrieben hat, seine Verwesung fängt erst nach einem Jahr und zwölf Tagen an, S. 81 u. S. 83) erscheinen einer Sage gleich[112]. Zudem weisen Martials Tötung durch den Guide Providentiel selbst und die Qual des Verzehrs von Menschfleisch[113], auch wenn dies auf einen möglichen Einfluss von Gabriel García Márquez zurückzuführen sein kann, auf weit zurückliegende Epochen oder, um es präziser auszudrücken, auf das Archaische zurück. Gerade die Inadäquatheit des atavistischen Geschehens zu

110 Ebd.

111 Ebd., S. 139.

112 Séwanou Dabla unterstreicht aber, dass der Autor den erwähnten Elementen eine andere Funktion zuschreibt als deren übliche Funktion in der traditionellen Sage; sie seien in der Handlung autonome Ereignisse: „cependant l’auteur congolais leur fait subir un fonctionnement différent: le fantôme de Martial qui «refuse de mourir sa mort», les excès minutieusement décrits des divers actants, la mort de Layisho qui survient «à l’âge de cent trente-trois ans et neuf mois» ne se justifient jamais par ces pouvoirs surnaturels qui expliquent les prouesses de Soundjata et évoquent un monde différent et supérieur dont dépendrait le nôtre. Ces faits sont donnés pour eux-mêmes, comme l’expression des personnages et de leur univers propre […]“, ders.: *Nouvelles écritures africaines*, a. a. O., S. 139. Erwähnenswert ist auch, dass die exzessive Langlebigkeit der Charaktere und Dauer der Schwangerschaft Gemeinsamkeiten mit dem Roman *Cien años de soledad* (*Cent ans de solitude*) von Gabriel García Márquez aufweisen, vgl. Daniel-Henri Pageaux: „García Márquez en français: de la traduction au modèle“, a. a. O.

113 Gérard Dago Lezou interpretiert, sich auf Sigmund Freud in seinem *Totem und Tabu* stützend, den Kannibalismus in *La vie et demie* als einen Akt, wodurch sich der Guide Providentiel die Kraft und die Eigenschaften Martials aneignet. Er führt weiter aus,

allen modernen Gesellschaften soll das gegenwärtige Regime als Verstoß gegen alle politischen und ethischen Prinzipien der Moderne entlarven.

Der Guide Providentiel, dessen unerbittliche Grausamkeit in der grauenvollen Szene des Abschlachtens von Martial in allen ihren Einzelheiten dargeboten wird, wird darüber hinaus durch andere Untugenden gekennzeichnet: Maßloses Essen und maßlose Sexualität. Diese Untugenden werden in ihrer Ausprägung verstärkt bis hin zum Superlativ geschildert: Am Anfang des Romans dauern die Mahlzeiten des Führers vier Stunden, ferner besiegt er bei den „Fresswettstreiten" die allergrößten „Fresser" seiner Zeit; seine maßlose Sexualität startet vor einer kleinen Gruppe (seinen Wächtern), wird ferner an die Öffentlichkeit gebracht. Die Eigenschaften des Guide Providentiel können mit drei Wörtern zusammengefasst werden: Sadismus, Lüsternheit und Gefräßigkeit.[114]

Die oben genannten Untugenden bleiben dem Guide Providentiel nicht vorbehalten. Auch seine Nachfolger besitzen sie. Zu diesen üblen Neigungen kommt noch eine weitere hinzu: die Verschwendungssucht. Bemerkbar ist, dass die Führer von Katamalanasie vom Autor aus der Negation konstruiert werden; sie erscheinen als die abstrakte und vollständige Verkehrung der entsprechenden Tugenden in ihr Gegenteil. Die Rücksichtslosigkeit ist ihre „Moral": Sie denken nur an sich selbst und zögern nicht, das Volk durch erzwungene Erhebungen von allerlei Steuern auszubeuten. Diese Schilderungsweise zeigt den bösen Willen der Führer von Katamalanasie. Dass die katamalanasischen Führer nur für sich selbst sorgen, während das Volk in totaler Ärmlichkeit vegetiert, vermittelt den Eindruck, dass es der großen Masse in den von diktatorischen Regierungen beherrschten Ländern schlecht geht, weil die Staatsführer nur an sich selbst denken.

Für Drocella Mwisha Rwanika will der Autor durch die Darstellungsweise der Führerfiguren den Machtmissbrauch der diktatorischen Regierungen anprangern:

---

dass der Führer, indem er die Familie seines Opfers zu dieser Menschfleischmahlzeit einlädt, daraus aber eine ‚Opfermahlzeit' („repas sacrificiel") macht, dessen Zweck es ist, das böse Schicksal abzuwenden und sich mit dem Geist des Toten zu versöhnen: „Le cannibalisme peut trouver sa signification dans l'analyse du tabou proposée par Freud. Mangeant les restes de Martial, le Guide reconnaît sa force et ses mérites; en les consommant, il se les approprie. Mais en conviant à ce repas, la famille de Martial, il organise un repas sacrificiel pour conjurer le sort et se concilier l'esprit de Martial.", Gérard Dago Lezou: „*La vie et demie*: une esthétique de la tératologie", a. a. O., S. 104.

114 Vgl. Séwanou Dabla: *Nouvelles écritures africaines*, a. a. O, S. 82 f. Er schreibt: „les tropicalités du Guide providentiel se résument au sadisme, à la lubricité et à la voracité qui se déchaînent gratuitement.".

> Parce que Sony veut avant tout dénoncer les abus des gouvernements dictatoriaux, il ne se limite pas à souligner les travers des figures du pouvoir; il décrit les guides de telle sorte qu'il leur ôte tout aspect positif, les abêtit, les déshumanise, les dévalorise et les rabaisse au rang des personnages ridicules.[115]

In der Tat werden die Führer von Katamalanasie so dargestellt wie es Rwanika beschreibt: Der Verfasser nimmt seinen Figuren nicht nur jeden positiven Anschein weg, sondern er verdummt sie, entmenschlicht sie, setzt sie herab und erniedrigt sie. Er geht freilich noch darüber hinaus und stellt die Führer von Katamalanasie als Monster dar, die zu exorbitanten grausamen Handlungen fähig sind: „capables de commettre des cruautés gigantesques“[116]. Hier erscheint eines deutlich: Die Einschätzung der realen Gewalten durch Sony Labou Tansi als höchst grausam, bedenken- und rücksichtslos wird in der literarischen Fiktion als die psycho-physische Gestalt der Machthaber selber beschrieben und damit denunziert – im Roman sind sie Monster.

Bei der Lektüre dieses Romans ist wahrnehmbar, dass die Darstellung der Diktatur und der Figuren, die sie verkörpern, entscheidend durch die Phantasie des Autors beeinflusst worden ist. In seinem Artikel, welcher der Untersuchung des Realen und der Fiktion in demselben Roman gewidmet ist, bestätigt Damien Bédé diese Hypothese: „Notre réflexion consistait à déterminer les conditions de l'insertion de l'imaginaire dans *La vie et demie*. Elle nous a persuadé de la prépondérance de la fiction qui englobe le récit réaliste qu'il faut décoder à partir des formes mises en jeu par l'écriture.“[117] In seiner Phantasie lässt der Autor manche Führer ihren Monstercharakter erkennen und hinnehmen. Das ist der Fall vom Führer Jean-Cœur-de-Pierre („Johannes Steinherz“), der behauptet: „C'est un grand péché de jouer à l'ange alors qu'on est monstre, répétait-il. Il faut rester ce qu'on sent qu'on est et, si Dieu a pitié de vous, il vous fait ange.“[118] (S. 146).

Aus den vorangegangenen Ausführungen fällt es auf, dass die Schreibweise Sony Labou Tansis in *La vie et demie* durch Maßlosigkeit und Übertreibung

---

115 Drocella Mwisha Rwanika: „Sony Labou Tansi et Rabelais. Le thème du gigantisme dans *La Vie et demie*“, a. a. O., S. 92 f.

116 Ebd., S. 92.

117 Damien Bédé: „Le réel et la fiction dans *La vie et demie* de Sony Labou Tansi“, a. a. O., S. 256.

118 „Es ist eine Sünde, den Engel zu spielen, wenn man ein Monster ist, pflegte er zu sagen. Man muss dazu stehen, das zu sein, was man fühlt. Wenn Gott Erbarmen hat, macht er dich zu einem Engel.“, Sony Labou Tansi: *Verschlungenes Leben*, a. a. O., S. 139.

charakterisiert ist. Überdies sind die Ironie[119] und der Humor weitere Merkmale. Zudem erscheint die Realität verzerrt. Diese Darstellungsart führt in das Groteske hinein. Die negative, übertriebene, übermäßige und groteske Schilderung der Führer wirkt wie eine beißende politische Satire.

Die Darstellung von politischer Macht in *La vie et demie*, die u. a. durch Übertreibung, Maßlosigkeit, und Unwahrscheinlichkeit charakterisiert ist, bezieht sich eben dadurch auf die gesellschaftliche und politische Wirklichkeit in Afrika. In den Taten der Führer von Katamalanasie lassen sich, der starken Verzerrung der Wirklichkeit zum Trotz, Spuren von Taten der historisch-politischen Realität mancher afrikanischer Staaten erkennen. Ihre höchst bedenken- und rücksichtslose Gewalt, gegen die manche zu kämpfen versuchen, rechtfertigen die fiktiven Führer mit modernen Legitimationsprinzipien (diese Prinzipien werden im Unterkapitel 3 beschrieben). Sony Labou Tansi zeichnet diese Führer, wie schon zuvor erwähnt, wie Monster.

1.2 Monstrosifizierung der Machthaberfiguren und Denunzierung der realen Gewalt als höchst grausam

Das Monströse und die Monstrosität im Roman *La vie et demie* hat Gérard Dago Lezou in seinem interessanten Artikel „*La vie et demie*: une esthétique de la tératologie“[120] untersucht. Ihm geht es darum, die Neigung Sony Labou Tansis zur Darstellung des Monströsen und der Monstrosität aufzuzeigen. Für ihn ist diese Darstellung eine Kunst, deshalb bezeichnet er sie als „Esthétique de la teratologie“.

In seinem Artikel beschäftigt er sich mit der physischen und moralischen Monstrosität der Figuren beider Seiten (Machthaber und Gegner) und kommt zum folgenden Schluss:

> L'univers de *La vie et demie* tire l'essentiel de sa signification des relations inter-personnelles: il donne des frissons. Cet univers est le règne de la monstruosité physique et morale, le monde de l'anomie. La seule loi qui vaille est celle de la violence gratuite, du sexe et du cannibalisme. Il tire sa cohérence de l'harmonie entre le zoomorphisme des personnages et leurs comportements on ne peut plus bestiaux.[121]

Die Gegnerfiguren, Martial und seine Tochter Chaïdana, sind zwar aus der moralischen Monstrosität nicht komplett auszuschließen, aber die Schlussfolgerung

---

119 Catherine Kéré hat der Ironie in *La vie et demie* einen Artikel gewidmet, Catherine Kéré: „L'ironie dans *La vie et demie*“. In: D. Gérard Lezou/Pierre N'Da (Hrsg.): *Sony Labou Tansi, témoin de son temps*, a. a. O., S. 113–127.

120 Gérard Dago Lezou: „*La vie et demie*: une esthétique de la tératologie“, a. a. O.

121 Gérard Dago Lezou: „*La vie et demie*: une esthétique de la tératologie“, S. 104.

von Lézou, dass die physische Gestalt der Figuren und deren bestialische Handlungen in Einklang sind, trifft mehr auf die Machthaberfiguren zu. Im Text stehen so gut wie keine Details über Martials Aussehen und Chaïdana tritt als die schönste Schönheit auf[122]. In diesem Unterkapitel wird zuerst analysiert, auf welche Weise Sony Labou Tansi seine Machthaberfiguren wie Monster konstruiert, abschließend wird aufgezeigt, dass er damit die realen Gewalten als höchst grausam anprangern wollte.

Der Guide Providentiel (Führer der Vorsehung) ist der am eingehendsten porträtierte Führer. Gleich am Anfang des Romans erlebt der Leser, wie er Martial, seinen politischen Gegner, den er als Feind betrachtet und der aus seiner Sicht nichts anderes als den Tod verdient, verschiedenen Folterungen unterzieht. Bei der Darstellung dieser Horrorszene hebt der Autor die physischen Charakteristiken des Guide Providentiel hervor: Sein Jähzorn lässt sein Kinn wie ein Hackenstiel aussehen und sein langer Hals verlängert sich noch mehr („sa colère dilata son menton en manche de houe, son long cou s'allongea davantage", S. 13). Bei einer anderen Szene, wo der Führer seine Frau Chaïdana (er hat mittlerweile unwissend die Tochter seines Gegners geheiratet) beeindrucken wollte, wird seine häßliche Nacktheit unter die Lupe genommen: „il voulait impressionner son épouse par son corps broussailleux comme celui d'un vieux gorille et par son énorme machine de procréation taillée à la manière de celle des gens de son clan et boutonnant sous de vastes cicatrices"[123] (S. 54 f.).

Des Weiteren brüllt er wie zwei Löwen (S. 41). Der Führer Jean-Cœur-de-Père seinerseits sieht physisch aus wie ein Wal: „son physique maltraitant qui lui valut son nom de Jean Baleine" (S. 127). Es kann dennoch dagegen eingewandt

---

122 Der Erzähler beschreibt Chaïdanas Schönheit folgendermaßen: „Le docteur savait seulement qu'elle avait un corps farouche, avec des formes affolantes, un corps d'une envergure écrasante, électrique, et qui mettait les sens en branle, et il lui disait toujours, à ce corps plus qu'à celle à qui il appartenait: ›Écrasante beauté! ... Impérative beauté! ...‹", S. 22; ferner heißt es: „c'était un corps parfaitement céleste, avec des allures et des formes systématiques et carnassières, des rondeurs folles, qui semblaient se prolonger jusque dans le vide en cuisante crue d'électricité charnelle, elle avait le sourire clef des filles de la région côtière, les hanches fournies, puissantes, délivrantes, le cul essentiel et envoûtant, puis son regard s'arrêta sur ses lèvres – elles les avait garnies, provocantes, appelantes. Elle se rappela vaguement cette époque où elle avait quatorze ans et où tout le quartier l'appelait fille de Dieu, S. 42 f.

123 „..., wollte er doch seine Gattin mit seinem buschigen alten Gorillakörper beeindrucken und mit seiner riesigen Zeugungsmaschine, die nach Stammesart zurechtgestutzt war und unter einer breiten, kunstvoll traubenartigen Narbengeometrie hervorspross.", S. 50.

werden, dass der Autor bei der Beschreibung der Nicht-Machthaberfiguren auch Tiermetaphern benutzt. Gérard Dago Lezou, z. B., weist eben auf diese Tatsache hin: „Au terme de l'analyse des portraits physiques des personnages une constante apparaît: des récurrences lexicales et sémantiques font des personnages de grands singes difformes, quel que soit le bord auquel ils appartiennent."[124] Diese Äußerung bedarf aber einer Nuancierung. Bei den Nicht-Herrscherfiguren (Lezou bezieht sich beispielsweise auf Martial Layisho, einen der Drillinge Chaïdanas, der bei einem Aufenthalt im Wald durch Vergiftung durch die Pygmäen ums Leben kommt und auf die Pfarrerfigur – im Roman spielen die beiden Figuren so gut wie keine wichtigen Rollen) ist dieses Verfahren meines Erachtens eine bloße Beschreibung[125]. Bei den Herrscherfiguren spielt der Vergleich mit Tieren jedoch eine andere, ja gewichtigere Rolle: Er ist ein Verfahren der Monstrosifizierung (die Vergleichstiere sind ja monströse Tiere: Gorilla, Wal, Löwe). Er ist ebenfalls ein Verfahren der Entmenschlichung und der Herabsetzung der Führer.

Die Grausamkeit und die physiologischen Eigenschaften der Führerfiguren, die im Folgenden untersucht werden, lassen sich als Folgen der physischen Monstrosifizierung verstehen. Die Führerfiguren werden demnach mit einer überdimensionalen Grausamkeit, Esssucht und Potenz ausgestattet. Den Guide Providentiel vor allem versieht der Autor mit einer monströsen Wut, die er in jeder Tat des Führers zutage treten lässt.

In der am Anfang des Romans surrealistisch erscheinenden Szene der Tötung Martials foltert er seinen Gegner genauso wie in einem Horrorfilm: bis zum Tode. Nach vergeblichen Versuchen, Martial mit verschiedenen Waffen (Tafelmesser, Revolver, Maschinenpistole) umzubringen und vor dessen Todesablehnung

---

124 Gérard Dago Lezou: „*La vie et demie*: une esthétique de la tératologie", a. a. O, S. 101.

125 Hier werden die zwei Zitate abgedruckt, die Gérard Dago Lezou aus dem Roman zitiert hat und, die Martial Layisho und die Pfarrerfigur beschreiben: Martial Layisho hat „un visage tropical, les yeux Rimbaud, mais les oreilles excédentaires faisaient penser à un gorille" (S. 77); bezüglich der Pfarrerfigur: „Les chiques lui prirent les pieds et la gale la peau. Et tout le village se plaignait de lui en ces termes: Pauvre Monsieur l'Abbe, devenir une bête moins humaine que le chien! une bête moins humaine que le cochon." (S. 116). Bei der Pfarrerfigur geht es nur um eine Wiedergabe der Kommentare der Dorfbewohner. Was bedingt diese Kommentare? Der Pfarrer leidet unter einem großen Liebeskummer: Er liebt Chaïdana-aux-gros-cheveux und als er mitbekommen hat, dass sie mit Sir Amanazavu geschlechtlich verkeht, vernachlässigt er sich und wird schmutzig.

(siehe unten), reißt ihn der Guide Providentiel methodisch und systematisch in Stücke:

> La loque-père fut bientôt coupée en deux à la hauteur du nombril, les tripes tombèrent avec le bas du corps, le haut restait là, flottant dans l'air amer, [...].[126] (S. 14)
> Le Guide Providentiel se fâcha pour de bon, avec son sabre aux reflets d'or il se mit à tailler à coups aveugles le haut du corps de la loque-père, il démantela le thorax, puis les épaules, le cou, la tête; bientôt il ne restait plus qu'une folle touffe de cheveux flottant dans le vide amer, les morceaux taillés formaient au sol une sorte de termitière, [...].[127] (S. 16)

Überdies zwingt der Guide Providentiel Martials Familie, die zerhackten Stücke in Form einer Pastete und eines Schmorbratens zu verzehren. Bei dieser ungewöhnlichen Mahlzeit fallen auch die Mitglieder von Martials Familie bis auf Chaïdana der exzessiven Wut des Führers zum Opfer. Über die Tatsache hinaus, dass der Verfasser durch diese Szene die überdimensionale Grausamkeit des Guide Providentiel besonders betonen will, hebt er auch dadurch einerseits den Archaismus der dargestellten Macht, d. h. ihren antimodernen Charakter hervor; andererseits verhöhnt er dabei den Guide Providentiel, indem er ihm seine Unterlegenheit gegenüber seinem Gegner enthüllt (Martial lehnt den ihm auferlegten Tod hartnäckig ab und der Führer, sich seiner Unterlegenheit bewusst werdend, muss ihn anflehen, sich umbringen zu lassen). Auf der formalen Ebene soll diese Horrorszene, die Sony Labou Tansi gleich am Anfang seines Romans stellt, auf seine poetische Intention hindeuten, d. h. wie er die politische Macht und die Machthaber in seinem Text ästhetisch darstellt: Er versieht die Machthaber mit einer Hypermacht, die sie letzten Endes vom rechten Weg abbringt und sie somit entmenschlicht. Eine derartige ästhetische Stilisierung von Machthabern entspricht der Überzeugung des Verfassers, dass der Unterdrücker sich mehr entmenschlicht als der Unterdrückte: „J'ai la chance de n'être qu'opprimé, sur le plan humain, l'oppresseur est plus déshumanisé que moi qu'il opprime“[128].

---

126 „Bald war der Jammervater auf Nabelhöhe zweigeteilt, die Eingeweide fielen mit dem Unterkörper, der Oberkörper schwebte in der bitteren Leere“, S. 12.

127 „Der Führer raste, mit seinem golden schimmernden Säbel zerhackte er den Oberkörper des Jammervaters mit blindwütigen Hieben; Thorax, Schulter, Hals und Kopf fielen und bald schwebte nur noch ein verrücktes Haarbüschel in der bitteren Leere; auf dem Boden häuften sich die zerhackten Stücke zu einer Art Termitenhügel.“, S. 13.

128 Sony Labou Tansi in *Equateur*, zitiert nach Dominic Thomas: „Le silence et la violence chez Sony Labou Tansi“. In: Drocella Mwisha Rwanika/Nyunda ya Rubango (Hrsg.): *Francophonie littéraire africaine en procès*, a. a. O., S. 119–128, hier S. 127.

Im Romanverlauf versucht er kontinuierlich, dies durch die verschiedenen Taten der Herrscherclique aufzuzeigen. Er treibt dieses Verfahren sogar auf die Spitze, wobei er den Führer Jean-Oscar-Cœur-de-Père seine vollzogene Entmenschlichung erkennen und zugeben lässt. Dieser lässt sich sodann bei lebendigem Leib verbrennen, um seine Regierten von sich zu befreien (vgl. S. 142).

Die moralische Monstrosifizierung des Guide Providentiel wird auch bei der ebenso fürchterlichen Ermordung seines Kartenlegers, Kassar Pueblo und seines Leibarztes, Tchitchialia, weiterhin vorgenommen. Der Erzähler lässt ihn wie ein Raubtier auf Kassar Pueblo springen und dessen Kehle zudrücken: „Le Guide Providentiel lui sauta à la gorge, il serra tellement fort que les os se brisèrent, les yeux de Kassar Pueblo sortirent entièrement des orbites et pleuraient rouge."[129] (S. 25). In der folgenden Passage wird anhand von einem Vergleich mit dem Löwen die durch den Instinkt gesteuerte Brutalität des Guide Providentiel deutlich aufgezeigt. Er brüllt „für zwei Löwen", während er mit seiner Tafelgabel in die Kehle seines Leibarztes sticht:

> Le guide rugissait comme deux lions. La fourchette brillait dans la main gauche, elle passerait bientôt dans la main droite, quand la sentence serait prononcée. Bien que déjà hors de vie, le docteur reconnaissant la fourchette excellentielle pour avoir maintes fois assisté aux exécutions entre deux bouchées de viande vendue aux Quatres Saisons, un semblant de voix sortit de la gorge pillée en syllabes mourantes, maintenant que la fourchette passait dans la main droite.[130] (S. 41 f.)

Alle Taten der Führer werden durch den Erzähler übertrieben dargestellt. Auch die Esssucht wird übermäßig stilisiert. Die Mahlzeiten des Guide Providentiel, die fast ausschließlich aus Fleisch bestehen, dauern maßlos lang (vier Stunden) und enden immer mit großen Rülpsern (S. 12); zudem ist er in großen Wettessen der unbesiegbare Vielfraß:

> C'était aussi l'époque où le Guide Providentiel s'adonnait à de grands concours de bouffe, époque à laquelle dans cette discipline, il avait vaincu le célèbre Kanawamara qui disait

129 Der Führer der Vorsehung sprang ihm an die Gurgel und würgte ihn, bis die Knochen brachen, bis Kassar Pueblos Augen aus den Höhlen traten und blutrote Tränen weinten.", S. 22.

130 „Der Führer der Vorsehung brüllte für zwei Löwen. Die Gabel schimmerte in seiner linken Hand, und sobald das Urteil gefällt war, würde die Rechte sie ergreifen. Obwohl kein Leben mehr in ihm steckte, erkannte der Doktor die exzellente Gabel, denn mehrmals hatte er den Exekutionen – zwischen zwei Fleischbissen der vier Jahreszeiten – beigewohnt. Eine brüchige Stimme, sterbende Silben erklangen aus der geplünderten Kehle, als die Gabel von der rechten Hand ergriffen wurde", S. 38.

venir d'où venait le soleil, Kopa dit la Marmite, Joanchio Netr, Samou le Terrible, Ansotoura le fils des Buffles, Gramanata dit la Panse, Sashikatana et bien d'autres.[131] (S. 21)

Seinerseits ist der Führer Jean-sans-Cœur imstande, wie zehn Fässer zu trinken und wie fünfzig Personen zu „fressen": „Dans la salle appelée Payadizo, Jean-sans-Cœur se donnait en spectacle à cause de cette capacité qu'il avait de boire comme dix tonneaux et de rire et manger comme cinquante personnes"[132] (S. 154). Die Fressfähigkeiten der Führer Guide Providentiel und Jean-sans-Cœur stellen sie als außermenschliche Wesen dar, sodass sie dadurch auch monsterhafte Züge bekommen.

Im sexuellen Bereich treten die Führer von Katamalanasie durch ihre höchst sexuelle Perversion als echte sexuelle Monster auf. Ohne Zögern und mit Zynismus entreißen sie den anderen ihre Frauen noch am Tag ihrer Hochzeit. Dieser Sachverhalt löst schlimme Auswirkungen aus: Der Oberst Obaltana begeht Selbstmord, weil der Guide Providentiel ihm seine Frau Chaïdana noch am Tag ihrer Trauung weggenommen hat (S. 60). Aus seiner unmäßigen sexuellen Neigung gibt Sony Labou Tansi den Guide Providentiel der Lächerlichkeit preis, indem er ihn in einer komischen Szene zur Schau stellen lässt: Auf eine Einladung Chaïdanas hin begibt sich der Guide Providentiel in das Hotel La Vie et Demie; dort von dem Gespenst Martials erwischt läuft er nackt aus dem Hotelzimmer durch den Flur, wobei er den Namen Martials laut schreit (S. 67 ff.).

Die monströseste sexuelle Figur gibt der Führer Jean-Cœur-de-Pierre ab. Seine sexuelle Pathologie übertrifft weitgehend die aller anderen Führer. Unter dem Vorwand, dass sein verstorbener Vater ihm in einem Traum Anweisungen, seinen Nachwuchs betreffend, gegeben habe, lässt er sich fünfzig ausgewählte schönste Jungfrauen bringen. In weniger als dreieinhalb Stunden vollzieht er die erste Runde. Die Szene wird, dem Einwand des Papstes und der UNO zum Trotz, von Radio und Fernsehen ausgestrahlt. Sie wird sodann zu einem jährlichen Ritus:

---

131 „Zu dieser Zeit frönte der Führer der Vorsehung auch grossen Fresswettstreiten, er besiegte damals in dieser Disziplin den berühmten Kanawamara, der behauptete, vom selben Ort wie die Sonne zu kommen, sowie Kopa den Kochtopf, Joanchio Netr, Samu den Schrecklichen, Ansotura den Büffelsohn, Gramanata den Wanst, Saschikatana und viele andere.", S. 19.

132 „Im Payadizosaal pflegte sich Johannes Ohneherz zu produzieren, denn er besass die Gabe, für zehn Fässer zu saufen und für fünfzig Personen zu lachen und zu fressen", S. 147.

> C'était dans la chambre rouge, la seule du palais des Miroirs qui ne fut pas bleue, et où le guide passait ses deux semaines de méditation ininterrompue. […]. On y fit entrer cinquante vierges choisies parmi les plus belles du pays, fraîchement baignées, massées, parfumées; […]. La scène fut radiodiffusée et télévisée malgré l'intervention du pape, de l'ONU et d'un bon nombre de pays amis du Kawangotara; elle devait se répéter avec force d'un rite pendant les quarante ans que dura le règne de Jean-Cœur-de-Pierre: c'est ainsi que naquit la semaine des Vierges, en remplacement des deux semaines de méditation annuelle du guide. On déshabilla les vierges, on les coucha sur le lit dont le numéro correspondait à celui écrit sur le ventre juste au-dessus du nombril. Le guide portait le numéro 1, les vierges étaient numérotées de 2 à 51. […]. Il accomplit son premier tour de lit en trois heures vingt-six minutes et douze secondes. Et l'émission «Le guide et la production» eut la même durée pendant tout le règne de Jean-Cœur-de-Pierre.[133] (S. 147 f.)

Die überdimensionalen Eigenschaften der Führer von Katamalanasie weisen eine gewisse Gemeinsamkeit mit der Hauptfigur Gargantua des französischen Autors Rabelais auf. Jedoch kann der Leser von Rabelais eine gewisse Sympathie Gargantua gegenüber empfinden[134]: Trotz seiner übermäßig großen Eigenschaften (er isst in ungeheurem Ausmaß, seine „Harnflut" ertränkt eine große Anzahl von neugierigen Parisern), an denen er eigentlich keine Schuld trägt, rettet er doch seine Heimat bei einem Krieg. Im Gegensatz zu Rabelais spricht Sony Labou Tansi seinen „Gargantuas" jegliche positive Tugend ab. Ihre gigantischen

---

133 „Es war das rote Zimmer, das einzige Zimmer des Spiegelpalastes, das nicht blau gestrichen war. Hier hatte das Steinherz jährlich seine zwei Meditationswochen verbracht. […]. Alsdann wurden fünfzig Jungfrauen hereinbefördert; die schönsten Schönheiten des Landes waren ausgewählt worden. […]. Trotz Intervention des Papstes, der UNO sowie vieler befreundeten Staaten Kawangotaras wurde diese Szene von Radio und Fernsehen ausgestrahlt. Sie gedieh zu einem mächtigen Ritus, der in den vierzig Herrschaftsjahren des Johannes Steinherz seinen jährlichen Niederschlag fand. So entstand die Woche der Jungfrauen, als Ersatz für die zwei jährlichen Meditationswochen des Führers. Man entblösste die Jungfrauen, legte sie auf das Bett, dessen Nummer mit derjenigen auf dem Bauch, kurz oberhalb des Bauchnabels, übereinstimmte. Steinherz trug die Nummer 1, die Jungfrauen waren von 2 bis 51 numeriert (Sic!). […]. Er erledigte seine erste Runde in drei Stunden, sechsundzwanzig Minuten und zwölf Sekunden und somit war die Sendezeit für die jährliche Direktübertragung »Der Führer und die Produktion« gegeben.", S. 140 f.

134 Eine ähnliche Meinung drückt auch Drocella Mwisha Rwanika aus. Für sie machen die Kraft der Erfindungsgabe und die Lebensenergie der Riesen von Rabelais deren Taten bewunderungswürdig: „A l'opposé des bons géants rabelaisiens dont la force d'ingéniosité rare et l'énergie vitale rendent leurs actions épiques et dignes d'admiration …", Drocella Mwisha Rwanika: „Sony Labou Tansi et Rabelais. Le thème du gigantisme dans *La Vie et demie*", a. a. O., S. 92.

Eigenschaften werden ihren Landsleuten nur zum Verhängnis – vor allem ihre Grausamkeit.

Eine gewisse Steigerung lässt sich in dieser Grausamkeit spüren; insbesondere bei dem Guide Providentiel. Zuerst fallen Einzelne (Martial, Kassar Pueblo, docteur Tchitchialia) seiner Grausamkeit zum Opfer. Dann ein ganzes Stadtviertel mitsamt Einwohnern. Auf seinen Befehl hin wird das Stadtviertel Moando auf grauenhafte Weise vom Militär völlig verwüstet. In der nachstehenden Passage erlebt der Leser die unmenschliche Brutalität mit, mit der Moando vernichtet wird, zumal die Soldaten mit Panzern auf Moando marschieren und die Einwohner zu Brei zerstampfen:

> La réaction du Guide Providentiel fut des plus systématiques, on arrêta tous ceux qui pouvaient avoir de la peinture noire chez eux, et le noir fut décrété couleur de Martial, tous les citoyens furent sommés de faire disparaître tout ce qui avait la couleur de Martial à part leurs cheveux et leur peau pour ceux qui l'avaient sombre, les vendeurs de charbon furent sommés d'arrêter leur commerce, les gens en deuil furent déshabillés en pleine rue. La guerre contre le noir de Martial s'étendit à tout le pays en quelques heures. Il y eut un grand carnage dans le quartier de Chaïdana du fait qu'on avait trouvé de véritables gisements de noir de Martial. C'était d'ailleurs un quartier qui depuis toujours avait eu la mauvaise réputation d'appartenir à la tribu des Kha. Les Kha étaient reconnus peu favorables au Guide Providentiel. L'armée dut faire d'une pierre deux coups: les chars n'eurent aucun mal à marcher sur le pisé humain de Moando; quelques jours après le passage des chars, Moando était devenu le quartier des mouches et des chiens. Il n'y eut aucun ramassage puisque les chars étaient passés au petit matin et avaient fait une boue inhumaine de tous les habitants.[135] (S. 45)

135 „Die Reaktion des Führers fiel äusserst systematisch aus: Wer möglicherweise schwarze Farbe bei sich haben konnte, wurde verhaftet; Schwarz wurde zur Martialfarbe erklärt; die Bürger wurden aufgefordert, alles Martialschwarze verschwinden zu lassen; wer schwarze Haut und Haare hatte, durfte sie behalten; die Kohlenverkäufer mussten ihre Arbeit einstellen; die Trauernden wurden auf offener Strasse entkleidet. In wenigen Stunden hatte sich der Krieg gegen die Martialfarbe auf das ganze Land ausgedehnt. In Chaidanas Stadtteil gab es ein blutiges Gemetzel: Man war dort auf riesige martialische Farbvorkommen gestossen. Im übrigen hatte dieser Stadtteil schon immer den üblen Ruf gehabt, dem Khastamm anzugehören, und wie man wusste, waren die Khas dem Führer der Vorsehung nicht wohl gesinnt. Die Armee musste zwei Fliegen mit einer Klappe schlagen: Ohne grosses Aufheben rollten die Tanks über den menschlichen Morast Moandos hinweg; ein paar Tage nach dem Besuch der Tanks war Moando zum Fliegen- und Hundeviertel geworden. Räumungsarbeiten waren überflüssig. Die Tanks waren im frühen Morgengrauen gekommen und hatten alle Einwohner zu einem unmenschlichen Brei zerstampft.", S. 41 f.

Die Darstellung negativer Eigenschaften der Führer von Katamalanasie ins Monströse und die Verweigerung, sie mit einer einzigen positiven Tugend zu versehen, setzen sich zum Ziel, diese Führer moralisch herabzusetzen und sie der Sympathie des Lesers zu entziehen. Ihre Taten lösen beim Leser eher die Gefühle von Bitterkeit, Abscheu, Furcht und Grauen aus[136].

An dieser Stelle ist es angebracht, der Frage nachzugehen, ob die Monstrosifizierung der fiktiven Führer ein referenzloses Phantasma des Autors darstellt oder eine Ästhetisierung, die zumindest ein Element von Charakterisierung einer nichtimaginären Welt enthält. Die Art und Weise der Darstellung der Führerfiguren und die Stilisierung ihrer Gewalt ins Monströse ist nämlich einerseits ganz offenkundig Produkt auktorialer Phantasie ohne reales Gegenstück. Andererseits ist unverkennbar, dass der Roman Spuren der afrikanischen zeitgenössischen politischen Realität enthält, durch welche die phantastischen Ungeheuer als Anstrengungen, historische Staatsführer zu charakterisieren, kenntlich werden.

Bezüglich der historischen Realität in den literarischen Werken Sony Labou Tansis merkt der Literaturkritiker und auch Schriftsteller Pius Ngandu Nkashama aus der Demokratischen Republik Kongo den starken Anspielungscharakter der beschriebenen Handlungsgeschichten und Verhalten der Figuren an und hebt hervor, dass die Epochen, die Ortschaften sowie die chronologischen Bezugnahmen leicht erkennbar seien, was die Rekonstruktion des Wahrheitsgehalts der geschilderten Situationen ermögliche: „Un premier élément à observer, le caractère fortement allusif des anecdotes et des comportements rapportés. [...]. Les époques, les lieux et les références chronologiques facilement décelables permettent de reconstruire la véracité des situations qui sont à peine fictives."[137]

Laut Pius Ngandu Nkashama könnten die meisten in Sony Labou Tansis Romanen dargestellten Handlungen „authentifiziert" werden, wenn man in den damaligen aufbewahrten Medien- und Radiodokumenten unter akzeptablen Bedingungen nachschlagen könne. Um seine Behauptung zu belegen, listet er einige prägende historische Fakten der Diktatur des damaligen Zaïre auf, ohne sie in den jeweiligen literarischen Text des Autors einzuordnen: Die zwei Demonstrationen der Studenten des Campus Lovanium im Juni 1969 und im Juni 1971, und das Zwingen der studentischen Demonstranten ins Militär; die Umbenennung der Städte und Personen im Jahre 1972 unter der schurkenhaften

136 Vgl. Drocella Mwisha Rwanika: „Sony Labou Tansi et Rabelais. Le thème du gigantisme dans *La Vie et demie*", a. a. O., S. 92.

137 Pius Ngandu Nkashama: „L'œuvre romanesque de Sony Labou Tansi: une tragédie de la parole et une scène de l'histoire". In: Drocella Mwisha Rwanika/Nyunda ya Rubango (Hrsg.): *Francophonie littéraire africaine en procès*, a. a. O., S. 37–65, hier S. 42.

Rechtfertigung mit der „authenticité"; die Ermordung des Leiters vom politischen Vorstand und die misslungene Ermordung des Kardinals; die widerliche Ermordung der Generäle der Armee und die daraus resultierte Revolte insbesondere in der Region, aus der Sony Labou Tansi stammt; die abenteuerliche Trauung des „Guide éclairé" (damit ist Mobutu Sese Seko gemeint, der von 1965 bis 1997 Präsident des damaligen Zaïre, heute Demokratische Republik Kongo, war), die der Papst selbst vollziehen sollte; die Schwefelsäurewannen, welche im Palast des „Guide éclairé" beschlagnahmt wurden[138].

Einige dieser historischen Fakten werden im Roman *La vie et demie* fiktional inszeniert: die zwei studentischen Demonstrationen und deren blutige Niederschlagung, die Wannen mit Schwefelsäure, in welche die potentiellen toten Machtkonkurrenten geworfen werden, die Umbenennung von Personen. Zudem spielt nach Norbert Stamm die Tötung des Oppositionellen Martial auf die Hinrichtung des historischen politischen Gegners von Mobutu, Pierre Mulele, an.

Bemerkbar ist, dass die aufgeführten fiktiven Szenen keinen Bezug auf die unmittelbare Wirklichkeit des Verfassers nehmen. Dies soll nicht bedeuten, dass zu jener Zeit keine Gewalttaten in seiner Heimat (Republik Kongo) spürbar waren[139]. Der historische Kontext des Romans *La vie et demie* ist dem Autor nach die brutale Ermordung seiner Freunde infolge des Umsturzes und der Ermordung des Präsidenten Marien Ngouabi der Republik Kongo:

---

138 Vgl. Ebd., S. 42.

139 Pius Ngandu Nkashama zeigt auf, dass Sony Labou Tansi durch die Bezugnahme auf das damalige Zaïre zugleich die Problematik der Diktatur in der Republik Kongo thematisiert: „Il fallait avoir un «esprit dérangé» pour prétendre que sous des apparences bruyantes, intellectuellement correctes, le Congo-Brazzaville couvait des atrocités aussi inhumaines que celles qui sévissaient sur l'autre *beach* de Ngobila, *«du côté de Kinshasa»* […]. En relisant cette œuvre romanesque si prémonitoire, il apparaît avec une brutalité vertigineuse que la réalité était plus terrible encore. Les imprécations réitérées cherchaient décidément à exorciser les abominations qui allaient finir par dévaster ce *«pays de merveilles»*. Et pourtant, les lectures longitudinales menées sur *La vie et demie* ou *L'État honteux* privilégiaient la dimension parallèle des despotismes de Kinshasa. Les comportements des «viandes kaki» qui font manger des livres, des pagnes et des pantalons à leurs victimes, ne relevaient pas que des cocasseries pittoresques. Les «forces spéciales de sécurité» qui avaient déjà précédé les «divisions spéciales de la présidence» ou les *«cobras»* de sinistre mémoire n'agissaient pas que dans la fiction, lorsqu'elles achevaient les agonisants à coups de machette", Pius Ngandu Nkashama: „L'œuvre romanesque de Sony Labou Tansi: une tragédie de la parole et une scène de l'histoire", a. a. O., S. 60 f.

> *La vie et demie* est un bouquin que j'ai conçu à un moment particulièrement difficile de ma vie. A l'époque, j'avais des amis avec qui je discutais souvent, certains d'eux ont été tués en 1977. Quelque part, dans la chair, cela fait très mal et j'ai écrit ce livre dans un état de colère. Pour ne pas sombrer dans le désespoir, j'ai traduit mes sentiments sous forme de rêve, comme une sorte de fable cruelle.[140]

Dieser historisch-politische Hintergrund erhellt die diegetische Welt. Für manche Kritiker resultiert die „violence de l'écriture" von Sony Labou Tansi aus der Gewalttätigkeit der damaligen politischen Zustände. Dennoch: Wäre es abwegig, sie gegenüber dem oben abgedruckten Zitat ebenso als eine (schriftliche) Auswirkung der persönlichen Wut des Verfassers zu deuten, als Auswirkung der persönlichen Wut eines Menschen, der den Tod seiner Freunde als ungerecht, sinnlos und absurd betrachtet haben soll? Das Zitat beinhaltet allerdings die Antwort: Der Verfasser habe seinen Roman in Wut verfasst, um nicht in die Hoffnungslosigkeit zu versinken. So wird sein Roman für ihn zu einem Katharsisort: „le lieu de purgation de toutes les frustrations subies"[141].

In einer Analepse inszeniert Sony Labou Tansi im Roman *La vie et demie* eine der studentischen Demonstrationen. Chaïdana erinnert sich an die studentische Demonstration vom 15. März, die blutig niedergeschlagen worden ist. Die überlebenden Studenten werden ins Gefängnis geworfen. Dem Gefängnis wird sarkastisch der Beiname „Université" gegeben. Der Erzähler gibt Chaïdanas Erinnerung so wieder:

> Elle se rappela aussi l'époque où la prison de Yourma s'appelait l'université parce qu'on y avait emmené les cinq cent douze étudiants que les armes avaient laissés en vie lors de la manifestation du 15 mars. Elle y était allée avec le petit frère de Bébé-Hollandais qui préparait son baccalauréat. Ils devaient être quatre ou cinq mille à la Maison du Combattant.[142] (S. 31 f.)

In einem Kommentar des Erzählers erfährt der Leser den Grund und die Folgen der weiteren studentischen Demonstration: Infolge des Studentenprotestes vom 20. Dezember gegen die „politisations inconditionnelles des diplômes", also

140 Interview von Sony Labou Tansi, Alain Brézault/Gérard Clavreuil: „Sony Labou Tansi". In: dies.: *Conversations congolaises*, Paris: L'Harmattan 1989, S. 81–94, hier S. 84.

141 Jean Pierre Fewou Ngouloure: „L'alibi du corps", a. a. O., S. 241.

142 „Ihre Gedanken schweiften zur Zeit zurück, als das Gefängnis von Yourma die »Universität« genannt wurde, da man die fünfhundertzwölf Studenten, die bei der Demonstration vom 15. März von den Kugeln verschont geblieben waren, dorthin verfrachtet hatte. Sie hatte mit Milchmädchens kleinem Bruder, der damals kurz vor seinem Abitur stand, daran teilgenommen. Vor dem Haus des Kämpfers waren sie sicher vier- oder fünftausend.", S. 28.

gegen die bedingungslose Politisierung der Diplome befiehlt der Führer Henri-au-Cœur-Tendre, das Feuer auf die Studenten zu eröffnen: dreitausendzweiundneunzig Studenten werden getötet (S. 86). Der Führer Henri-au-Cœur-Tendre wird in dieser Passage, wie alle anderen Führer, wie eine monsterhafte Figur dargeboten: Er kennt kein menschliches Gefühl und befiehlt, die unbewaffneten studentischen Demonstranten kaltblütig zu erschießen.

Trotz des „brouillage des repères temporels tangibles"[143] durch eine unvollständige oder absichtlich falsche (?) Datierung dieser Demonstrationen (15. März und 20. Dezember), weist die Art und Weise, wie diese Demonstrationen im Roman niedergeschlagen worden sind, gewisse Ähnlichkeiten mit den blutigen Niederschlagungen der studentischen Demonstrationen im damaligen Zaïre auf: Der Dokumentarfilm *Mobutu roi du Zaïre* (*Mobutu – King of Zaire*) von Thierry Michel erzählt, dass die Soldaten bei der Protestkundgebung vom Juni 1969 auf Befehl aus allernächster Nähe auf die Studenten geschossen hätten und dass infolge der Protestaktion vom Juni 1971 die zweitausend Studenten ins Militär gezwungen worden seien. Dass der Autor aus einem Grenzland vom damaligen Zaïre stammte und dass sein Roman nur wenige Jahre nach diesen Ereignissen erschien, kann zudem davon zeugen, dass er hier auf die Demonstrationen der Studenten des Campus Lovanium[144] angespielt hat.

Die Idee, dass die politischen Gegner unbedingt um die Macht konkurrieren wollen und die Angst davor, die Macht zu verlieren, lösen bei den Führern von Katamalanasie verbrecherische Reaktionen aus. Wie zuvor schon aufgezeigt wurde, bringen diese Führer ihre Gegner auf abscheuliche Weise um. Aber auch ein bloßer Verdacht ist ausreichend, um Opfer zu werden, auch wenn der Verdächtige überhaupt nicht an der Macht interessiert ist. Jean-sans-Cœur („Johannes Ohneherz"), dem die „führerexportierende Staatsmacht"[145] die Machtübernahme versprochen hat, lässt seine Brüder, in denen er potentielle Machtkonkurrenten sieht, töten, und löst die Leichname in einer in seinem Schlafzimmer eingerichteten Säurezisterne auf. Diese fiktive Handlung spielt auf die historische Begebenheit an, die Pius Ngandu Nkashama in seinem Artikel erwähnt hat, wonach der „Guide éclairé" in seinem Palast des „Mont Ngalima" seine Gegner in Schwefelsäurewannen geworfen habe. Durch eine ausgedachte

143 Elo Dacy „La tradition burlesque dans *La Vie et demie* de Sony Labou Tansi", a. a. O., S. 77.

144 Heute Université de Kinshasa.

145 Unter dieser Bezeichnung ist zu verstehen, dass die im Text gemeinte Staatsmacht Machthaber in Katamalanasie einsetzt und unterstützt. Wenn in der Folge diese Bezeichnung verwendet wird, dann soll sie in diesem Sinne verstanden werden.

List lockt Jean-sans-Cœur seine angeblich „lästigen" Brüder an und lässt sie dann von Mätressen umbringen, wie es in dem nachfolgenden Passus beschrieben wird:

> C'était donc en Jean-sans-Cœur que les conseillers de la puissance étrangère qui fournissait les guides avaient placé leurs espoirs. [...]. Ses conseillers lui prouvèrent que ses frères étaient des adversaires gênants. Il élabora un plan pour éliminer physiquement l'un après l'autre. Il aménagea une curieuse citerne dans sa propre chambre à coucher où il apprêtait des maîtresses à ses frères. La maîtresse éliminait sa proie et Jean-sans-Cœur venait chercher le corps pour le jeter dans la citerne à acide. Mille trois cent soixante-six corps avaient été dissous, leurs propriétaires partaient officiellement au «pays de Chaïdana».[146] (S. 155)

Norbert Stamm zufolge spielt die Szene der grauenhaften Tötung Martials, in welcher der Guide Providentiel als ein physisches und moralisches Monster auftritt, auch auf eine politisch-historische Realität an – auf die Hinrichtung des Oppositionsführers Pierre Mulele durch Mobutu, den autoritären Staatschef des damaligen Zaïre: „Über Mobutu, den Diktator Kongo(-Zaire)s auf der anderen Seite des Flusses wird berichtet, dass er 1966 den nach Brazzaville geflüchteten Oppositionführer (sic) Pierre Mulele unter falschen Versprechungen zurücklockt und noch in der Nacht der Rückkehr im Anschluss an den feierlichen Empfang hinrichten lässt"[147].

Mit der Erörterung von Anspielungen auf geschichtliche Ereignisse soll hier aufgehört werden. Die erläuterten Beispiele zeugen von der Präsenz einer gewissen Objektivität in den äußerst übersteigerten Gewalttaten, die der Autor auch beurteilt. Die Beurteilung des Autors ist eine scharfe Kritik an der realen Gewalt, die er als höchst grausam, bedenken- und rücksichtlos verurteilt. Diese Kritik überschreitet den Rahmen der Gewalt in Afrika und nimmt einen universalen Charakter an, zumal die geschilderten Gewalttaten noch in anderen Teilen der Welt geschehen. Mit Nachdruck drückt er das auch in einem Interview aus:

---

146 „Somit hatten die Ratgeber der führerexportierenden Staatsmacht ihre Hoffnung in Johannes Ohneherz gesetzt. [...]. Seine Ratgeber wiesen ihm nach, dass seine Brüder recht lästige Gegner waren. Also erarbeitete er einen Plan, sie der Reihe nach zu liquidieren. Er baute eine kuriose Zisterne in seinem Schlafzimmer, in dem er für seine Brüder eine Anzahl Mätressen bereithielt. Die Mätresse liquidierte ihre Beute und Johannes Ohneherz holte den Leichnam und warf ihn in die Säurezisterne. Tausenddreihundertsechsundsechzig Leichname hatten sich so aufgelöst; ihre Besitzer waren offiziell in »Chaidanas Land« gezogen.", S. 148.

147 Norbert Stamm: *'Den Kongo schreiben'*, a. a. O., S. 190.

> Ce n'est pas moi qui invente le sang et les armes, mais notre temps. Je suis heureux qu'on ait peur de mes livres à cause du sang qui saigne dedans. Mais que fait-on du sang qui rampe sur nos rues, dans nos villes et dans nos sociétés? Celui-là, on l'applaudit. Ou bien on fait comme si de rien n'était. Peut-être voudrait-on que dans un monde rempli de cadavres, on se mette à bercer les gens avec des mots de bois? Nous sommes à une époque décisive, celle du choix de la qualité de la vie que nous voulons vivre. Il ne faut pas de calmants au mal qui nous entoure, il faut l'extirper. Nous sommes justement coincés entre mourir et rêver un autre rêve que celui du mensonge civilisé ou civilisateur. Je n'ai pas honte de dire ce qui est la vérité.[148]

Diese von Sony Labou Tansi in *La vie et demie* als unmenschlich kritisierte Gewalt wird durch die Machthaber von Katamalanasie auf nachfolgend ausgeführte Weise legitimiert.

1.3 Staatsraison und Führerprinzip: Zwei moderne Legitimationsprinzipien zur Rechtfertigung der atavistischen Gewalt in *La vie et demie*

Jeder Führer von Katamalanasie ist gekennzeichnet durch seine extreme Gewaltanwendung. Diese Gewalt bekommt vor allem jede Opposition furchtbar zu spüren: grausame Tötungen, lebenslängliche Haft in einem Käfig, Aufhängen, usw. Der Umgang mit der Opposition geschieht also auf eine Art und Weise, die die Fortsetzung der Übertreibung ins Monströse darstellt. Die höchste, pure Gewalt seitens der Führer versuchen diese freilich zu rechtfertigen und zu legitimieren. Der Guide Providentiel, z. B. greift dabei zu zwei modernen Legitimationsprinzipien, die allerdings beide oberste Prinzipien der Staatsgewalt zum Inhalt haben: die Staatsraison (auch Staatsräson) und das Führerprinzip. Die beiden Grundsätze rühren von den von den Führern genannten Gründen her, die die gnadenlose Führergewalt rechtfertigen sollen.

Das *Wörterbuch zur Politik* definiert die Staatsraison u. a. als „Staatsnotwendigkeit, im Gegensatz zur individuellen Vernunft und Notwendigkeit“[149]; sie kann auch als die obersten Zwecke und Notwendigkeiten eines Staates gefasst werden. Insofern ist die Staatsraison ein Absolutum, das über Bürgern und Regierenden steht. Zur Erhaltung der obersten Zwecke und Notwendigkeiten

148 Aus dem Interview von 1984c, zitiert nach Norbert Stamm: ‚*Den Kongo schreiben*‘, a. a. O., S. 193.

149 Manfred G. Schmidt: „Staatsraison“. In: ders.: *Wörterbuch zur Politik*, 3. überarb. und aktualisierte Aufl., Stuttgart: Alfred Kröner Verlag 2010, S. 766–767, hier S. 766.

des Staates, kann sich der Machthaber aller Mitteln bedienen, auch wenn er dabei gegen die moralischen und rechtlichen Vorschriften verstößt. Die Führer in *La vie et demie* berufen sich auf Konzepte bzw. Taten wie „Vaterlandverrat", „Hochverrat der nationalen Sache und nationalen Hoffnungen", um ihre moral- und rechtswidrige Gewalt zu rechtfertigen. Damit deuten sie darauf hin, dass die Staatsinteressen und -sicherheit durch die eben erwähnten Taten in Gefahr geraten, und dass es sich zu deren Aufgabe gehört, diese Interessen und Sicherheit für alle zu gewährleisten. So gesehen greifen die Führer von Katamalanasie, ohne den Namen zu nennen, auf das Prinzip der Staatsraison zurück. Martial, der „charismatische" Gegner, wird als „traître à la patrie et assassin de la cause populaire"[150] erklärt (S. 29). Dem Leibarzt wird gerade auch dasselbe Verbrechen vorgeworfen: „Le lendemain matin, la radio nationale annonça que le docteur Tchitchialia [...], avait trahi la cause et les aspirations nationales du peuple et qu'il avait reçu le châtiment réservé aux ennemis du peuple et de sa cause."[151] (S. 42), und die Sängerin Marianato Pentecôte wird wegen „haute trahison" (S. 78) erhängt.

Das Führerprinzip oder die Führerlegitimation, das zweite moderne Prinzip, aufgrund dessen der Guide Providentiel die Gewalt zu legitimieren versucht, war ein der nationalsozialistischen Ideologie zugrunde liegendes Prinzip zur Staatsverwaltung. Hitler, der NS-Führer, galt mit diesem Prinzip als unantastbar. Seine Gedanken waren an keinem Gesetz zu messen (mehr über das Führerprinzip, siehe das Kapitel über Heinrich Manns Roman *Lidice*). Der Guide Providentiel benimmt sich genauso wie dieser historische Führer. Er erhebt das Führerprinzip zum Gesetz Nummer 1 seines Landes. Auf die Sorge Chaïdanas eingehend, dass die Leute etwas über ihre Heirat mit ihm denken würden, gibt der Guide Providentiel ihr zu wissen: „On ne pense rien du Guide Providentiel: c'est la loi. La première loi."[152] (S. 51) Diese Worte sind mehr als deutlich: Dem Führer muss schlicht und einfach gehorcht werden – ohne irgendein Hinterfragen, ja ohne Wenn und Aber. Diejenigen, welche dieses Prinzip anzutasten versuchen, kostet es das Leben. Layisho, der Chaïdanas Anti-Führer-Schriften ausgeteilt hat, wird vom Guide Providentiel

---

150 „Vaterlandverräter und Mörder der Volksache", S. 26.

151 „Am nächsten Morgen gab das nationale Radio bekannt, Doktor Tschitschialia, [...], habe die nationale Sache und die nationalen Hoffnungen verraten und eine den Volksfeinden angemessene Strafe erlitten", S. 38 f.

152 „Man denkt nicht über den Führer der Vorsehung nach: das ist Gesetz. Das erste Gesetz.", S. 47.

darüber folgendermaßen belehrt: „Si vous voulez le pouvoir, laissez les tracts tranquilles: le pouvoir est dans le sang, on n'a pas besoin d'intelligence pour le savoir."[153] (S. 80). Daraufhin sitzt er bis zu seinem Tod in einem Käfig. Um öffentlich zu zeigen, dass dem Führer nur kritiklos gehorcht werden muss, und um den anderen Angst einzujagen, unterschreibt der Guide Providentiel ein Dekret, das ihm die Tötung Martials als Privileg seiner vorsehenden Hände sichert (S. 29).

Zusätzlich zu seinem Verhalten als Führer „von Gottes Gnaden" inszeniert der Guide Providentiel sich *à la hitlérienne* an jedem Anfang seiner Reden als ein charismatischer Führer. Mit erhobener Faust versucht er die Menschenmenge mitzureißen, in dem er sie Parolen wiederholen lässt, die in der Tat inhaltlich gar nichts bedeuten[154], außer der Tatsache, dass er dadurch das Volk mit seiner leeren Ideologie beeinflussen will:

> Le discours commença comme d'habitude, avec le guide criant tout haut, le poing tendu vers le ciel:
>
> – Nous voulons reprendre!
>
> Et la foule de répondre:
>
> – L'homme à zéro!
> – Reprendre!
> – L'Histoire à zéro!
> – Reprendre!
> – Le monde à zéro![155] (S. 39 f.)

---

153 „Wenn ihr nach der Macht schielt, dann lasst gefälligst die Flugblätter aus dem Spiel: Die Macht ist im Blut, das zu wissen verlangt nicht viel Intelligenz.", S. 75.

154 Dass die wiederholten Parolen sinnlos sind, bestätigt Damien Bédé wie folgt, indem er dieselbe Passage zum Belegen seines Kommentars zitiert: „Au niveau discursif, le comportement linguistique de certains leaders politiques a tous les caractères d'une névrose. [...]. La parole qui fonctionne seulement comme une image acoustique n'est plus utilisée pour sa valeur communicative et expressive. Elle n'a de référent que dans la société textuelle où elle fonctionne sur le mode du délire, comme du bruit.", Damien Bédé: „Le réel et la fiction dans *La vie et demie* de Sony Labou Tansi", a. a. O., S. 251.

155 „Die Rede begann, wie üblich, indem der Führer laut schreiend die Faust zum Himmel reckte:

– Lasst uns neu beginnen!

Und die Menge schrie zurück:

Hier gilt es die Machtlegitimierung des Guide Providentiel durch die zwei modernen Legitimationsprinzipien, die aber im Roman nicht namentlich zum Ausdruck kommen, kritisch zu betrachten. Zwei Gedanken werden demnach herausgearbeitet. Zum einen: Bei jeder Gewaltanwendung begnügt sich der Guide Providentiel damit, sie durch den Verstoß gegen die Staatsraison zu rechtfertigen. Der Inhalt des Verstoßes wird niemals bekannt gegeben. Zum anderen: Die Tatsache, dass der Guide Providentiel sich das Recht vorbehält, Martial zu töten, macht deutlich, dass es um persönliche Wut und Rache des Führers geht. Der Führer rächt sich an einer Person, die sich seiner Führerautorität zu widersetzen wagt. Bei den anderen Opfern geht es ebenso um persönliche Wut: Jeder, der ihm verdächtig wird, bekommt diese Wut am eigenen Leibe zu spüren. Außer bei der Tötung Martials bestätigt das der Erzähler, beispielsweise beim Umbringen des Arztes Tchitchialia, der auch des Hochverrats bezichtigt wird, wie folgt: „C'était ainsi que le Guide Providentiel déversait ses trois jours de colère qu'il avait personnellement réservé à la fille de Martial sur le docteur Tchi, qu'on avait arrêté à son domicile principal, villa des Trois-Sourds."[156] (S. 41). Die Nachfolger des Guide Providentiel greifen alle auch zur puren Gewalt. Dennoch lässt der Erzähler sie ihre Gewaltanwendung nicht rechtfertigen. Dies zeigt, dass die Gewalt bei den katamalanasischen Führern nur atavistisch ist.

Aus dem Vorhergehenden lässt sich die folgende Schlussfolgerung ziehen: Die pure und grausame Gewalt seitens der Führer von Katamalanasie entspricht keineswegs der Staatsgewalt, d. h., nicht der „legitime[n] physische[n] Gewaltsamkeit"[157], deren Monopol der Staat für sich „beansprucht". Sie hat eher den Zweck, die Opposition zum Schweigen zu bringen und auf diese Art und Weise die eigene Macht zu erhalten: Es handelt sich bloß um einen bösen Machtwillen, den viele Leute unter dem katamalanasischen Volk trotz der Barbarei der Führer zu bekämpfen versuchen.

- Lasst uns neu beginnen!
- Die Geschichte im Arsch!
- Lasst uns neu beginnen!

Die Welt im Arsch!", S. 36.

156 „Nun ergoss sich die drei Tage lang angestaute Wut, die der Führer der Vorsehung eigentlich für Martials Tochter bestimmt hatte, über den armen Doktor Tschi. Er war in seinem Hauptsitz, der Villa der Drei Weisheiten, verhaftet worden.", S. 38.

157 Max Weber: *Politik als Beruf*, 11. Auflage, Berlin: Duncker & Humblot 2010, S. 8.

1.4 Kampf für die Freiheit

Die Thematik der Freiheit zählt zu den wichtigsten Themen der literarischen Werke Sony Labou Tansis. In seinem Theaterstück *La parenthèse de sang*[158], das 1981 veröffentlicht wurde, das jedoch schon 1978 den 2. Preis im Theaterwettbewerb des französischen Radiosenders Radio France Internationale (RFI) erhielt, kämpfen die Familienmitglieder Libertashios, der von der totalitären Regierung willkürlich als Rebell erklärt und getötet wurde, für ihr Leben, d.h., für ihre Freiheit. Trotz der entsetzlichen Foltermaschinerie stößt Yavilla, eine der Töchter Libertashios, nachfolgenden Ruf aus, das ihre Entschlossenheit zum Ausdruck bringt, weiterhin für die Freiheit zu kämpfen: „Un seul péché: la liberté. J'ai passé ma vie à crier vive Libertashio. Je ne suis que cette force de dire: à bas la dictature – celle des hommes, celles des choses et celle de Dieu si elle existe."[159] Dieser Ruf „Es lebe Libertashio!" wird vom Arzt Portès, der sich dem Kampf anschließt, als der Sauerstoff der Zukunft beurteilt:

> Le Docteur: „Pourquoi veulent-ils vous tuer? Parce que vous avez dit vive Libertashio? (*Il crie*) Libertashio! Vive Libertashio! A bas la dictature. C'est le cri de demain. C'est l'oxygène de demain. Vous avez eu raison. (*Il crie*) A bas les esclaves du sang, (*Silence général*) A bas les monstres suceurs de sang. Vive l'espoir!"[160]

Die Herrschaft, die im Drama durch „la capitale" (die Hauptstadt) symbolisiert ist, hat das Geschrei „Es lebe Libertashio!" streng verboten, und derjenige, der gegen dieses Verbot verstößt, kommt systematisch um. Die Metapher Sauerstoff hat hier eine tiefgründige Bedeutung: Indem Portès „Es lebe Libertashio" mit dem Sauerstoff vergleicht, verweist er auf den „Akt des Atmens" („l'acte de respirer"), auf den der Autor auch anspielt, wenn er von Freiheit spricht[161]. Er weist damit zugleich auch darauf hin, dass die Abwesenheit der Freiheit das Aus für den Akt des Atmens, d. h., das Ende des Lebens bedeuten würde. Daraus lässt sich ja die Wichtigkeit bzw. der Zweck des Kampfes für die Freiheit erschließen.

Der Kampf gegen die Freiheitsberaubung wird in *La vie et demie* öffentlich gemacht, wobei auch das Volk daran teilnimmt. Zudem geht er von einem gewaltfreien Kampf (Protest) in dem Theaterstück zu gewaltsamen und

---

158 Sony Labou Tansi: *La parenthèse de sang*, Paris: Hatier International 2011. Dieses Theaterstück, das 1978 verfasst wurde, wurde erst 1981 veröffentlicht.

159 Ebd., S. 46.

160 Ebd., S. 48.

161 „En effet, quand Sony Labou Tansi parle de la liberté, il fait le plus souvent référence à l'acte de respirer", Joseph E. Mwantuali: „›La Paranthèse‹ de Sony ou l'espace palingénésique", a. a. O., S. 138.

bewaffneten Auseinandersetzungen im Roman über. Kouamé Kouamé, ein ivorischer Literaturwissenschaftler, bezeichnet diesen Roman als ein „récit de quête de la liberté“[162]. Er führt so weiter aus:

> *La vie et demie* a pour thème, (au sens de sujet), la conquête de la liberté. C'est l'histoire d'affrontements sans trêve entre d'une part la dictature ubuesque instaurée par la dynastie des Guides Providentiels et ses alliés, ceux dont la ration d'oxygène passe par les nerfs des Guides Providentiels et de l'autre Martial et ses «Gens», ceux dont la vie s'appelle liberté, principalement sa fille Chaïdana et sa fille. À la farouche détermination des Guides Providentiels, Martial et ses «Gens» répondent par une conception quasi sacerdotale de la conquête de la liberté.[163]

Kouamé Kouamé versteht den Begriff Freiheit unter der Bedeutung, die der politischen Bestimmung desselben Begriffs näher liegt[164], d. h. Freiheit als Befreiung von der Unterdrückung. Dies ist nicht falsch, bedenkt man, dass das Volk von Katamalanasie über keine Meinungsfreiheit (das Gesetz Nummer 1 ist das Schweigen) verfügt. Dies ist auch wahr hinsichtlich des Kampfes von Martial, dem politischen Gegner, seiner Tochter sowie seiner Enkelin, deren Ziel es ist, sich selbst und das Volk von der Diktatur zu befreien, wie das in der folgenden Äußerung Martials zum Vorschein kommt: „Qu'on me prouve que la dictature est communautaire“[165] (S. 64).

Martial, der in dem fiktiven Text als ein charismatischer Gegner des diktatorischen Regimes des Guide Providentiel auftritt, hat sein ganzes Leben dafür eingesetzt, um dem unerbittlichen Scheusal der Diktatur gegenüberzutreten. Auf diese Weise hofft er, sich und das Volk davon zu befreien. Anfangs ideologisch[166] eskaliert der Kampf zwischen Martial und den Regierenden doch zu

162 Kouamé Kouamé: „Sony Labou Tansi et le problème de la liberté: l'exemple de *La vie et demie*“, a. a. O., S. 281.

163 Ebd.

164 „Il convient donc de préciser préalablement l'acception dans laquelle nous le [concept] prenons. […] Nous avons choisi de le prendre dans une acception proche de l'acception politique“, in: Kouamé Kouamé: „Sony Labou Tansi et le problème de la liberté: l'exemple de *La vie et demie*“, a. a. O., S. 280.

165 »Man beweise mir den Gemeinnutz der Diktatur.«“, S. 60.

166 „Au paravent idéologique que le guide avait enfourché pour se donner des amis extérieurs et qui s'appelait le ›communautarisme tropical‹, Martial avait opposé une seule phrase: ›Qu'on me prouve que la dictature est communautaire. ‹“ (S. 64); „Um sich im Ausland Freunde zu machen, hatte der Führer der Vorsehung ein ideologisches Aushängeschild erfunden: das »tropische Gemeinwesen«, dem Martial einen einzigen Satz entgegengestellt hatte: »Man beweise mir den Gemeinnutz der Diktatur.«“, S. 60.

bewaffneten Auseinandersetzungen: Nach etwa zwanzig geführten „Bürgerkriegen“ wird Martial festgenommen und grausam vom Guide Providentiel eigenhändig hingerichtet. In einem Kommentar des Erzählers erfährt der Leser den Grund, warum Martial bezwungen wurde: Der Grund ist die Ungleichmäßigkeit der Kampfmittel:

> A vrai dire, si son père [Martial] avait eu un tel argent pour sa guerre, il aurait fait face au déluge de ferraille dont la puissance étrangère qui fournissait les guides inondait de façon irresponsable l'armée du Guide Providentiel, il aurait, grâce à la détermination farouche de ses combattants, remporté cette guerre pourrie face à une armée de quatre-vingt-douze mille cousins hâtivement injectés dans le métier des armes pour protéger le pouvoir du Guide Providentiel contre les aspirations de cinquante-deux millions de Katamalanasiens.[167] (S. 64)

Nach der physischen Beseitigung Martials übernehmen seine Tochter und – eine Generation später – seine Enkelin den Kampf. Chaïdana und ihre Tochter Chaïdana-aux-gros-cheveux („Chaidana Lockhaar“) steigen auch mit fester Entschlossenheit, die mit der von Martials Kämpfer vergleichbar ist, in den Kampf ein. Chaidana Lockhaar bringt wie folgt ihre Entschlossenheit zum Ausdruck: „Mon grand-père avait perdu la guerre. Il avait perdu une guerre. J'en inventerai une autre. Pas celle que ma mère avait perdue. Si je ne gagne pas, la terre tombera.“[168] (S. 99 f.) Kouamé Kouamé hat sich nur mit Martial und seinen Nachfolgerinnen beschäftigt und sie je nach eingesetzten Kampfmitteln in zwei Kategorien unterteilt: Er bezeichnet Martial als Vertreter des auf der reinen Ethik fußenden Befreiungskampfes („guerre de libération à l'éthique saine“[169]) und die Nachfolgerinnen als die ‚Radikalen‘ des Machiavellismus („les utra du machiavélisme ou les jusqu'au-boutistes des ›moyens sales‹“[170]). Seine harte Kritik an

167 „Offen gestanden: Hätte ihr Vater [Martial] so viel Geld für seinen Krieg gehabt, hätte er dem Eisenregen die Stirn bieten können, mit dem die führerexportierende Staatsmacht die Armee des Führers der Vorsehung auf unverantwortliche Weise überschwemmte; er hätte, dank der wilden Entschlossenheit seiner Kämpfer, diesen faulen Krieg gegen eine Armee von zweiundneunzigtausend Vettern gewonnen, die nur hastig in ihren Berufsstand eingeschleust worden waren, um die Macht des Führers der Vorsehung gegen die Wünsche und Hoffnungen von zweiundfünfzig Millionen Katamalanasiern zu schützen.“, S. 59 f.

168 „Mein Großvater hat den Krieg verloren. Er hatte einen Krieg verloren. Ich werde mir einen anderen ausdenken. Nicht denselben, den meine Mutter verloren hat. Falls ich nicht gewinne, wird die Erde fallen.“, S. 94.

169 Kouamé Kouamé: „Sony Labou Tansi et le problème de la liberté: l'exemple de *La vie et demie*“, a. a. O., S. 283.

170 Ebd., S. 284.

Chaïdana und ihrer Tochter wird aber durch die Stellungnahmen anderer Kritiker ausbalanciert: Einige Kritiker haben wohl Verständnis für die Kampftaktik dieser Freiheitskämpferinnen[171]. Freilich ist das Ziel dieses Abschnitts nicht an dieser „Polemik“ teilzunehmen. Zu erwähnen ist aber jedoch, dass es Chaïdana gelungen ist, durch sexuelle Verführung insgesamt sechsundsechzig „membres les plus influents de la dictature katamalanasienne“ (S. 49) und „hauts personnages de la tragédie katamalanasienne“ (S. 61) zu vergiften[172].

Es wurde oben hervorgehoben, dass auch das Volk sich an dem Kampf für die Freiheit beteiligt. Mit der Übernahme des Kampfes durch das Volk geht Sony Labou Tansi aber eine weitere Dimension des Kampfes an. Der fiktive soziale Kontext ist durch die Omnipräsenz des Todes beherrscht. Es wird mit der Zeit kein Unterschied mehr zwischen den Widersachern und den eigenen Anhängern der Mächtigen gemacht. Der Tod ist einfach überall präsent und kann jedermann jede Sekunde treffen; er kann jedem für ein Ja aber auch für ein Nein einen Fahrschein zum „Friedhof der Verdammten“ umsonst schenken:

> – les membres de la Jeunesse du guide, ainsi que les fidèles, se peignaient –, les non-peints pour un oui ou pour un non, s'exposaient à l'imaginable et à l'inimaginable et quand on leur sentait l'odeur meurtrière des gens de Martial, ils allaient sans procès au cimetière des Maudits où une fosse commune, je dirais un four commun, les attendait.[173] (S. 145)

In einer solchen sozialen und politischen Situation ist es doch eine absolute Notwendigkeit zu kämpfen, jedoch nicht mehr in erster Linie für ein politisches Ideal (Freiheit), sondern vor allem für das reine Überleben. In diesen Sinne lässt sich folgende Szene verstehen: Bei einer Versammlung protestieren die Anwesenden, die alle offenbar Getreue des Guide Providentiel sind, symbolisiert durch die

---

171 So, z. B. Virginie Kouassi Affoué: „Si Chaïdana s'est salie pour la libération de son peuple (la lutte est bien souvent sale) le lecteur ne doit pas à son tour salir son action. La liminalité permet de la réhabiliter.“, dies.: „Chaïdana, figure d'une situation liminale“, a. a. O., S. 277.

172 Chaïdana lädt Minister sowie einflussreichste Leute von Katamalanasie in dem Hotel La Vie et Demie ein, bedient ihnen einen Champagner, den sie vorher mit „*vouokani*“, einem einheimischen Gift, vergiftet hat. Die Vergifteten sterben Jahre später an fortschreitender Lähmung.

173 „Auch die Mitglieder der Führerjugend und die Führergetreuen bemalten sich. Die Unbemalten setzten sich – für ein Ja oder ein Nein – allem Denkbaren und Undenkbaren aus, und falls sie den tödlichen Geruch der Leute Martials ausdünsteten, marschierten sie ohne Prozess auf den Friedhof der Verdammten, wo sie ein Gemeinschaftsgrab, oder vielmehr ein Gemeinschaftsofen erwartete.“, S. 138.

„cartes de fidélité", mehrmals gegen die Brutalität und das Töten. Die Polizei schießt blindlings auf die Menschenmenge. Sony Labou Tansi sieht sich hierzu gezwungen, zu hyperbolischen Bildern zu greifen, um die Situation zu schildern, auch wenn der Humor nicht fehlt; er spricht von „ouragan [...] de cris, de vociférations, de «merde», de «je suis touché», où les éclairs de sang précédaient les tonnerres des «bandes de cons», «des bâtards des bâtards», des «vous ne m'avez pas tué»"[174]. Trotz der Barbarei der Polizei entfalten viele Leute fest entschlossen Spruchbänder, die mit aussagekräftigen Parolen beschriftet sind: „›Vive Martial! – A bas les voleurs de bétail! – Nos vies s'appellent liberté.‹"[175] (S. 40). „Freiheit ist unser Leben" kann wie folgt bedeuten: „Wir haben das Recht zu leben". Freiheit verweist demnach auf den „Akt des Atmens". Durch diese Aktion wird deutlich, dass die Beherrschten (Gegner und Anhänger zusammen) den grundlosen Tod nicht akzeptieren und deshalb für ihr Überleben kämpfen, ja für ihr natürliches Recht auf Leben.

Dass der Autor immer wieder aus der Thematik der Freiheit eines der zentralen Themen seiner literarischen Texte macht, ist keinesfalls ein reines Produkt seiner Einbildung. In vielen Weltteilen, auch in manchen Ländern Afrikas leiden unzählige Menschen bis heute unter der Willkürherrschaft, welche die Menschenrechte, unter denen die Freiheit eine „condition sine qua non de l'existence humaine"[176] bildet, vernichtet. Zwar gilt Sony Labou Tansi nicht als erster Schriftsteller, der diese Thematik literarisch behandelt: „L'originalité de Sony Labou Tansi n'est pas cependant dans le choix du sujet, nombre d'écrivains l'ont traité avant lui"[177], aber er behandelt sie mit großem Impetus als kein anderer Schriftsteller vor ihm. Zudem thematisiert er die Problematik der Freiheit – wie aufgezeigt – in einem doppelten Sinne: als politisches Recht und als eine primäre Notwendigkeit, d. h. als das „Recht auf Leben". In einer Epoche, wo „l'homme est plus que jamais résolu à tuer la vie"[178] (S. 9), wie er sich in seinem Vorwort zu *La vie et demie* apodiktisch ausdrückt, erscheint es notwendiger

---

174 „Orkan [...] Geschrei und Gezeter, »Scheisse, mich hat's erwischt«-Rufe zerrissen in die Luft, blutige Spitzer verdunkelten die Szenerie, und »Idioten, Hurensöhne, mich erwischt ihr nicht«-Rufe donnerten nieder.", S. 37.

175 „Es lebe Martial!", „Nieder mit dem Viehdieben!", „Freiheit ist unser Leben!", S. 37.

176 Richard-Gérard Gambou: „L'idée de liberté et de démocratie chez Sony Labou Tansi". In: Mukala Kadima-Nzuji/Abel Kouvouama/Paul Kibangou (Hrsg.): *Sony Labou Tansi ou la quête permanente du sens*, a. a. O., S. 351–362, hier S. 352.

177 Kouamé Kouamé: „Sony Labou Tansi et le problème de la liberté: l'exemple de *La vie et demie*", a. a. O., S. 286.

178 „Und wenn der Mensch heute denn je entschlossen ist, das Leben zu töten – ", S. 7.

denn je, für sein Recht auf Leben zu kämpfen. Der Verfasser appelliert damit an die Menschen, sich für ihr Recht auf Leben zu engagieren. Das literarische Engagement des Autors für die Freiheit hat sich auch tatsächlich in der Wirklichkeit niedergeschlagen. Als Politiker[179] hat sich der Autor unter Einsatz seines Lebens für die Freiheit eingesetzt.

Er kritisiert auch in *La vie et demie* die Einmischung der Weltmächte in die Politik der anderen Länder und vor allem der afrikanischen Länder, was zur Erhöhung des Gewaltgrads führe.

1.5 Denunzierung der Einmischung der „Puissance étrangère" in die innere Politik von Katamalanasie

In Katamalanasie spielt das Volk in der Politik so gut wie gar keine Rolle. Dem Volk wird das Recht abgesprochen, durch Abstimmung über seine Regierenden zu entscheiden. Die Macht wird den Führern von Katamalanasie von einer fremden Staatsmacht erteilt, die im Text als die „puissance étrangère qui fournissait les guides" („die führerexportierende Staatsmacht") bezeichnet wird. Die Bezeichnung „puissance étrangère qui fournissait les guides" kehrt im Text wie ein Leitmotiv wieder und klingt ironisch[180]. Wie Virginie Kouassi Affoué das auf den Punkt bringt, enthüllt diese Bezeichnung die Vormacht der bezeichneten Macht gegenüber der Ohnmacht der Mächtigen von Katamalanasie[181]. In diesem Teil der vorliegenden Arbeit wird anhand von drei Beispielen – um überflüssige Wiederholungen zu vermeiden – die Einmischung dieser fremden Staatsmacht in die Politik von Katamalanasie illustriert.

Dank ihrer Vormacht wird die „puissance étrangère" in der Politik von Katamalanasie omnipräsent und mischt sich darin unmittelbar durch die Ein- und Absetzung der Führer an die Macht ein: Als der Führer Jean-Cœur-de-Pierre alt und für die fremde Staatsmacht von keinem Nutzen mehr geworden war, wählt diese Staatsmacht seinen Sohn Jean-sans-Cœur für die Machtübernahme aus: „C'était donc en Jean-sans-Cœur que les conseillers de la puissance étrangère qui fournissait les guides avaient placés leurs espoirs. Ils travaillèrent à lui

---

179 Sony Labou Tansi ließ sich im Juni 1992 als Abgeordneter von Makelekele, einem Bezirk der Hauptstadt der Republik Kongo, für den MCDDI (Mouvement congolais pour la démocratie et le développement intégral) zur Wahl stellen und wurde gewählt.

180 Vgl. Koffi Anyinefa: *Littérature et politique en Afrique noire*, a. a. O., S. 142.

181 Vgl. Virginie Kouassi Affoué: „Chaïdana, figure d'une situation liminale", a. a. O., S. 261.

donner le gout du pouvoir“[182] (S. 155). Des Weiteren – dies ist das Schlimmste daran – führt diese „puissance étrangère“ den Ausgewählten für die Macht zum Verbrechen: Sie reizt Jean-sans-Cœur zur Ermordung seines eigenen Vaters: „C'était le lundi 16 mai de cette année-là que Jean-Cœur-de-Pierre avait été assassiné par son fils Jean-sans-Cœur, dans un coup orchestré avec la bénédiction de la puissance étrangère qui fournissait les guides.“[183] (S. 157).

Der folgende Kommentar des Erzählers deckt eine weitere Einmischung der fremden Staatsmacht in die Auswahl der katamalanasischen Führer auf: „Le guide Félix-le-Tropical n'utilisa le cœur de Jean Apocalypse que le temps que la puissance étrangère trouve un type totalement tropical. Le choix avait vacillé entre un certain Daniello Mesdinaci et un inconnu cousin du Maréchal, appelé Souprouta.“[184] (S. 170). Diese zwei Beispiele zeigen deutlich, dass die Einmischung der fremden Staatsmacht in die katamalanasische Politik ausschließlich auf deren eigenen Interessen beruht. Hier überwiegt die Interessenpolitik im Gegensatz zur Ethik. Dementsprechend tritt die fremde Staatsmacht die Ethik mit Füßen, indem sie ohne Zögern zur Ermordung der Führer greift, die ihre Interessen nicht mehr garantieren. Außer dem Führer Jean-Cœur-de-Pierre wird auch Daniello Mesdinaci nach nur acht Wochen Herrschaft ermordet. Der Grund dafür klingt komisch, zumal ihm erstaunlicherweise gute Eigenschaften vorgeworfen werden: „Daniello Mesdinaci s'était montré très sage et trop intelligent pour être tropical. Il avait même parlé de rapatrier les deux cent trente mille soldats de la puissance étrangère installés dans son pays pour assurer la sécurité des coopérants et qui mettaient leur nez dans les affaires de la Katamalanasie“[185] (Ebd.).

---

182 „Somit hatten die Ratgeber der führerexportierenden Staatsmacht ihre Hoffnungen in Johannes Ohneherz gesetzt. Sie bemühten sich mit allen Kräften, in ihm den Machtgeschmacksnerv auszubilden.“, S. 148.

183 „Es war Montag, der 16. Mai im Jahr der Ermordung des Johannes Steinherz durch seinen Sohn Johannes Ohneherz, der diesen Streich mit dem Segen der führerexportierenden Staatsmacht inszeniert hatte.“, S. 150.

184 „Führer Felix der Tropische durfte sein apokalyptisches Herz noch so lange gebrauchen, bis die fremde Staatsmacht einen vollkommen tropischen Ersatzkerl gefunden hatte. Man hatte geschwankt zwischen einem gewissen Daniellio Mesdinaci und einem unbekannten Vetter des Marschalls namens Supruta.“, S. 163.

185 „Daniellio Mesdinaci hatte sich als zu weise und intelligent erwiesen. Er war untropisch. Er hatte gar Andeutungen fallen gelassen, die zweihundertdreissigtausend Soldaten der fremden Staatsmacht, die in seinem Land stationiert waren, um die Sicherheit der beiden Kooperanten zu sichern, und die ihre Nasen in alle katamalanasischen Angelegenheiten stecken, nach Hause zu schicken.“, S. 163.

Nach der Auswahl der Führer und ihrer Einsetzung an die Macht durch die „puissance étrangère" bemüht sich diese, sie mit allen Mitteln zu unterstützen. Das nachfolgende Beispiel veranschaulicht diese tatkräftige Unterstützung. Während viele Leute auswandern, um der Tortur entkommen zu können, beeilt sich die fremde Staatsmacht, den Führer Jean-Cœur-de-Pierre militärisch zu unterstützen, um das Volk von der Auswanderung abzuschrecken: „Il s'ensuivit une hémorragie de population; le guide ferma donc les frontières. La seule voie d'entrée et de sortie devint les trois aérodromes de la capitale où le contrôle était sans pitié. […]. Le Port bleu servait parfois de port de débarquement des troupes de la puissance étrangère qui fournissait les guides"[186] (S. 150). Die unmittelbare Folge dieser Unterstützung ist die Erhöhung des Gewaltgrades. Das Freiheitsstreben des Volks wird ständig und blutig erstickt.

Die Stilisierung der Einmischung der „puissance étrangère" in allen Einzelheiten im literarischen Text *La vie et demie* und nicht zuletzt ihrer Rolle, die auch deutlich im Nebensatz „qui fournissait les guides" zum Ausdruck gebracht wird, stellt eine Denunzierung dar. Ihre Unterstützung wird aber auch sprachlich scharf kritisiert; sie wird vom Erzähler als unverantwortlich („irresponsable") gekennzeichnet: „A vrai dire, si son père [Martial] avait eu un tel argent pour sa guerre, il aurait fait face au déluge de ferraille dont la puissance étrangère qui fournissait les guides inondait *de façon irresponsable* l'armée du Guide Providentiel"[187] (S. 64). Die Truppen dieser „puissance étrangère", deren Ziel es ist, die Katamalanasier vor der Auswanderung zurückschrecken zu lassen, werden als eine Schande angeprangert: „Le Port bleu servait parfois de port de débarquement des troupes de la puissance étrangère qui fournissait les guides. Ces troupes formaient la honteuse force de dissuasion d'environ huit mille hommes qui protégeaient le pouvoir contre les intentions et les aspirations du peuple."[188] (S. 150)

186 „Die Folge war eine Bevölkerungshämorrhagie, und Steinherz schloss die Landesgrenzen. Zur Ein- und Ausreise blieben nur noch die drei Flughäfen der Hauptstadt, wo die Kontrolle erbarmungslos war. […]. Der blaue Hafen diente auch dem Truppentransport der führerexportierenden Staatsmacht.", S. 143.

187 „Offen gestanden: Hätte ihr Vater [Martial] so viel Geld für seinen Krieg gehabt, hätte er dem Eisenregen die Stirn bieten können, mit dem die führerexportierende Staatsmacht die Armee des Führers der Vorsehung *auf unverantwortliche Weise* überschwemmte", S. 59. [Hervorhebung von mir].

188 „Der blaue Hafen diente auch dem Truppentransport der führerexportierenden Staatsmacht. Diese Truppen bildeten die schändlichen Abschreckungseinheiten von etwa achttausend Mann, welche die Macht vor den Hoffnungen und Wünschen des Volkes schützten.", S. 143.

Die Darstellung der Einmischung und des Einflusses der „puissance étrangère qui fournissait les guides" in und auf die politischen Angelegenheiten von Katamalanasie spielt auf eine bis heute erhalten gebliebene Realität an: Den Neokolonialismus. Dieser Neokolonialismus besteht darin, den Einfluss der Ex-Kolonialmächte auf ihre offiziell unabhängigen ehemaligen Kolonien aufrechtzuerhalten. Der Einfluss erfolgt durch die starke Einmischung der Ersteren in die Politik der Letzteren. Die Einmischung wird hauptsächlich durch die wirtschaftliche Dominanz ermöglicht und dann dauerhaft gesichert. Sie erfolgt aber auch, wie in Katamalanasie, durch das direkte Eindringen in die innere Politik der betroffenen Länder. Die eigentlichen Ziele dieses Eindringens werden fast immer durch die Notwendigkeit der Errichtung der Demokratie oder durch die sogenannte „humanitäre Einmischung" gerechtfertigt, zwei Gründe, die heute viele Leute nicht mehr überzeugen. Hier sei das Beispiel des Eindringens der französischen Armee in Côte d'Ivoire im Jahre 2011 in Erinnerung gerufen. Nicht zu vergessen sei auch die militärische französisch-britisch-amerikanische Intervention in Libyen im selben Jahr. Letztgenanntes Land wurde durch diese Intervention in ein unnennbares Chaos gestürzt: Dies ist bisher vielleicht der einzige sichtbare Verdienst, den man den ‚Meistern der Demokratie' verdanken kann. Angesichts der eben erwähnten Fallbeispiele hat die Kritik des Romans an der Verantwortung der Weltmächte in der Tragödie[189] afrikanischer Länder auch heute im 21. Jahrhundert an Relevanz nichts verloren.

Wie seine Figur Martial bemüht sich Sony Labou Tansi, durch seinen Roman diese Weltmächte über ihre Verantwortungslosigkeit aufzuklären: „Nous devrions être au siècle de la responsabilité."[190] (S. 65) Diese Weltmächte sollten demnach Verantwortungsgefühl zeigen und damit aufhören, den Diktatoren Unterstützung gegen das Freiheitsstreben ihrer Völker zu gewähren. In einem Interview macht Sony Labou Tansi sich Sorgen um die afrikanische Jugend, die mit schlimmen Problemen konfrontiert ist – die Universitäten werden geschlossen, die Krankenhäuser verfügen über keine Medikamente mehr – und macht

---

189 In Côte d'Ivoire soll die französische Armee viele Menschen massakriert haben: „Son armée aux noms de mission variables et symboliques, comme la Licorne dans ce pays de l'Afrique de l'ouest, planifie et prend part à des massacres à grande échelle. Les exemples en la matière sont légions: l'Hôtel Ivoire en 2004, ensuite Cocody, Plateau et Yopougon en 2011", Jean-Fernand Bédia: *Ahmadou Kourouma: romancier de la politique africaine de la France*, a. a. O., S. 53.

190 Martial hat anlässlich der Nationalfeierlichkeiten ein Telegramm an den Präsidenten der fremden Staatsmacht geschickt, der nur diesen einzigen Satz enthält: „›Dies sollte das Jahrhundert der Verantwortung sein.‹", S. 60.

die europäischen Staatsmächte mitverantwortlich für diese Situation, weil sie eben die Diktatoren finanzieren:

> [J]e m'inquiète de la jeunesse africaine qui est confrontée à de graves problèmes. Dans la plupart des pays d'Afrique, l'enseignement ne fonctionne plus. Les Universités sont fermées, les dispensaires ne disposent plus de médicaments. En outre, nous sommes devenus le dépotoir de l'Europe. Ils sont encouragés dans cette entreprise par l'Europe elle-même qui prône certes les principes de la démocratie, mais finance les dictateurs, de véritables bourreaux.[191]

Sony Labou Tansi richtet einen Appell an die „puissance étrangère" und darüber hinaus an die Weltmächte, Verantwortungsgefühl zu zeigen. Aber eine zwischen den Zeilen versteckte Botschaft an die afrikanischen Staatsführer enthält auch sein Roman. Die fiktiven Führer von Katamalanasie treten in der Tat im Romantext als Marionetten der führerexportierenden Staatsmacht auf und verfügen somit über keine wahre Macht: „Ainsi, portés au pouvoir par des puissances étrangères, les guides providentiels sont soumis à leur bon vouloir et exécutent leurs volontés. Ils sont des fantoches."[192] Dieser Sachverhalt sollte als eine Warnung für die afrikanischen Staatsführer gelten, dass sie selbst in Gefahr geraten werden, wenn sie ihre Machtbasis im Ausland anstatt bei ihren jeweiligen Völkern suchen.

Jean Coriace, der Führer der Republik Darmellia wird im Roman als die den Führern von Katamalanasie entgegengestellte Figur dargestellt, weil er sich die Macht von seinem Volk erteilen lässt. Seine Republik steht im Text als Gegenstück zu der Republik Katamalanasie.

1.6 Republik Darmellia: Ein Vorbild der Demokratie und der nationalen Unabhängigkeit?

In *La vie et demie* setzt Sony Labou Tansi der diktatorischen Republik Katamalanasie eine andere Republik entgegen: die Republik Darmellia mit vollkommen anderen Charakteristiken. Welche sind diese Charakteristiken? Könnte diese Republik angesichts dieser Charakteristiken als ein Vorbild der Demokratie und der nationalen Unabhängigkeit betrachtet werden?

---

191 Zitiert nach Pierrette Herzberger-Fofana: „Sony Labou Tansi, écrivain congolais", a. a. O., S. 271.

192 Elo Dacy „La tradition burlesque dans *La Vie et demie* de Sony Labou Tansi", a. a. O., S. 84.

In Katamalanasie herrscht ein Einparteisystem, und dem Volk werden seine Führer von außen auferlegt. Im Gegensatz zum Einparteisystem führt die Republik Darmellia gleich nach ihrer Gründung ein Mehrparteiensystem ein. Dem Volk wird die Möglichkeit gegeben, durch Wahlen über seine Herrscher zu entscheiden. Das Recht des Volkes, sich selbst seine Führer auszuwählen, wird hier gewährleistet:

> [L]e jour des élections, dans les trois tas de bulletins, jaunes, rouges et bleus, aucun pygmée n'avait hésité devant le bulletin jaune du PPDL (Parti populaire pour la démocratie libre) dont le fondateur était Jean Coriace. Le PDP (Parti démocratique populaire) des Gens de Martial eut 14 % des suffrages exprimés, tandis que le MNDP (Mouvement national de la démocratie du peuple) du docteur Kapalanchio n'eut que 2,64 % des voix.[193] (S. 161).

Das Mehrparteiensystem und das Recht, freiwillig über seine Führer abzustimmen, sind in jedem demokratischen System Grundlagen oder Prinzipien der Demokratie. Zu diesen demokratischen Grundsätzen kommt in Darmellia ein weiterer hinzu: die Meinungsfreiheit. Die Opposition geht in dieser Republik keine Gefahr ein, wenn sie die Regierenden öffentlich kritisiert.

Die Republik Darmellia setzt nicht nur die Prinzipien der Demokratie in die Tat um. Sie hat des Weiteren ein höheres Bewusstsein ihrer nationalen Unabhängigkeit. Die nationale Unabhängigkeit ist bis heute in Afrika ein besorgniserregendes Thema. In der Tat sind die afrikanischen Länder nur scheinbar unabhängig. Die wirtschaftliche Abhängigkeit dieser Länder den Weltmächten gegenüber grenzt ihre nationale Unabhängigkeit drastisch ein. Eine vollständige nationale Unabhängigkeit würde nur durch eine größere wirtschaftliche Unabhängigkeit möglich sein. Die Führer von Darmellia sind sich dessen bewusst. Jean Coriace und seine Brüder, die Begründer der Republik Darmellia, sind darum bemüht, Darmellia ökonomisch unabhängig zu machen: „Jean Coriace conçut la stratégie du franc."[194] (S. 153) Unter seinem Motto „L'argent est une arme impitoyable"[195] gründet jeder von ihnen eine Industrie (S. 153). Diese Bemühungen bringen hervorragende Ergebnisse hervor, wie der Präsident der

193 „Am Wahltag hatte also kein einziger Pygmäe vor dem roten, gelben und blauen Zettelhaufen gezögert, sie hatten gelb, die FDVP (Freie Demokratische Volkspartei) gewählt, deren Begründer Johannes Kraft war. Die DVP (Demokratische Volkspartei), die Partei von Martials Leuten, erhielt 14 % der Stimmen, während die NDVB (Nationaldemokratische Volksbewegung), die Partei des Doktors Kapalanschio, nur 2,64 % der Stimmen auf sich vereinigen konnte.", S. 154.

194 „Johannes Kraft entwickelte die Frankenstrategie.", S. 146.

195 „Geld ist eine erbarmungslose Waffe", S. 146.

„puissance étrangère qui fournissait les guides“ bei einem Besuch von Jean Coriace in seinem Land anerkennt: „Vous êtes un exemple scandaleux: vous avez réussi à vous équiper en moins de quarante ans. C'est à mon avis le premier, le tout premier miracle de votre continent.“[196] (S. 181)

Demokratie und nationale Unabhängigkeit bleiben in Afrika bis heute brennende Themen. Dies zeugt von der Aktualität des Romans *La vie et demie*. Dieser Text kann demnach als ein interessanter und wichtiger Beitrag zu den Debatten über diese Themen eingereiht werden. Obschon Darmellia nicht unbedingt als ein Vorbild der Demokratie[197] zu betrachten ist, soll seine Darstellung in *La vie et demie* als eine demokratische Republik und als ein der „puissance étrangère“ gegenüber wirtschaftlich unabhängiges Land gelten, um die afrikanischen Länder zur Demokratisierung und insbesondere zur Suche nach der wirklichen nationalen Unabhängigkeit durch die wirtschaftliche Unabhängigkeit anzuregen. Politik und Ökonomie: die beiden Bereiche sind unzertrennlich miteinander verbunden. Das haben der Führer Jean Coriace und seine Brüder – im Gegensatz zu den Führern von Katamalanasie, deren Machtheißhunger sich nicht überbieten lässt – wunderbar verstanden. Mit der Problematisierung des engen Zusammenhangs zwischen politischer Unabhängigkeit und ökonomischer Unabhängigkeit zeigt Sony Labou Tansi bereits in den 1970er Jahren, dass man in Afrika überhaupt nicht von einer politischen Unabhängigkeit ohne die wirtschaftliche Frage sprechen kann.

Im Unterschied zu Jean Coriace und seinen Brüdern drängt der Machtheißhunger der Führer von Katamalanasie jedes Bemühen um die ökonomische Unabhängigkeit völlig in den Hintergrund. Die Folgen daraus sind furchtbar: Katamalanasie ist wirtschaftlich völlig auf die fremde Staatsmacht

---

196 „Ihr seid ein unerhörtes Beispiel: Da geling euch doch die Industrialisierung in knapp vierzig Jahren. Meines Erachtens das erste, das allererste Wunder eures Kontinents.“, S. 174.

197 Für manch Kritiker zeichnet Sony Labou Tansi durch die Gestaltung von Darmellia ein Vorbild der Demokratie. Dennoch kann in Darmellia, wie in Katamalanasie, der Machthaber über das Leben seiner Beherrschten kurzerhand entscheiden, wie es die folgende Textstelle veranschaulicht: „Quand le général Mariane vint en visite officielle au Darmellia, trois individus essayèrent d'attenter à sa vie. Les trois bandits furent conduits devant Jean Coriace qui donna l'ordre de les fusiller sur-le-champ.“, *La vie et demie*, S. 186 (Deutsche Übersetzung: „Als daraufhin General Mariane Darmellia einen Staatsbesuch abstattete, versuchten drei Subjekte, seinem Leben ein Ende zu bereiten. Die drei Banditen wurden Johannes Kraft vorgeführt. Er befahl, sie auf der Stelle zu erschiessen.“, *Verschlungenes Leben*, S. 178).

angewiesen, die eben deswegen über alles in der Innenpolitik der Republik der Führer entscheidet, wie im vorhergehenden Abschnitt dargelegt wurde. Das Leiden des Volkes hängt auch zum Teil von diesem Sachverhalt ab. Die Überlegungen der Mächtigen von Darmellia über die nationale Unabhängigkeit scheinen als ein Echo auf folgende Worte zu sein, die man dem ersten Premierminister der heutigen Demokratischen Republik Kongo, Patrice Lumumba, zuschreibt. Patrice Lumumba soll gesagt haben: Es regiere die Hand, die gibt.

2 Sprachlich-ästhetische Enthüllung des Machthabers als „Erlöser“ in *En attendant le vote des bêtes sauvages* von Ahmadou Kourouma

2.1 Zur Erzähltechnik

1998 erscheint bei Seuil der umfangreiche Roman (381 Seiten) *En attendant le vote des bêtes sauvages*[198]. In diesem Roman thematisiert der aus der Elfenbeinküste (Côte d'Ivoire) stammende Autor Ahmadou Kourouma (geboren am 24. November 1927 in Boudiali und gestorben am 11. Dezember 2003 in Lyon), durch die Hauptfigur Koyaga die diktatorische Machtausübung in der fiktiven République du Golfe. Zu diesem Zweck bedient er sich jedoch nicht der gewöhnlichen Romanform, sondern einer eigentümlichen Form: des *Donsomana*[199], das der oralen Erzählform verpflichtet ist. Als Donsomana bezeichnet der Roman eine reinigende Zeremonie, in welcher der Griot[200] Bingo begleitet von Cordoua Tiécoura (seinem Antworter) das ganze Leben von Koyaga erzählt.

---

198 Dieser Roman wurde mit dem „Prix du Livre Inter“ ausgezeichnet. Mehr Informationen zu den Preisen, die der Schriftsteller verliehen bekommen hat, siehe Carrol F. Coates: „Le *bilakoro* à l'honneur: les prix et les titres honorifiques d'Ahmadou Kourouma“. In: *Présence Francophone*, N° 59, 2002, S. 142–152.

Der Roman *En attendant le vote des bêtes sauvages* wurde ins Deutsche übersetzt: Ahmadou Kourouma: *Die Nächte des großen Jägers* (aus dem Französischen von Cornelia Panzacchi übersetzt), Wuppertal: Peter Hammer Verlag 2000. Alle deutschsprachigen Zitate des Romans in den Fußnoten sind dieser Übersetzung entnommen.

199 Zu unterstreichen ist, dass der ursprüngliche Titel des Romans „Le «donsomana» du guide suprême“ war: „*Le titre provisoire du roman sur lequel je travaille est:* Le «donsomana» du guide suprême“, Ahmadou Kourouma: „Comment le guide suprême débarrassa le pays des quatre monstres qui le terrorisaient“. In: *Études françaises*, Vol. 31, n° 1, 1995, S. 7–11, hier S. 7. [Hervorhebung im Original].

200 Die Bezeichnung Griot ist hier kein rein literarischer Begriff. Der Griot bezeichnet in manchen Ländern Westafrikas, wie z. B., Mali, Senegal, Gambia, usw. einen einer Kaste angehörenden Sänger, Dichter, dessen soziale Funktion es ist, die mündliche Tradition zu bewahren und zu überliefern. Über diese bekannteste Rolle hinaus schreibt Ahmadou Kourouma in einem Interview dem Griot weitere Rollen zu.

Koyaga ist ein meisterhafter Jäger, aber auch Soldat. Als Unteroffizier kehrt er nach dem Abzug der französischen Kolonialstreitkräfte von den Schlachtfeldern in Indochina und Algerien in die République du Golfe zurück. Nach einem missglückten Versuch, sich in die Armee seines Landes eingliedern zu lassen, verübt er einen Putsch, wobei er den amtierenden Präsidenten Fricassa Santos der kürzlich unabhängig gewordenen République du Golfe ermordet. Grauenhaft und brutal liquidiert er dann – einen nach dem anderen – seine drei Machtkonkurrenten, mit denen er das Wohlfahrtskomitee (so nennt sich das Komitee, das nach dem Putsch die Macht vorübergehend innehat) bildet. Doch bevor er das Präsidentenamt antritt, unternimmt er eine Initiationsreise durch Afrika und lässt sich von vier erfahrenen afrikanischen Despoten beraten: Diese bringen ihm bereitwillig die Herrschaftsmethoden der Diktatur bei.

Koyaga – mittlerweile zum General ernannt – regiert diktatorisch über seine Republik und entkommt dank der magischen Kräfte seiner Mutter und seines Marabuts allen Attentaten. Er wird in seiner Diktatur durch den „Westen“ aufgrund des Kalten Krieges bis zu seinem dreißigsten Herrschaftsjahr tatkräftig unterstützt. Diese Unterstützung endet zur großen Überraschung und Enttäuschung Koyagas mit dem Ende des Kalten Krieges. Blutig niedergeschlagene Protestkundgebungen werden infolgedessen in der République du Golfe ausgelöst, die in der Konsequenz zur nationalen souveränen Konferenz führen. Gleichwohl erweist sich diese Konferenz als unfähig, die dringenden Probleme zu lösen. Koyaga regiert weiterhin. Bei einem weiteren Anschlag, dem er auch entgeht, verschwinden plötzlich seine Mutter und sein Marabut. Er unterwirft sich sodann gemäß der Empfehlung des Letzteren dem Donsomana, um die magischen Attribute – den Koran und den Meteorstein – wiedererlangen und weiter regieren zu können.

Durch diese kurze Zusammenfassung wird folgendes deutlich: „Der Roman erzählt, wie Macht errungen und wie sie verteidigt wird“[201]. Jedoch setzt sich der

---

Ihm zufolge spielt die Figur des Griots sehr wichtige Funktionen wie etwa die des Botschafters und des Protokollbeauftragten: „Alors quel est le rôle du griot? Cela dépend. À la cour, ils avaient des rôles très très importants puisqu'ils servaient, ils faisaient un peu la diplomatie et en même temps le protocole. On les envoyait à chaque fois qu'on avait une commission très très importante à faire. Ils étaient des chargés de mission et en même temps s'occupaient du protocole.“, Jean Ouédraogo: *Maryse Condé et Ahmadou Kourouma: griots de l'indicible*, New York: Peter Lang 2004, S. 137.

201 Uwe Timm: „Eine Reise in das Innere Afrikas. Ahmadou Kouroumas Roman ‚Die Nächte des großen Jägers‘“. In: *Die Zeit*, Nr. 25 vom 15.06.2000, S. 3.

Roman nicht allein aus der Geschichte Koyagas zusammen. Die lineare Struktur der Erzählung wird immer wieder durch die Geschichte jeder neu eingeführten Figur unterbrochen, wie Madeleine Borgomano es auch feststellt:

> [L]e récit ne cesse de briser le déroulement chronologique de l'histoire pour entraîner le temps dans une série de boucles. À chaque introduction d'un personnage nouveau, le récit repart en arrière pour raconter son entière biographie. L'avancée linéaire du récit est sans cesse contrariée par des récits rétrospectifs (analepses) refermés en boucles.[202]

Erscheinen die Geschichten von Koyagas Vater und Mutter sowie die des Intellektuellen Maclédio (der Orientierungsminister Koyagas und eine unumgängliche Person seines politischen Systems) untrennbar von der Koyagas selber, so ist es interessant hervorzuheben, wie die Erzählungen über die weiteren Machtfiguren zustande kommen. Der Vorwand, der zu den Erzählungen über vier andere Diktatoren, nämlich den Präsidenten der République des Ébènes, den Kaiser des Pays aux Deux Fleuves, den Präsidenten der République du Grand Fleuve und den König des Pays des Djebels, führt, ist die zuvor erwähnte Initiationsreise der Hauptfigur. Ahmadou Kourouma zeigt dadurch auf, dass das Problem der Diktatur keine „chasse gardée" (d.h. keine typische Abnormität) der République du Golfe ist. Dieses Problem betreffe, wenn nicht den ganzen afrikanischen Kontinent, so doch viele Länder dieses Kontinents. Kourouma unterscheidet sich in dieser Darstellungsweise der Diktatur von anderen Schriftstellern, indem er die Diktatur als ein auf afrikanischer Ebene allgemeines Problem schildert: „Cet apprentissage devient le prétexte d'un vaste tour d'Afrique, qui élargit le problème des régimes dictatoriaux aux dimensions d'un continent."[203] Andere afrikanische Schriftsteller, die sich in ihren Texten mit der Willkürherrschaft auseinandergesetzt haben, wie Sony Labou Tansi, haben diese Problematik nur auf ein einziges fiktives Land beschränkt[204]. Im Unterschied zu Sony Labou Tansi, der seine Machthaber aktiv agieren lässt, verbleibt die Hauptfigur Koyaga, wiewohl er ab und zu Erklärungen mancher seiner Handlungen liefert, hauptsächlich passiv. Dieser Sachverhalt ist von der mündlichen Erzählform des Romans abhängig: dem Donsomana. Das Donsomana gibt der ganzen Erzählung die Form eines Berichtes.

---

202 Madeleine Borgomano: *Des hommes ou des bêtes?*, a. a. O., S. 31.

203 Madeleine Borgomano: *Des hommes ou des bêtes?*, a. a. O., S. 59.

204 Obschon diese Schriftsteller das Problem der Diktatur anhand nur eines fiktiven Staates schildern, lässt dies sicher nicht den Rückschluss zu, dass dieses Problem nur noch den fiktionalisierten Staat angeht.

Es ist hier angebracht, auf die Bedeutung des Donsomana zurückzukommen. Es ist, wie zuvor dargestellt, die Erzählung vom Leben von Koyaga, der dennoch eine kathartische Funktion zugeschrieben wird:

> Tout est donc prêt, tout le monde est en place. Je dirai le récit purificatoire de votre vie de maître chasseur et de dictateur. Le récit purificatoire est appelé en malinké un *donsomana*. C'est une geste. Il est dit par un sora accompagné par un répondeur *cordoua*. Un cordoua est un initié en phase purificatoire, en phase cathartique. Tiécoura est un cordoua et comme tout cordoua il fait le bouffon, le pitre, le fou. Il se permet tout et il n'y a rien qu'on ne lui pardonne pas.[205] (S. 10)

Diese metasprachliche Erklärung richtet sich viel mehr an den Leser und nicht an den Hauptadressaten des Donsomana[206], d. h., Koyaga, wie die Formulierung des Griots es vermuten lässt. In seiner Eigenschaft als ein meisterhafter Jäger weiß Koyaga sicherlich bereits, was ein Donsomana ist. Außerdem hat er diese Zeremonie bestellt. Der Griot-Erzähler spricht durch diese Erklärung den Leser an und erregt damit seine Aufmerksamkeit und seine Neugier. Dadurch fordert der Erzähler den Leser dazu auf, an dem Donsomana zu partizipieren. Dem Leser fällt bei der Vorstellung des Donsomana besonders die Rolle von Tiécoura auf. Seine Rolle entspricht der Funktion des mittelalterlichen Hofnarren. Er macht von seiner Narrenfreiheit Gebrauch, um ungestraft beißende Kritik an Koyaga zu üben, um die bittere Wahrheit über ihn zu sagen. Darüber hinaus erscheint die Schilderung der Funktion von Tiécoura als ein Übergang zur Enthüllung des Inhalts des Donsomana durch Tiécoura selber:

> Président, général et dictateur Koyaga, nous chanterons et danserons votre donsomana en cinq veillées. Nous dirons la vérité. La vérité sur votre dictature. La vérité sur

205 „Alles ist bereit, alle sind an ihrem Platz. Ich werde die reinigende Erzählung deines Lebens als großer Jäger und Diktator vortragen. Auf Malinke nennt man eine reinigende Erzählung *Donsomana*. Sie ist ein Heldengedicht. Ein Sora trägt sie vor, der von einem *Cordoua*-Antworter begleitet wird. Ein Cordoua ist ein Initiierter in der Phase der Reinigung, in der Katharsis. Tiécoura ist ein Cordoua, und wie jeder Cordoua ist er der Spaßmacher, der Hanswurst, der Narr. Er erlaubt sich alles, und es gibt nichts, das man ihm nicht verzeiht.“, S. 8.

206 Ähnlich argumentiert auch Ibrahima Wane in: ders.: „Transgressions, concessions et conciliations ou l'altérite dans *En attendant le vote des bêtes sauvages* d'Ahmadou Kourouma“, a. a. O. Ihm entsprechend stellen diese Äußerungen des Griots weniger ein Pakt mit dem Hörerkreis der Erzählung als eine Art Reiseführer („guide“) für den westlichen Leser dar. Die Erklärung wird jedoch allgemein an die Leserschaft gerichtet, die dem hier in frage kommenden Kulturkreis nicht angehört.

vos parents, vos collaborateurs. Toute la vérité sur vos saloperies, vos conneries; nous dénoncerons vos mensonges, vos nombreux crimes et assassinats ...[207] (S. 10)

Dieser Kommentar von Tiécoura fungiert auch als eine kurze Zusammenfassung des Romans, denn tatsächlich enthüllt und prangert der Roman Koyagas Untaten in allen Einzelheiten an.

Über Koyagas Untaten hinaus werden in der Romanhandlung auch die Verbrechen weiterer Machthaberfiguren an den Pranger gestellt. Das Donsomana wird in diesem Fall zu einem Prozess: „Le donsomana prit dans son ensemble devient alors le procès de Koyaga et ses pairs, le procès de la dictature, le procès d'une Afrique noire ›mal partie‹"[208]. Somit erscheint Koyagas Donsomana, wie manche Kritiker dies bereits festgestellt haben, deutlich als eine Parodie, zumal das traditionelle Donsomana sich nur noch auf die Heldentaten der Jäger bezieht[209].

Obgleich der Autor nicht systematisch mit seinen Figuren gleichzustellen ist, kann eines eingeräumt werden: Der zuvor wiedergegebene Kommentar von Tiécoura erhellt die Tatsache, dass der Autor über die Fiktion darauf abzielt, „die Gemeinheiten", „die Schweinereien", „die Lügen", „die Verbrechen" und „Morde" afrikanischer Diktatoren zu brandmarken.

Der Antworter geht öfters über eine bloße Anprangerung von Koyagas politischen Missetaten hinaus. Er verhöhnt und verspottet auch den Diktator Koyaga. Die zwei nachfolgenden Textstellen beweisen den Hohn und Spott des Antworters Tiécoura:

---

207 „Präsident, General und Diktator Koyaga, wir werden an sechs [sic!] Abenden dein Donsomana singen und tanzen. Wir werden die Wahrheit sagen. Die Wahrheit über deine Diktatur. Die Wahrheit über deine Verwandten, deine Mitstreiter. Die ganze Wahrheit über deine Gemeinheiten, über deine Schweinereien; wir werden deine Lügen anprangern, die zahlreichen Verbrechen und Morde, die du begangen hast ....", S. 8. (Man achte auf die folgende Abweichung in der Übersetzung: die Zahl der Abende ist verschieden – im Original sind es fünf und in der Übersetzung sechs).

208 Bintou Bakayoko Kamalan: „Le Donsomana ou les «quatre vérités» de Kourouma". In: Bi Kacou Parfait Diandué (Hrsg.): *Actes du colloque «Ahmadou Kourouma, un écrivain total» des 18, 19 et 20 Septembre 2013*, a. a. O., S. 7–24, hier S. 16.

209 „Chez les Bambara et les Maninka (Mali, Gambie, Guinée, Sénégal oriental), on a coutume de parler de *donsomaana*, ce qui pourrait se traduire par «récits de chasse», à propos des chants épiques qui se rapportent aux différents épisodes glorieux de la vie des héros chasseurs", Jean Derive (Hrsg.): *Des hommes et des bêtes: chants de chasseurs mandingues*, Paris: Classiques Africains 1999, S. 32, zitiert nach Madeleine Borgomano: *Des hommes ou des bêtes?*, a. a. O., S. 24.

- Le dictateur aux mille surnoms était là, dans les bras de sa mère, bien vivant, bien entier, le sourire aux lèvres. Les mauvaises herbes ne meurent jamais, ajoute avec son rire diabolique le cordoua.[210] (S. 274)
- Et aussi de gros coureur de femmes d'autrui, les femmes des citoyens. Ajoute malicieusement le répondeur.[211] (S. 282)

An dieser Stelle gilt zu erwähnen, dass manche Kritiker in der Stilisierung der diktatorischen Herrschaften die pure Realität sehen. Uwe Timm schreibt bezüglich der Eigenschaften der dargebotenen Machthaberfiguren folgendes: „Diese politischen Machthaber sind in ihrer Raffgier, Dummheit, Eitelkeit und Mordlust keine literarisch überzeichneten Grotesken, sondern afrikanische Realität."[212] Für Manfred Loimeier sind „einige Passagen im Reportagestil" verfasst, „in denen Kourouma die Abartigkeiten afrikanischer Diktatoren realistisch und unverfremdet" dokumentiere[213].

Der realistische Charakter der Darstellung von politischer Macht in *En attendant le vote des bêtes sauvages* hat dazu geführt, dass einige Kritiker die Machthaberfiguren mit den entsprechenden historischen Staatspräsidenten identifiziert haben, die hier fiktionalisiert werden. So sei die Hauptfigur Koyaga der verstorbene togoische Präsident Gnassingbé Eyadema; Tiékoroni, der Diktator der République des Ébènes, sei die fiktive Figur des früheren ivorischen Staatschefs, Félix Houphouët-Boigny. Der Kaiser Bossouma des Pays aux Deux Fleuves entspreche dem Ex-Kaiser Jean-Bedel Bokassa der zentralafrikanischen Republik, der Mann mit Leoparden-Totem dem 1997 gestürzten Präsidenten Mobutu Sese Seko des damaligen Zaïre. Der König des Pays des Djebels sei der verstorbene marokkanische König Hassan II. und das Vorbild des Diktators der République

210 „- Der Diktator mit den tausend Beinamen war dort, in den Armen seiner Mutter, am Leben, unversehrt, mit einem Lächeln auf den Lippen. Unkraut vergeht nicht, kommentiert der Cordoua unter diabolischem Gelächter.", S. 255.

211 „- Und auch einem großen Schürzenjäger, der den Frauen anderer Männer, den Frauen der Bürger, nachstellt, fügt der Antworter boshaft hinzu.", S. 262 f.

212 Uwe Timm: „Eine Reise in das Innere Afrikas. Ahmadou Kouroumas Roman ‚Die Nächte des großen Jägers' ", a. a. O., S. 3. Madeleine Borgomano ist der entgegengesetzten Meinung; für sie sind die Machthaberfiguren nichts anderes als „Karikaturen": „les personnages malgré leurs ressemblances saisissantes avec leurs modèles «réels», sont des caricatures lourdement chargées", Madeleine Borgomano: *Des hommes ou des bêtes?*, a. a. O., S. 154.

213 Manfred Loimeier: „Ahmadou Kourouma". In *Munziger online/edition text + kritik Kritisches Lexikon der fremdsprachigen Gegenwartsliteratur* (KLfG), Stand: 04.10.2004.

des Monts, Nkoutigui Fondio, sei Sékou Touré, der frühere Präsident von Guinea[214].

Trotz der realistischen Darstellung, der Tatsache, dass die Wesenszüge der Herrschenden denen einiger politisch-historischer Persönlichkeiten entsprächen und trotz des ‚Glaubensbekenntnis' des Verfassers, dass alles Dargestellte wahr sei[215], soll der Roman keineswegs wie ein Geschichtsbuch gelesen werden, zumal es sich nicht um eine bloße Wiedergabe der Realität handelt, worauf auch Madeleine Borgomano mit Recht hinweist: „Il ne s'agit pas d'un livre d'histoire, et si «tout est vrai», tout est masqué (à commencer par les noms propres) et tout passe par le prisme de la fiction, par la complexité des niveaux d'énonciation. Et surtout par le sarcasme, forme dure de l'ironie."[216]

Die Ironie, die Satire, die Karikatur sowie die Übertreibung (manche Handlungen der Mächtigen werden offenbar aufgebauscht) sind u. a. die Merkmale von Ahmadou Kouroumas Text. Diese dienen dazu, die Realität literarisch zu verarbeiten. Die historisch stattgefundenen Ereignisse werden meist parodiert. Ein weiteres frappierendes Merkmal ist die bildhafte Sprache durch Sprichwörter. Der Text ist mit Sprichwörtern ausgeschmückt worden. Doch nicht alle haben einen Bezug auf die politische Macht. Die Sprichwörter, die sich auf die politische Macht beziehen, dienen offenbar dazu, die stilisierte Macht besser zu konturieren und anschaulicher zu charakterisieren. Folgende Beispiele sollen davon überzeugen: „Le pouvoir est une femme qui ne se partage pas. Dans un

---

214 Vgl. u. a. Comi M. Toulabor. In: *Politique africaine*, n° 75, octobre 1999, S. 171; Gudrun Honke: „Voltaire heißt heute Ahmadou Kourouma", Nachwort zu Ahmadou Kourouma: *Die Nächte des großen Jägers*, a. a. O., S. 353–358, hier S. 358; Bi Kacou Parfait Diandué: *Histoire et fiction dans la production romanesque d'Ahmadou Kourouma*, a. a. O.

215 Bezüglich seines Romans *En attendant le vote des bêtes sauvages* wiederholt Ahmadou Kourouma in Interviews unermüdlich, dass das, was er geschildert hat, wahr sei, dass nichts übertrieben sei: „De toute façon, ce que je dis des dictateurs n'est pas excessif, ce que je dis est vrai. Ce sont des choses qui ont été. Ce que je dis de Houphouët, ce que je dis de Bokassa et des autres a déjà été écrit. C'est l'histoire.", Ahmadou Kourouma in einem Interview mit Yves Chemla. In: *Notre Librairie*, N° 136, janvier–avril 1999, S. 27. „Les gens pensent que ce que je raconte dans mon livre relève de la fiction alors qu'il s'agit de faits réels", Interview mit Thibault Le Renard und Comi Toulabor: „Entretien avec Ahmadou Kourouma". In: *Politique africaine*, n° 75, octobre 1999, S. 178–183, hier S. 179.

216 Madeleine Borgomano: „En attendant le vote des bêtes sauvages: à l'école des dictatures", a. a. O., S. 158.

bief il ne peut exister qu'un hippopotame mâle.“[217] (S. 110), „il ne peut exister deux hippopotames mâles dans un seul bief“[218] (S. 200), „*Dans un pouvoir despotique la main lie le pied, dans la démocratie c'est le pied qui lie la main*“[219] (S. 226, Hervorhebung im Original) Dieses letzte Bild verweist deutlich auf die Umkehrung des demokratischen Unterordnungsverhältnisses in dem despotischen Machtsystem, was ja im Roman aufgezeigt wird.

Der Autor prangert nicht nur die Despoten an, die ihre Macht doch zu legitimieren versuchen, sondern auch die Intellektuellen ihrer Regime sowie die magischen Praktiken. Dieser Auffassung ist auch Uwe Timm, wenn er folgendermaßen kommentiert: „Nicht nur über die Darstellung der Aufgeblasenheit, Verlogenheit der Mächtigen und der in ihren Diensten stehenden Intellektuellen, er kritisiert auch zentrale Bestandteile der westafrikanischen Mentalität, darunter den ungebrochenen Glauben an Magie.“[220] Die Intellektuellen, die den fiktiven Machthabern mit Leidenschaft und Eifer dienen, tragen erheblich zur Errichtung der Diktatur bei. Die Praxis der Magie durch die Herrscher wird nicht einfach kritisiert. Der Autor scheint ihr eine zur Willkürherrschaft beitragende Rolle zuzuschreiben: Die Magie übt nicht lediglich einen beträchtlichen Einfluss auf die Politiker aus; eine abstrakte Gewalt wird auch ihretwegen angewandt. Außerdem durchleuchtet der Autor in *En attendant le vote des bêtes sauvages* die Rolle des Kalten Krieges bei der Einsetzung furchtbarer Diktatoren in Afrika.

2.2 Einrichtungsprozess der diktatorischen Herrschaft in *En attendant le vote des bêtes sauvages*

Der Versuch, nicht nur das Funktionieren einer Diktatur zu thematisieren, sondern vor allem den Prozess der Errichtung von einer diktatorischen Herrschaft vorzustellen, macht die auffälligste Besonderheit des Romans von Ahmadou Kourouma aus[221]. Eine solche Stilisierungsweise stellt einen weiteren

---

217 „Die Macht ist wie eine Frau: Man kann sie nicht aufteilen. In einem Sumpf kann nur ein einziger Flußpferdbulle leben.“, S. 101.

218 „es kann aber nicht zwei Flußpferdbullen im gleichen Revier geben.“, S. 185.

219 „*Wo ein Despot an der Macht ist, fesselt die Hand den Fuß, während in der Demokratie der Fuß die Hand fesselt.*“, S. 209 [Hervorhebung im Original].

220 Uwe Timm: „Eine Reise in das Innere Afrikas. Ahmadou Kouroumas Roman ‚Die Nächte des großen Jägers‘ “, a. a. O., S. 2.

221 Für Bernard Moralis, der Ahmadou Kourouma als „Erneuerer“ („innovateur“) bezeichnet, versucht der hier untersuchte Roman, die Frage zu beantworten, wie man ein Diktator wird; Bernard Moralis: „Ahmadou Kourouma (1927-2003) ou l'Innovateur“. In: Boniface Mongo-Mboussa (Hrsg.): *L'engagement de l'écrivain*

Unterschied zwischen ihm und Sony Labou Tansi heraus, der in seinem Roman *La vie et demie* eher das Funktionieren der Diktatur in allen Einzelheiten offenlegt. Durch die Erzählung vom Werdegang der Zentralfigur Koyaga und auch den Biographien der anderen Staatsherrscher, bei denen sich Koyaga vor seinem Amtsantritt als Präsident belehren lässt, stellt Kourouma den Leser sozusagen in die Mitte des Vorgangs der Errichtung einer Diktatur im postkolonialen Afrika zur Zeit des Kalten Krieges. Der Autor stellt das Ziel seines damals noch zu veröffentlichenden Romans folgendermaßen klar:

> Maintenant quant au troisième roman qui va sortir l'an prochain, c'est *La Guerre froide*. Personne ne peut se rendre compte de ce qu'a fait la guerre froide chez nous. Toutes les grandes dictatures que nous avons eues, tous les crimes, les Mobutu, les Bokassa, les Idi Amin, ce sont des créations de la guerre froide. Et c'est ce que j'ai voulu dénoncer.[222]

Bei näherer Betrachtung des Textes zeigt sich jedoch, dass die Errichtung diktatorischer Herrschaft nicht allein auf den Kalten Krieg zurückzuführen ist: Die geschilderte Gewaltherrschaft tritt vielmehr als Resultat des Zusammenwirkens verschiedener Faktoren in Erscheinung. Aus der ästhetischen Verflechtung der dargestellten Ereignisse lassen sich im Treiben stilisierter Machtfiguren auch weitere Aspekte erkennen, die zur Einrichtung diktatorischen Systems in ihrem jeweiligen Staat beitragen. Dementsprechend lassen sich die Faktoren, die im Roman zur Errichtung eines solchen Systems führen, in zwei Kategorien unterteilen: einen äußeren Faktor und drei innere Faktoren. Der Kalte Krieg bildet den äußeren Faktor. Er wird in der Folge zunächst analysiert. Diese Entscheidung lehnt sich an die Hauptintention des Romans an, der den Kalten Krieg als die Hauptursache der Diktaturen in Afrika in der zweiten Hälfte des 20. Jahrhunderts betrachtet. Wie im Folgenden auszuführen sein wird, rechnet der Roman den Aufstieg stilisierter Diktatoren an die Macht und deren Erhalt zunächst auf die Unterstützung an, die diese wegen des Ost-West-Konflikts erhalten haben.

2.2.1 Die Rolle des Kalten Krieges

Der Kalte Krieg ist ein vollkommen äußerer Faktor, jedoch mit großen Auswirkungen auf Afrika ohne eine einzige Quelle in Afrika: Der geopolitische Gegensatz zwischen dem kommunistischen Osten und dem kapitalistischen Westen

---

africain: Hommage à Ahmadou Kourouma, Paris: L'Harmattan 2004, S. 123- 125, hier S. 125.

222 Jean Ouédraogo: „Entretien avec Ahmadou Kourouma". In: *The French Review*, Vo. 74, No. 4, 2001, S. 772–785, hier S. 774. Das Interview wurde am 24. November 1997 durchgeführt.

bedeutet in der Phase der Entkolonialisierung und besonders in der Phase von der Unabhängigkeit bis 1989, dass beide Lager versuchen, Einfluss auf die neugegründeten Staaten Afrikas zu gewinnen. Für den Westen besteht das entscheidende Kriterium dafür, welche der afrikanischen Staaten als Bündnispartner behandelt werden, darin, dass sie antikommunistisch ausgerichtet sind. Alles andere war nur relativ oder sogar irrelevant. Die Suche nach dem ausschließlichen Einfluss auf die afrikanischen Staaten durch die beiden Lager hat die Einsetzung von Diktatoren in Afrika sowie deren unerschütterliche Unterstützung bedingt. Madeleine Borgomano bestätigt diese Auffassung: „Le système des deux blocs antagonistes qui a régi la vie internationale jusqu'en 1989 et à la chute du mur de Berlin a profondément conditionné l'Afrique. Il explique l'inexplicable: l'appui apporté (en toute connaissance de cause?) à des régimes corrompus, criminels et souvent caricaturaux.“[223] Wenn auch Borgomano nicht zu glauben scheint, dass die Unterstützung der diktatorischen Regimes gezielt war, zweifelt der Roman jedoch nicht daran: Vor allem das kapitalistische Lager unterstützt die fiktionalisierten historischen Machthaber, obwohl es genau weiß, dass diese Gewaltherrscher sind.

Um seinen Einfluss in Afrika dauerhaft aufrechtzuerhalten, wählt der Westen Menschen aus, die er in die Machtpositionen einsetzt. Diesem Schritt folgt ein Manöver zur internationalen Anerkennung des neuen Präsidenten. Die nachfolgende Textstelle beschreibt ironisch, wie dies geschieht: Nach seiner Einsetzung an die Macht wird der von de Gaulle Erwählte von den Staatschefs des Westens und der USA empfangen und zu seinem Antikommunismus herzlich beglückwünscht.

> De Gaulle dépêchait aussitôt un avion Caravelle cueillir le récent chef d'État: celui-ci, la préférée de ses épouses et ses valets […]
> La Caravelle et des Mercedes les rembarquaient et les transportaient jusqu'à Paris, jusqu'au perron de l'Élysée. Au nez et à la face de l'univers médusé, le général de Gaulle en personne confirmait le plébiscité dans sa nouvelle charge de magistrat suprême en l'interpellant «Excellence monsieur le Président ». Il le félicitait pour son anticommunisme vigilant. La reine d'Angleterre et le président des USA – la guerre froide obligeait – recevaient le nouveau président avec le protocole d'État.[224] (S. 83)

---

223 Madeleine Borgomano: *Des hommes ou des bêtes?*, a. a. O., S. 69. Siehe auch eine ähnliche Meinung bei derselben Kritikerin, dies.: „Écrire, c'est répondre à un défi“. In: *Notre Librairie*, n° 155-156, Juillet-décembre 2004, S. 136-143.

224 „De Gaulle schickte darauf immer ein Flugzeug vom Typ Caravelle, um den neuen Staatschef nach Frankreich zu holen: ihn selbst, seine Lieblingsfrau und seine Lakaien. […] Caravelle und Mercedeslimousinen brachten sie sodann nach Paris, bis an den Aufgang des Elysée-Palasts. Vor der Nase und im Angesicht des verblüfften Universums bestätigte General de Gaulle den durch Volksabstimmung Erwählten in seinem neuen Amt als oberster Richter, indem er ihn mit »Eure Exzellenz, Herr Präsident«

In dieser eigentlich langen, aber hier verkürzt abgedruckten Textstelle fällt auf, dass der Verfasser sich nicht über die Beschreibung der Rolle des Kalten Krieges auslässt. Dennoch ist es ihm meines Erachtens gelungen, mit wenigen Worten – nämlich „anticommunisme vigilant" („stramme[...] antikommunistische[...] Haltung") und dem eingeschobenen Satz „la guerre froide obligeait" („der Kalte Krieg verpflichtete") – die Bedeutung des Kalten Krieges in den internationalen Beziehungen zwischen Afrika, dem Westen und den USA glasklar hervorzuheben. Vor allem der eingeschobene Satz weist darauf hin, dass die Königin von England und der Präsident der USA den von de Gaulle erwählten afrikanischen Machthaber ohne den Kalten Krieg überhaupt nicht „mit einem Staatsempfang" ehren würden. Dass der Verfasser das wichtigste mit wenigen Worten hervorheben kann, ist eine interessante Schreibästhetik.

Die Einsetzung eines Staatschefs an die Macht kann gewaltlos, aber auch mit Gewaltanwendung stattfinden. Ahmadou Kourouma demonstriert diese Tatsache am Beispiel von Koyaga. Koyaga hat sich an die Macht geputscht und seinen Vorgänger grausam ermordet. Zwar hat die Magie dabei eine bedeutende Rolle gespielt (siehe nachfolgend das Unterkapitel 2.2.2), dennoch hätte Koyaga seinen Putsch ohne die Zustimmung des Westens nicht erfolgreich verüben können: „À votre surprise, il [Tiékoroni] vous annonça, à vous Koyaga, qu'il avait été informé à l'avance de votre intention de perpétrer votre coup d'État. Vous l'aviez réussi parce que l'Occident [...] ne l'avait pas jugé contraire aux intérêts du camp occidental."[225] (S. 191)

Nach ihrer Einsetzung in die Machtpositionen schreibt der Westen jedem der afrikanischen Machthaber die Rolle zu, das liberale Lager in Afrika zu verteidigen. Nachfolgende Textpassagen betreffend Tiékoroni und den Mann mit Totem Schakal sind überzeugende Belege. In diesen Passagen entgeht dem Leser die Ironie des Verfassers nicht. Ahmadou Kourouma bezeichnet die beiden hier

---

ansprach. Er beglückwünschte ihn zu seiner strammen antikommunistischen Haltung. Die Königin von England und der Präsident der USA – der Kalte Krieg verpflichtete – ehrten den neuen Präsidenten mit einem Staatsempfang.", S. 76.

225 „Zu deiner Überraschung teilte er [Tiékoroni] dir, Koyaga, mit, daß er von deiner Absicht, einen Staatsstreich durchzuführen, schon vorher unterrichtet gewesen war. Der Coup war dir gelungen, weil der Westen [...] der Ansicht gewesen war, daß er den Interessen des westlichen Lagers nicht zuwiderlief.", S. 176 f. Sich auf dieselbe Textstelle beziehend kommentiert Madeleine Borgomano den Putsch von Koyaga als „einen ferngesteuerten Putsch": „Ainsi, lors de son voyage initiatique, Koyaga apprend d'abord que son putsch a été télecommandé.", Madeleine Borgomano: *Des hommes ou des bêtes?*, a. a. O., S. 144.

infrage kommenden Machthaber als „Führer" bzw. „Anführer" in einem Kampf (der Kampf gegen den Kommunismus), der sie eigentlich nichts angeht:

> Son discours et son accent se lèvent si sincère que la France, l'Amérique et tout l'Occident le désignèrent comme fer de lance de la guerre froide, le leader en Afrique de l'Ouest de la lutte anticommuniste.[226] (S. 191)
> C'est ce monarque que l'Occident avait choisi pour diriger la guerre froide dans les États africains. Il accomplissait avec conscience et intelligence sa mission. Chaque fois qu'un peuple en Afrique se rebellait contre son oppresseur, le roi prélevait un détachement sur les forces combattantes contre les maquisards du Sahara et l'envoyait réduire la révolution.[227] (S. 266)

Solange die Staatsregierenden ihren Aufträgen gerecht werden, – der Monarch „erfüllt seinen Auftrag gewissenhaft und mit Scharfsinn" – sind sie demnach gesichert, ihre Macht zu erhalten. Ihre niederträchtigen Handlungen (Folter, Morde, usw.) werden durch den Westen nicht gebrandmarkt, gerade deswegen, weil man sie nicht in ihrem Kampf gegen den Kommunismus „entmutigen" darf, wie das Beispiel von Koyaga es illustriert:

> Vous voilà considéré comme le roc sur lequel se brisent les vagues du communisme international montant sur l'Afrique. Les médias et l'opinion publique du monde libre n'ont plus le droit de vous critiquer. On ne démoralise pas un soldat au front avec des critiques sur sa méthode et sa technique de maniement du fusil.[228] (S. 288)

Das Nicht-Kritisieren der verachtenswerten Handlungen der Machthaber stellt irgendwie eine Garantie dar, aus der sich ein fruchtbarer Boden für die Diktatur herausbildet. Es herrscht sodann in den Ländern, deren Regierende die

---

226 „Seine mit großer Eindringlichkeit verkündeten Bekenntnisse hören sich so ehrlich an, daß Frankreich, Amerika und der ganze Westen ihn zur Speerspitze des Kalten Krieges bestimmen und zum Führer Westafrikas im Kampf gegen den Kommunismus.", S. 176.

227 „Das ist der Monarch, den der Westen ausersehen hatte, den Kalten Krieg in den afrikanischen Ländern anzuführen. Er erfüllte seinen Auftrag gewissenhaft und mit Scharfsinn. Jedesmal, wenn ein afrikanisches Volk sich gegen seinen Unterdrücker erhob, zog der König ein Kontingent der Streitkräfte ab, die gegen die Widerstandsbewegung in der Sahara kämpften, und entsandte sie, die Revolution niederzuschlagen.", S. 246.

228 „Jetzt endlich bist du weltweit als der Felsen anerkannt, an dem sich die Wogen der internationalen kommunistischen Flut brechen, die Afrika hinwegzuspülen droht! Die Medien und die öffentliche Meinung der freien Welt haben von jetzt an kein Recht mehr, dich zu kritisieren. Einen Frontsoldaten darf man nicht entmutigen, indem man kritisiert, wie er mit der Waffe umgeht.", S. 268 f.

Garantie und den Schutz des Westens genießen, eine furchtbare Willkürherrschaft. Willkürliche Inhaftierung von vermeintlichen Gegnern, grausame Folter, grauenhafte Tötung politischer Gegner, Entrechtung, usw. finden zu großer Entrüstung der Bevölkerungen, aber doch zu großer Freude der Tyrannen statt, die sich auf die Unterstützung des Westens verlassen dürfen. Der Text enthält unzählige Handlungen dieser Art.

Ahmadou Kourouma will durch die Zeichnung dieser grausamen Folgen den Leser von dem unleugbar erheblichen Beitrag der ideologischen Gegnerschaft zwischen dem Ost- und dem West-Block zur Einrichtung und Konsolidierung der Gewaltherrschaft in Afrika nach 1960 überzeugen. Obschon er dem Leser die verheerenden Auswirkungen des Kalten Krieges auf den afrikanischen Kontinent ohne offene Stellungnahme vor Augen führt, bildet allein die Darstellung dieser negativen Folgen doch eine Kritik an der Rolle des liberalen Lagers in der desaströsen politischen Lage Afrikas in der Phase nach der Unabhängigkeit afrikanischer Länder. Gerade im Punkt ausländischen Eingreifens in die Politik afrikanischer Staaten gilt es, eine Parallele zwischen *En attendant le vote des bêtes sauvages* und *La vie et demie* von Sony Labou Tansi zu ziehen. Das Eingreifen ausländischer Mächte in die innenpolitischen Angelegenheiten afrikanischer Länder wird auch im letzteren Text thematisiert. Dennoch weisen die beiden Texte einen Unterschied auf: Während der Roman von Sony Labou Tansi die Rolle der „führerexportierenden fremden Staatsmacht" scharf anprangert, stellt der Text von Ahmadou Kourouma, wie zuvor dargelegt, die schlimmen und verbrecherischen Folgen der Unterstützung des kapitalistischen Lagers ohne eine offene Stellungnahme vor. Da er jedoch genau diese Folgen in den Fokus nimmt, stellt dies auch eine nicht weniger beißende Kritik dar. Die unausgesprochene Kritik lautet ungefähr: Indem sie wegen des Kalten Krieges furchtbare Diktatoren in Afrika unterstützt haben, die kriminelle Taten begangen haben, sind der Westen und die kapitalistische Welt verantwortlich für diese Taten.

Der Kalte Krieg bildet eine gewichtige Ursache der Gewaltherrschaft in Afrika nach der Unabhängigkeit. Jedoch kommen zu diesem Faktor auch weitere Faktoren hinzu, die eine nicht unbedeutende Rolle bei der Einrichtung der Willkürherrschaft in Afrika gespielt haben. Diese können dem Treiben der afrikanischen Machthaber selbst zugeschrieben werden; darunter befindet sich die Praxis der Magie.

2.2.2 Die einheimischen Wurzeln: die Magie

Dem Leser fällt beim Lesen des Textes die markante Präsenz der Magie auf. Die Magie funktioniert in Afrika in der kollektiven Vorstellungswelt als eine Lebens-, eine spirituelle Praxis. Die frappierende Präsenz der Magie, welche den westlichen Leser langweilen kann[229], wird durch die Omnipräsenz von magischen Praktiken und Riten sowie zahlreichen Marabuts und Zauberern materialisiert. Die meisten dargestellten Machthaber verfügen über Marabuts und Zauberer, die ihnen zu Diensten stehen. Die Praxis der Magie könnte als ein Zurückgreifen auf eine jahrhundertelange spirituelle Praxis gedeutet werden, freilich vollziehen die Marabuts und die Zauberer hier nicht das, was ihre Aufgabe war: sich hauptsächlich um das Wohlergehen der ganzen Gemeinschaft zu kümmern.

Die Marabuts und Zauberer im Roman stehen nicht mehr im Dienst der ganzen Gemeinschaft; sie stehen nur noch im Dienst einzelner Personen und zwar der Mächtigen. Sie spielen somit eine erhebliche Rolle bei der Erringung der Macht sowie deren Erhalt. Koyaga, der Protagonist, erwirbt die Macht auch mithilfe der Magie. Für die Herrschenden erweist sie sich demnach als eine positive Sache. Diese von den Machtfiguren als eminent positiv angesehene Rolle magischer Kräfte wird jedoch vom Verfasser ästhetisch-stilisierend diskreditiert, indem er – um einmal den Fotografie- bzw. Filmjargon zu verwenden – die abstoßenden Taten, die entweder mithilfe oder im Namen der Magie vollzogen werden, in Großaufnahme zeigt. In den verschiedenen gezeichneten Staaten bzw. Republiken tritt eben dadurch die Praxis der Magie in der politischen Sphäre als eine gewichtige Quelle des Bösen, nämlich einer grauenhaften Gewalt, zutage.

Die Hauptfigur Koyaga, wie oben angekündigt, erwirbt die Macht teilweise mithilfe von Magie. Teilweise, da er, wie im vorhergehenden Unterkapitel ausgeführt wurde, seinen erfolgreichen Putsch auch dem Westen verdankt. Im nachstehenden Passus zeigt der Erzähler die dominierende Rolle der Magie bei diesem Putsch, indem er der materiellen (d.h. rational-pragmatischen) Vorbereitung die magische (mystische) vorangehen lässt. Dass Koyaga seiner Mutter, der Zauberin, und dem Marabut, als ersten Personen von seinem makabren Mordprojekt erzählt und sich von ihnen magisch vorbereiten lässt, deutet darauf hin, dass er der Magie mehr Wirkung beimisst:

> Pendant deux semaines, Koyaga avait pu rencontrer et discuter avec la maman, la magicienne, et le marabout Bokano. Koyaga avait pu tranquillement faire part au marabout et à la magicienne de sa décision d'assassiner le Président. Le marabout et la maman avaient pu tout tranquillement lui fabriquer tous les talismans, lui apprendre les paroles des prières magiques qui pouvaient lui permettre de réussir son forfait. Ils avaient pu lui

229 Diesen Standpunkt bestätigt Madeleine Borgomano, eine Europäerin, die sogar vom Schockieren spricht: „La prégnance de cette magie, son omniprésence est même ce qui frappe et *choque le plus le lecteur non africain de ce roman.*“, Madeleine Borgomano: *Des hommes ou des bêtes?*, a. a. O., S. 154. [Hervorhebung von mir].

indiquer tous les sacrifices qu'il fallait exposer, tous les sortilèges qu'il fallait manipuler pour briser les puissantes protections magiques du Président. Koyaga avait eu le temps de se couvrir de tous les talismans. En bref, Koyaga avait pu se préparer, bien préparer magiquement.[230] (S. 88 f.)

Ähnlich wie die magische dauert die materielle Vorbereitung ebenfalls zwei Wochen. Dennoch wird in der Logik des Romans doch die ‚Überautorität' der Magie unterstrichen: Nicht nur durch das Voranstellen magischer Vorbereitung, sondern auch noch durch die Wiederholung des Verbs „se préparer" und die Bekräftigung mit dem Adverb „bien". Bei der magischen Vorbereitung legt der Erzähler den Akzent auf das Verb „se préparer", indem er es zweimal hintereinander wiederholt. Er wiederholt es nicht nur, sondern er stellt dem zweiten Verb das Adverb der Art und Weise „bien" (gut) voran: „Koyaga avait pu se préparer, bien préparer magiquement" (S. 89). Bei der materiellen Vorbereitung verwendet er nur einmal das Verb „se préparer" ohne das Adverb der Art und Weise „bien": „Koyaga avait pu se préparer matériellement" (S. 89). Die Wiederholung des Verbs und die Verstärkung durch das Adverb „bien" sollten hier gar nicht zufällig sein. Sie verweisen meines Erachtens auf die Psychologie von Koyaga: Er glaubt wie niemand anderes an das Übergewicht der Magie; daher fängt er zunächst einmal mit der magischen Vorbereitung an. Die materielle Vorbereitung kann erst dann folgen.

Diese Hypothese wird dann evidenter, wenn man die Tatwaffe von Koyaga in Betracht zieht. Koyaga verzichtet merkwürdigerweise auf eine moderne Waffe und rüstet sich nur mit einer traditionellen Waffe aus, die ebenso von seiner Mutter und dem Marabut magisch vorbereitet worden war. Koyaga triumphiert über den Präsidenten Fricassa Santos dank dieser traditionellen Waffe, einem Bambuspfeil, der mit einem vergifteten Hahnensporn versehen ist:

Le Président seul dans la rue se dirige tranquillement vers l'ambassade. Koyaga accourt et, avant que le Président atteigne la grille, il décoche de son arc une flèche de bambou

230 „Zwei Wochen lang hatte Koyaga seine Mama, die Magierin, und den Marabut treffen und mit ihnen sprechen können. Koyaga hatte dem Marabut und der Magierin in aller Ruhe seinen Entschluss, den Präsidenten zu töten, mitteilen können. Der Marabut und die Mama hatten genug Zeit gehabt, alle Talismane für ihn herzustellen und ihn den Wortlaut der magischen Bittsprüche zu lehren, die ihm ermöglichen würden, seinen Plan erfolgreich durchzuführen. Sie hatten ihm alle Opfer nennen können, die dargebracht werden mußten, jeden Zauber, der notwendig war, um die mächtigen magischen Schutzvorkehrungen des Präsidenten zu überwinden. Koyaga hatte Muße gehabt, sich mit allen wichtigen Talismanen zu versehen. Kurz, Koyaga hatte sich, was die Magie anging, vorbereiten können, gut vorbereiten können.", S. 81.

> agencée au bout d'un ergot de coq empoisonné. Les devins avaient révélé au chasseur que seule une flèche dotée d'un ergot de coq empoisonné pouvait annihiler le blindage magique du super-initié qu'était le Président, pouvait rendre sa peau et sa chair pénétrables par du métal. La flèche se fixe dans l'épaule droite. Le Président saigne, chancelle et s'assied dans le sable. [...] Le grand initié Fricassa Santos s'écroule et râle.[231] (S. 100)

Dank der Kräfte der Magie besiegt Koyaga auch seine Machtkonkurrenten, die nach dem Tod von Fricassa Santos jeder für sich allein die Macht an sich reißen wollen und ermordet sie einen nach dem anderen. Die von der Magie erzeugte Gewalt erreicht ihren Höhenpunkt durch ein recht grausames Ritual: die Entmannung. Koyaga schneidet die Geschlechtsteile seiner toten oder noch lebenden Konkurrenten ab und steckt sie blutig in ihren Mund hinein[232]. Die Bedeutung dieses Rituals liegt darin, dass dadurch die rächenden Kräfte der Ermordeten zerstört werden könnten: „Tous émasculés pour annihiler les forces vengeresses que lancent contre les tueurs les âmes, les forces vitales des personnes

---

231 „Der Präsident steht allein auf der Straße, geht ruhigen Schrittes zur Botschaft zurück. Koyaga läuft herbei. Bevor der Präsident das Tor erreicht, schießt Koyaga mit dem Bogen einen Bambuspfeil ab, einen Pfeil mit einem vergifteten Hahnensporn an der Spitze. Die Seher hatten dem Jäger offenbart, daß nur ein Pfeil mit einem vergifteten Hahnensporn an der Spitze den magischen Schutzpanzer solch eines Super-Initiierten, wie der Präsident einer war, zerstören könne; nur ein solcher Pfeil könne bewirken, daß Metall in seine Haut und sein Fleisch eindringt. Der Pfeil bleibt in der linken Schulter stecken. Der Präsident blutet, taumelt und setzt sich in den Sand. [...]. Der große Initiierte Fricassa Santos bricht röchelnd zusammen.“, S. 91 f. Eine weitere Abweichung in der Übersetzung: Im Originaltext ist die Rede von der „épaule droite“, also von der „rechten Schulter“, im übersetzten Text wird jedoch von der „linken Schulter“ gesprochen. Diese Szene weist, wie schon viele Kritiker darauf verwiesen haben, eine Gemeinsamkeit mit dem Epos *Soundjata* auf; die Ähnlichkeit betrifft die Überwindung von Fricassa Santos mit Hilfe eines mit einem vergifteten Hahnensporn an der Spitze versehenen Pfeils.

232 Für Benjamin Ngong ist diese Tat eine Kriminalisierung. Er schreibt: „Dans les œuvres de notre corpus, on y décèle un schème de la criminalisation lié à l'appartenance des hommes politiques aux confréries ou sectes supposées exigées des sacrifices humains en échange du pouvoir. Cette criminalisation se caractérise par des meurtres rituels ou, comme dans *En attendant le vote des bêtes sauvages*, de rituels sacrificiels à l'instar de celui de l'émasculation de ses victimes dont affectionne Koyaga“, ders.: *Pouvoir, violence et résistance en Postcolonie*, a. a. O., S. 191. Madeleine Borgomano ihrerseits bezeichnet diese Tat als gewalttätig und monströs: „Cet acte terrible n'est pas seulement violent, il est, d'une certaine façon, monstrueux“, Madeleine Borgomano: *Des hommes ou des bêtes?*, a. a. O., S. 35.

brutalement et injustement assassinés"[233] (S. 112). Ahmadou Kourouma enthüllt durch eine solche literarische Behandlung der Magie deren Perversion durch die Machthaber[234]; sie entspricht nicht mehr der Lebenspraxis.

Bemerkenswert aber ist hier der Kontext, welcher der Durchführung der reinigenden Zeremonie zugrunde liegt. Die Ursache des Donsomana bildet der Verfall von Koyaga. Seine „adjuvants magiques"[235] (seine Mutter und sein Marabut) verschwinden mitten in einer brennenden sozialen und politischen Krise. Koyaga kann ohne sie nicht mehr weiter regieren. Das Verschwinden der Besitzer seiner magischen Kräfte bedeutet das Ende, genauer das zeitweilige Ende, seiner politischen Herrschaft, denn der Roman gibt ihm noch die Möglichkeit, seinen Thron durch die Rückgewinnung des Meteorsteins und des Korans wiederzuerobern. Dieses temporäre Ende von Koyagas Herrschaft scheint allerdings auf die Grenzen der Magie hinzudeuten.

Die Magie dient im analysierten Text nicht lediglich dazu, die Macht zu erobern. Sie spielt auch eine große Rolle beim Erhalt der durch sie eroberten Staatsgewalt. Mit anderen Worten: Sie gilt als ein Mittel zur Erwerbung der politischen Macht, aber auch als ein Mittel zum Schutz und Erhalt der erworbenen Machtposition. Diese doppelte Rolle zeigt den bedeutenden Einfluss der Magie auf die politische Macht. Die Magie erscheint jedoch auch als eine Quelle der grundlosen Gewalt. In der République des Ébènes leiden unzählige Menschen unter der Brutalität, deren Quelle die Magie ist. Auf die Weissagung eines Zauberers oder eines Marabuts hin lässt Tiékoroni, der Machthaber, seine Freunde oder Verwandten in einem speziellen Gefängnis foltern: Die Gefolterten sind von dem Zauberer einer Verschwörung angeklagt. Die Weissagung des Zauberers ist eigentlich die Deutung eines Traums von Tiékoroni. Diese Erfahrung wird dann aber zu einer gut eingeölten Regierungsmethode erhoben: „De cette expérience, il conclut qu'il lui faut périodiquement vérifier la sincérité de l'attachement des

233 „Entmannt, um die rächenden Kräfte zu vernichten, die Seelen und Lebenskräfte der unschuldigen, so grausam Ermordeten sonst den Mördern entgegenschleudern würden.", S. 102.

234 Amadou Koné spricht von der Parodie der traditionellen Praktiken: „Quand Koyaga a recours à la tradition pour se fortifier magiquement, pour vaincre ses adversaires et pour se protéger de leur «*nyama*», il se livre à des pratiques qui sont des parodies des pratiques traditionnelles", ders.: „Entre hommage et abâtardissement: la tradition subvertie". In: *Notre Librairie*, N° 155–156, a. a. O., S. 178–183, hier S. 183.

235 Madeleine Borgomano: *Des hommes ou des bêtes?*, S. 109.

amis et des proches qui l'entourent, [...]. Il met en place une procédure et des hommes pour opérer ces contrôles, ces révisions périodiques."[236] (S. 201)

Dem eingesetzten Verfahren zur angeblichen Kontrolle der aufrichtigen Ergebenheit seiner Freunde und Verwandten nach verkünden regelmäßig die Zauberer oder Marabuts von Tiékoroni Orakelsprüche. Die Folgen dieser Orakelsprüche sind grausam. Im folgenden Passus wird die Gewalt der Folterungsverfahren, welche die Anklage des Zauberers hervorruft, beschrieben:

> Un sorcier, un féticheur, un marabout ou un devin vaticine, présume, révèle qu'un parent ou un ami est sur le point de trahir ou participe à la préparation d'un complot. L'ami ou le parent devient un accusé qui est aussitôt arrêté et emprisonné par le directeur de la Sûreté, le commissaire principal Garbio. Garbio invente le schéma, les faits, crée les preuves. L'accusé enchaîné est envoyé dans la prison de Saoubas et soumis aux soins du député Sambio, le cruel tortionnaire qui, sous la torture, fait reconnaître par l'accusé les faits et les preuves établis par le directeur de la Sûreté.[237] (S. 201 f.)

Eine ähnliche Methode wird auch in der République des Monts verwendet (vgl. S. 166).

Die Magie erzeugt hier das, was sie zu bekämpfen vorgibt: Die Logik des Verdachts wird mit materieller Gewalt ausgestattet.

Zusammenfassend kann festgehalten werden, dass der Gebrauch der Magie im analysierten Text nichts mit einer spirituellen Lebenspraxis zu tun hat. Vielmehr erscheint die Magie durch die vom Autor durchgeführte literarisch-ästhetische Stilisierung als ein Mittel zum Erwerb und/oder zum Erhalt der Macht, und dadurch qualifiziert sie die Macht, die mit ihrer Hilfe gewonnen wird: Sie ist demnach weder eine natürliche noch eine legitime Macht. *Nicht natürlich*

---

236 „Diese Erfahrung legt den Schluß nahe, daß er regelmäßig überprüfen muß, wie aufrichtig die Ergebenheit seiner Freunde und Verwandten ist, [...]. Er setzt ein Verfahren und Männer ein, um diese regelmäßigen Kontrollen und Inspektionen durchführen zu lassen.", S. 185 f.

237 Ein Zauberer, ein Fetischpriester, ein Marabut oder ein Seher prophezeit, vermutet, offenbart, daß ein Verwandter oder Freund kurz davor steht, ihn zu verraten, oder an der Vorbereitung eines Komplotts beteiligt ist. Der Freund oder Verwandte wird zu einem Angeklagten, der umgehend durch den Hauptkommissar Garbio, den Direktor der Sicherheitspolizei, verhaftet und eingesperrt wird. Garbio erfindet den Verschwörungsplan und die Fakten, schafft Beweise herbei. Der Angeklagte wird in Ketten in das Gefängnis von Saoubas gebracht und der Behandlung des Abgeordneten Sambio ausgeliefert, des grausamen Folterers, der den Angeklagten unter Folterqualen die Tatsachen und Beweise gestehen läßt, die der Direktor der Sicherheitspolizei zuvor festgelegt hat.", S. 186.

bedeutet hier, dass sie nicht den Gegebenheiten entspricht. Sie ist eher ein widernatürlicher Eingriff in sie. Weiterhin ist diese Macht *nicht legitim*, da es sich eigentlich um eine geheime Macht handelt.

Mit einer solchen Darstellung der Magie richtet Ahmadou Kourouma in seinem Roman einen kritischen Blick auf die Praxis der Magie durch die Mächtigen. Die komisch-zynische Technik des Kontrollierens der Aufrichtigkeit der Menschen, z. B., führt umgehend zur Diktatur, denn: „Ces procédés installent l'arbitraire, la terreur dans le pays“[238].

Solche und weitere Verfahren lernt Koyaga auf seiner Initiationsreise bei den erfahrenen Diktatoren, insbesondere bei Tiékoroni.

2.2.3 Aus erfolgreichen Vorbildern lernen

Die Diktatur kann auch erlernt werden. Dies lässt sich aus der Initiationsreise von Koyaga erschließen, die er vor seinem Amtsantritt unternimmt. Diese Reise verfolgt ein wesentliches Ziel: Sich von den Meistern der Diktatur über die Wissenschaft der Diktatur belehren zu lassen:

> La politique est comme la chasse, on entre en politique comme on entre dans l'association des chasseurs. La grande brousse où opère le chasseur est vaste, inhumaine et impitoyable comme l'espace, le monde politique. Le chasseur novice avant de fréquenter la brousse va à l'école des maîtres chasseurs pour les écouter et se faire initier. Vous ne devez, Koyaga, poser aucun acte de chef d'État sans un voyage initiatique, sans vous enquérir de l'art de la périlleuse science de la dictature auprès des maîtres de l'autocratie. Il vous faut au préalable voyager. Rencontrer et écouter les maîtres de l'absolutisme et du parti unique, les plus prestigieux des chefs d'État des quatre points cardinaux de l'Afrique liberticide.[239] (S. 183)

---

238 Joseph Ndinda: *Le politicien, le marabout-féticheur et le griot dans les romans d'Ahmadou Kourouma*, a. a. O., S. 120.

239 „Die Politik ist wie die Jagd, man tritt in die Politik ein, wie man in die Gemeinschaft der Jäger eintritt. Die Wildnis, in der sich der Jäger bewegt, ist weit, unüberschaubar und grausam wie die Welt der Politik. Bevor er sich in die Wildnis wagt, geht der Neuling bei den großen Jägern in die Schule, bei den Meistern der Jagd; er hört ihnen zu, er eifert ihnen nach – das ist seine Initiation. Du, Koyaga, sollst als Staatschef keine Amtshandlung vornehmen, bevor du nicht eine Initiationsreise unternommen hast; bevor du nicht bei den großen Autokraten gewesen bist, bei den Meistern der Alleinherrschaft, um dich in der gefährlichen Wissenschaft von der Diktatur unterweisen zu lassen. Du mußt dich zuerst einmal auf eine Reise begeben. Erst einmal mit den Meistern des Absolutismus und des Einparteiensystems, mit den herausragendsten Vertretern des freiheitsmordenden Afrika zusammentreffen, ihnen zuhören.“, S. 169.

Koyaga muss nicht irgendeinen Meister aufsuchen, sondern die „herausragendsten" Meister: „les plus prestigieux des chefs d'État". Das heißt, diejenigen, die einen großen Erfolg bei der Ausführung der Diktatur erzielt haben: Das sind die erfolgreichen Vorbilder. Von ihnen lernt Koyaga die unerlässlichen Mechanismen der Diktatur. Die Initiationsreise Koyagas kommt hier einer Art Schule nahe. Er geht wie auf eine „école de la dictature"[240] (Diktaturschule).

Dem Leser fällt im weiteren Romanverlauf klar auf, dass die Art und Weise, wie Koyaga seine Republik regiert, eine Umsetzung der gelernten Grundsätze der Diktatur ist. In diesem Sinne gründet er nach weniger als drei Jahren Herrschaft eine eigene Einheitspartei und wird dadurch zum Vater der Nation (vgl. S. 292). Dies ist eindeutig die Umsetzung von dem, was er bei seiner Initiationsreise gesehen und gehört hat. Die aufgesuchten Präsidenten sind alle zusammen alleinige Herrscher über ihre Länder und auch Väter der Nation. Tiékoroni, der Diktator mit Kaiman-Totem, gibt Koyaga während seines Besuches bei ihm *expressis verbis* zu verstehen, dass ein Staatschef in Afrika gehalten ist, Vater der Nation zu werden: „La première méchante bête qui menace un chef d'État et président d'un parti unique dans l'Afrique indépendante de la guerre froide, dit-il (et il vous apprend que vous deviendrez, que vous le vouliez ou non, un père de la nation […])[241] (S. 193 f.).

Die Metapher „Vater der Nation", die hier als absolutes Prinzip von Tiékoroni verwendet wird, stellt kein objektives und allgemein gültiges Prinzip dar, selbst wenn er sich darum bemüht, dies so zu verstehen und darzustellen. Vater der Nation bedeutet, dass der Herrscher die Beherrschten als seine Kinder betrachtet und behandelt. Dementsprechend hängt alles von ihm allein ab und zwar von seinem Wohlwollen. Dies soll ein Grund sein, sich ihm zu unterwerfen. Dieser bedingungslose Unterwerfungsanspruch schließt die absolute Intoleranz der herrschenden Gewalt gegenüber den kleinsten Abweichungen ein. Als Vater

240 O. Affin Laditan: „De l'école de la dictature à sa pratique dans *En attendant le vote des bêtes sauvages* d'Amadou [sic!] Kourouma", a. a. O., S. 269. Laditan hat in seinem Aufsatz, wie in diesem Unterkapitel, aufgezeigt, dass die von Koyaga betriebene Politik eine Umsetzung von den Ratschlägen der besuchten Präsidenten ist. Madeleine Borgomano spricht hingegen von „l'école des dictatures", dies.: „En attendant le vote des bêtes sauvages: à l'école des dictatures". In: *Notre Librairie*, N° 155–155, a. a. O., S. 158–163, hier S. 158.

241 „Das erste große Unheil, das einem Staatschef und Vorsitzenden einer Einheitspartei im unabhängigen Afrika zur Zeit des Kalten Krieges droht, sagt er – und gibt dir zu verstehen, daß du, ob du es willst oder nicht, ein Vater der Nation sein wirst […]", S. 179.

der Nation gibt diese Stellung dem Staatschef nicht nur das absolute Recht darauf, sondern sie verpflichtet ihn sogar dazu – in seinem eigenen Interesse –, die vermögendste Person seines Landes zu werden; dies ist die allererste Lehre, die Koyaga von Tiékoroni lernt[242]: „Il [un chef d'État] doit paraître l'homme le plus fortuné de son pays. Il n'y a pas d'avenir et d'autorité en Afrique indépendante pour celui qui exerce le pouvoir suprême s'il ne s'affiche comme le plus riche [...] de son pays."[243] Tiékoroni selbst wird als die vermögendste Person seiner Republik dargestellt. Er zeigt das ostentativ, indem er für sich Paläste mit vergoldeten Fassaden, prächtige marmorne Hotels und sogar eine prunkvolle Basilika in seinem Heimatdorf erbauen lässt (vgl. S. 187).

Koyagas weiteres Herrschaftsmerkmal ist die systematische Inhaftierung seiner politischen Gegner oder deren physische Beseitigung. Viele politische Andersdenkende in der République du Golfe sitzen hoffnungslos im Gefängnis (vgl. S. 290). Ferner kommt es zur massenhaften Tötung dieser Andersdenkenden. Nach dem letzten Attentat auf ihn stellt Koyaga seinen Gegnern eine Falle und bringt sie bedenkenlos um. Der Griot-Erzähler berichtet:

> Mais vous avez monté une ruse, tenu un raisonnement:
> «Je serai bientôt démocratiquement élu, j'aurai tout mon pouvoir d'antan. Mes ennemis n'ont pas désarmé. Ils sont sûrs d'avoir cette fois réussi. Je vais laisser planer le doute pendant deux jours sur ma survie pour amener beaucoup d'irréductibles opposants à se déclarer, se découvrir. Nous utiliserons avec mes lycaons la période d'interrègne, d'incertitude pour assassiner, nous débarrasser de tous les opposants qui se seront démasqués.»
> Et on ramassa en effet, dans les fossés, pendant ces deux jours d'incertitude et de confusion, de nombreux morts affreusement émasculés.[244] (S. 376)

---

242 An anderer Stelle wurde dieser Aspekt vom Verfasser vorliegender Arbeit in einem anderen Zusammenhang analysiert, vgl.Verfasser (N. A.): „Kontrastive Bilder als Darstellung der guten Regierungsführung in *En attendant le vote des bêtes sauvages* Ahmadou Kouroumas", a. a. O.

243 „Er [ein Staatschef] muß als der vermögendste Mann seines Landes erscheinen. Für den, der die höchste Macht ausübt, gibt es im unabhängigen Afrika weder Zukunft noch Autorität, wenn er nicht deutlich zeigt, daß er der reichste [...] in seinem Land ist.", S. 179.

244 „Aber du hast eine List ersonnen, dir folgendes überlegt: »Bald werde ich demokratisch gewählt, dann verfüge ich wieder über meine einstige Machtfülle. Meine Feinde haben sich nicht geschlagen gegeben. Sie sind sich sicher, daß sie diesmal den Erfolg auf ihrer Seite haben. Ich lasse zwei Tage lang alle im Zweifel darüber, ob ich überlebt habe, um eine möglichst große Anzahl unverbesserlicher Oppositioneller dazu zu verleiten, sich zu verraten, sich zu offenbaren. Meine Hyänenhunde und ich nutzen die Zeit des Interregnums, der Ungewißheit und töten alle, die sich als Oppositionelle

Es ist offensichtlich, dass Koyaga hier nach den Lehren Tiékoronis handelt, für den die politischen Gegner Feinde sind, die man unbedingt foltern oder umbringen muss. So spricht er zu seinem jüngeren Amtskollegen:

> Les adversaires politiques sont des ennemis. Avec eux, les choses sont simples et claires. Ce sont les individus qui se placent en travers du chemin d'un président, les individus qui aspirent au pouvoir suprême – il ne peut exister deux hippopotames dans un seul bief. On leur applique le traitement qu'ils méritent. On les torture, les bannit ou les assassine.[245] (S. 200)

Diese Äußerung drückt deutlich den Zynismus und die Grausamkeit von Tiékoroni aus. Der Potentat des Pays aux Deux Fleuves bekräftigt seinerseits diese zynische Äußerung wie folgt: „La principale institution, dans tout gouvernement avec un parti unique, est la prison"[246] (S. 218).

Diese genannten Beispiele veranschaulichen deutlich, dass Koyagas angesetzte Politik eine mehr oder weniger konforme Reproduktion der Politik der besuchten Despoten ist. Jedoch trägt noch ein weiterer Faktor zur Errichtung der Gewaltherrschaft bei: die Intellektuellen.

2.2.4 Ein neuartiger Machtfaktor: die Intellektuellen

Die Problematik der Verantwortung der Intellektuellen der politischen Macht gegenüber ist auch ein wichtiger Aspekt von Ahmadou Kouroumas Roman. Der Text enthüllt ihren substantiellen Beitrag zur Errichtung und Unterstützung der Willkürherrschaft. Diese Tatsache ist hier aufgrund der dargestellten Epoche als ein neuartiger Machtfaktor zu betrachten. Die erzählte Zeit ist die unmittelbar nach der Unabhängigkeit afrikanischer Länder: „Des intellectuels de *la nouvelle République* en quête de charges d'ambassades s'affairaient pour donner une légitimité historique au Président"[247] (S. 84, Hervorhebung von mir). In dieser

---

zu erkennen geben, um sie ein für allemal loszuwerden.« Und tatsächlich fand man an den beiden Tagen der Ungewißheit und allgemeinen Verwirrung in den Straßengräben zahlreiche Tote, alle auf grauenhafte Weise entmannt.", S. 347 f.

245 „Die politischen Gegner sind Feinde. Was sie betrifft, ist alles einfach und klar. Es sind Leute, die sich einem Präsidenten in den Weg stellen, Leute, die die höchste Macht anstreben – es kann aber nicht zwei Flußpferdbullen im gleichen Revier geben. Man läßt ihnen die Behandlung zukommen, die sie verdienen. Man foltert sie, verbannt sie oder bringt sie um.", S. 185.

246 „Die wichtigste Institution in einem Einparteienstaat ist das Gefängnis", S. 201.

247 „Intellektuelle der neuen Republik, die mit dem Amt eines Botschafters betraut werden wollten, machten sich sofort mit dem Feuereifer daran, dem Präsidenten eine historische Legitimation zu verschaffen.", S. 76.

Textstelle entgeht dem Leser übrigens das Spotten nicht: Der Erzähler persifliert die Intellektuellen, aus denen er nichts anderes als „Postenbettler" macht.

Wie verschaffen die Intellektuellen den Diktatoren eine „historische Legitimation"? Dies demonstriert der Autor an Maclédio und Sakombi Inongo, zwei engsten Mitarbeitern der Staatsregierenden. Der längste Abend (Abend III) des Donsomana ist Maclédios Werdegang gewidmet. Maclédio, ein hervorragend intelligenter Schüler, wird wegen Dreistigkeit seinem Lehrer gegenüber in ein Regiment der Senegalschützen (Französisch „tirailleurs sénégalais" waren afrikanische Einheiten der französischen Armee nicht nur aus dem Senegal, sondern auch aus anderen Ländern Französisch-Westafrikas) in Bouaké geschickt (vgl. S. 133). Nach seiner Fahnenflucht zieht er dann durch Afrika auf der Suche nach dem „Menschen seines Schicksals" und landet anschließend in Paris, wo er allein dank seiner Sprachkenntnis (er kann viele paläonigritische Sprachen) ein Diplom vom Direktor des Instituts für Orientalische Sprachen und dann auch eine Genehmigung zur Anfertigung einer Dissertation über die paläonigritische Zivilisation erhält.

Er verlässt aber Paris ohne Abschluss seiner Dissertation und begibt sich in die République des Monts, in deren Diktator (Nkoutigui Fondio) er den Menschen seines Schicksals zu finden glaubt. Die sprachliche Vielseitigkeit von Maclédio macht ihn in der Tat nützlich für den Diktator, zum Dolmetscher des „kaiserlichen" Willens. Er ist im Stande, Gedanken zu verstehen und zu interpretieren.

In der République des Monts wird Maclédio beauftragt, die Ideologie des Diktators Nkoutigui Fondio zu verbreiten. Seine Aufgabe besteht darin, durch Worte, Lügen, Zynismus und Rhetorik die Willkürakte Nkoutigui Fondios zumindest im Ansatz rational zu rechtfertigen (vgl. S. 166).

Nach seiner Rückkehr in die République du Golfe, seine Heimat, begegnet er dort Koyaga im Nationalrundfunk, wo dieser nach seinem Putsch ein „pronunciamiento" (S. 121) halten will und wird fortan zu dessen Orientierungsminister.

> Depuis ce jour, Maclédio est devenu votre pou à vous, Koyaga, perpétuellement collé à vous. Il reste votre caleçon œuvrant partout où vous êtes pour cacher vos parties honteuses. Cacher votre honte et votre déshonneur. Il ne vous a plus jamais quitté. Vous ne vous déplacerez jamais plus sans lui.[248] (S. 123)

---

248 „Seit jenem Tag hängt Maclédio an dir, Koyaga, wie eine Klette. Wie eine Unterhose ist er überall, wo auch immer du bist, bei dir, um deine Scham zu verbergen. Deine Schanden und dein Schmach zu verbergen. Er hat dich niemals mehr verlassen. Ohne ihn begibst du dich nirgendwohin.", S. 113.

Maclédio kann hinsichtlich seiner Bildung als eine Parodie des klassischen Intellektuellen betrachtet werden: Er ist viermal bei der Abiturprüfung durchgefallen, bekommt aber ein Diplom verliehen und schließt seine begonnene Dissertation nie ab. Das obige Zitat jedoch durchleuchtet seine Rolle als Intellektueller bei der Einrichtung und Unterstützung der Diktatur: Die körperliche Metapher „parties honteuses" verweist zweifelsfrei auf die Willkürakte von Koyaga und das Verb „cacher" veranschaulicht nur gut diese Rolle.

Im Text wird Maclédio tatsächlich als ein Intellektueller gezeichnet, der nicht einmal trotz der Androhung mit Waffen zögert, sich mit seiner intellektuellen Überlegenheit bei Koyaga prahlend zu zeigen, indem er seine Umsturzerklärung hochmütig und zugleich meisterhaft verbessert: „Il la parcourut avec une bonhomie simulée, biffa fiévreusement quelques lignes, en ricanant remplit la marge de fines écritures. Il parla comme un maître à son élève. Dans une proclamation, un pronunciamiento, le style est l'essentiel"[249] (S. 121).

Maclédio stellt dem neuen Menschen seines Schicksals, Koyaga, seine bereits in der République des Monts gesammelten wertvollen Erfahrungen zur Verfügung. Bei Nkoutigui Fondio hat er sich schon als ein wahrhaft erfolgreicher Manipulierer bewährt: „Ce qu'il imaginait de toutes pièces devenait, pour la police, la justice, le Parti et la presse internationale, des faits, les vraies phases d'une vraie conspiration"[250] (S. 166).

Zudem ist die ihm zugewiesene Funktion „Orientierungsminister" (S. 9) von besonderer Bedeutung. Denn in der fiktiven République du Golfe erscheint er als die Zentralfigur des diktatorischen Systems. Er steuert die Politik von Koyaga, zumal dieser, wie der Erzähler ihn karikaturenhaft porträtiert, ein „gros primaire. Un primaire, complexé, mauvais orateur, timide qui ne peut faire un chef d'État"[251] (S. 102) ist. Maclédio ist derjenige, der ihm eine nicht nur intellektuelle, sondern auch noch eine politische Kultur beibringt. Er ist ein unabdingbarer Unterstützer Koyagas. Mit der Magie seiner Worte überredet er ohne

249 „Er […], überflog es mit gespielter Gutmütigkeit, strich hier und da eine Zeile und machte, ein abschätziges Lächeln auf den Lippen, in einer winzigen Schrift Anmerkungen an den Rand. Er sprach mit dir wie ein Lehrer zu seinem Schüler. »Bei einem Kommuniqué, bei einer Umsturzerklärung ist der Stil das A und O«", S. 111.

250 „Was er sich von vorne bis hinten ausgedacht hatte, wurde für die Polizei, die Justiz, die Partei und die internationale Presse zu Tatsachen, zu wahren Elementen einer wirklichen politischen Verschwörung.", S. 154.

251 „[…] ein ewiger Grundschüler. Ein Grundschüler voller Komplexe, ein schlechter Redner und noch dazu schüchtern, kann nie und nimmer Staatschef werden.", S. 93.

große Mühe die politischen Gefangenen dazu, der politischen Partei von Koyaga beizutreten:

- Dans tous les cas le suicide n'est pas la meilleure solution pour le pays. Maclédio le dit aux hommes politiques et leur suggère d'autres voies.
- Vous, Maclédio, leur conseillez de satisfaire plutôt un désir secret de Koyaga ... et la mort cessera de rôder parmi eux. Vous les adjurez de saborder tous leurs partis et d'adhérer tous au Rassemblement du Peuple du Golfe. Le parti unique que Koyaga secrètement ambitionne de fonder.

Tous spontanément s'unissent et, ensemble, disent des paroles fortes et sincères. Les larmes aux yeux, les lèvres tremblantes, ils votent des motions. Ces motions ne demandent pas autre chose que la clémence de Koyaga, sa pitié, son humanisme. Ils renoncent [...] à leurs idées, leurs amis, leur croyance, leur parti. Ils comprennent et s'exécutent. Ils sabordent leurs partis, les enterrent, les oublient comme dans un mauvais rêve d'une nuit d'orage.[252] (S. 291)

Der nachfolgende Kommentar von Madeleine Borgomano über Maclédio bekräftigt die eben angeführten Überlegungen über dessen Rolle in der totalitären Republik von Koyaga:

Maclédio, éminence grise de Koyaga, est un personnage complexe et ambigu. «Perpétuellement collé» à lui [...], il apparaît, plus encore que son adjuvant, comme son véritable double. Un double précieux, car il donne à ce «rustre de militaire» qui «ne sait que tuer», une intelligence et une culture qui lui manquaient totalement et, en même temps, une sorte de caution auprès des intellectuels. Si Maclédio a trouvé son «homme de destin», [...], on pourrait dire qu'il en va de même pour Koyaga et qu'il a été assez malin pour comprendre qu'il avait besoin d'un Maclédio. La force brutale ne saurait suffire à maintenir une dictature, nous le montre le donsomana.[253]

---

252 „›Mit Selbstmord ist dem Land nicht geholfen‹, sagt Maclédio zu den Gefangenen und legt ihnen nahe, sich andere Auswege zu suchen.

Du, Maclédio, rätst ihnen, stattdessen Koyaga einen geheimen Wunsch zu erfüllen – und der Tod würde aufhören, in ihrer Mitte die Sense zu schwingen. Du beschwörst sie, ihre Parteien samt und sonders aufzulösen und sich der Sammlungsbewegung des Volkes am Golf anzuschließen. Der Einheitspartei, deren Gründung Koyaga insgeheim anstrebt. Sie setzen sich spontan zusammen und diskutieren miteinander, mit klaren, ehrlichen Worten. Mit Tränen in den Augen und bebenden Lippen sprechen sie die Bitte um Aufnahme aus. Ihre Anträge richten sich an Koyagas Milde, sein Erbarmen und seine Menschlichkeit. [...], so entsagen sie ihren Überzeugungen, ihren Freunden, ihrem Glauben, ihrer Partei. Sie haben verstanden, sie handeln danach. Sie lösen ihre Parteien auf, begraben sie, vergessen sie wie den Alptraum einer Gewitternacht.“, S. 271 f.

253 Madeleine Borgomano: *Des hommes ou des bêtes?*, a. a. O., S. 108 f.

Ein weiterer geschilderter Intellektueller, der in *En attendant le vote des bêtes sauvages* eine nicht unbedeutende Verantwortung für die Herrschaft der Diktatur trägt, heißt Sakombi Inongo, einer der Berater des Potentaten der République du Grand Fleuve. Er besitzt, wie der Potentat selbst, das „diplôme d'évoluant“[254] (S. 241), das höchste Diplom in der kolonialen Zeit in dieser Republik. Der Erzähler Bingo berichtet, wie ersich in eigenem Interesse – er fürchtet, seinen Posten als Minister zu verlieren – ein Szenario ausdenkt, das den Potentaten in seiner Diktatur stärker macht. Er teilt eines Morgens vor der Bekanntgabe der Kabinettsumbildung dem Präsidenten mit, dass er Botschaften von den Vorfahren während der Nacht für ihn erhalten habe: Die Vorfahren hätten den Präsidenten zum einzigen Herrscher der Republik und einzigen Vermittler zwischen den Lebenden und den Seelen der Vorfahren ausersehen. So gibt der Erzähler die Äußerungen von Sakombi wieder:

> Les mânes des ancêtres dans la nuit étaient venus le prendre et, dans un demi-sommeil, l'avaient amené au bord du fleuve, dans un cimetière, au pied d'un fromager centenaire. [...]. Au cimetière, l'assemblée des mânes l'avait chargé d'un message pour la nation. Les mânes lui avaient demandé de dire que l'homme au totem léopard avait été envoyé pour sauver le peuple de la République du Grand Fleuve. Ils avaient désigné le totem léopard comme le chef, l'unique chef, l'unique intermédiaire entre les vivants et les mânes. Ils avaient fait connaître ses noms: *fouilli tè kèrèmassa mi lalo* (le grand guerrier qui triomphe de tous les obstacles). Ils avaient fait connaître ses pouvoirs: le seul chef qui doit donner des ordres et doit être obéi; le chef qui véhicule à travers les ordres qu'il donne la sève qui vivifie la République.[255] (S. 242)

Diese Äußerungen des politischen Griots, Sakombi, bringen den Leser einfach zum Lachen, denn es ist sofort auffallend, dass diese Geschichte nur ein

254 „Zeugnis für sich Entwickelnde“, *Die Nächte des großen Jägers*, S. 223.

255 „Die Seelen der Vorfahren waren in der Nacht gekommen und hatten ihn mitgenommen. Sie hatten ihn – er befand sich im Halbschlaf, in halbwachem Zustand – zum Flußufer gebracht, auf einen Friedhof, und ihn am Fuße eines hundertjährigen Kapokbaums abgesetzt [...]. Auf dem Friedhof hatte er eine Versammlung von Seelen vorgefunden, die ihm eine Botschaft für die Nation übermittelt haben. Die Seelen baten ihn auszurichten, daß der Mann mit dem Leoparden-Totem gesandt worden war, um die Bevölkerung der Republik am Großen Fluß zu retten. Sie hatten den Mann mit dem Leoparden-Totem zum Herrscher auserkoren, zum Alleinherrscher und zum Vermittler zwischen den Lebenden und den Seelen der Vorfahren. Sie hatten ihm seinen Namen verkündet: Fouilli tè kèrémassa mi lalo – Der große Krieger, der alle Hindernisse überwindet. Sie hatten ihm seine Kräfte genannt. Er ist der einzige, der befiehlt, und ihm muß gehorcht werden; durch seine Anordnungen gibt er den Lebenssaft weiter, der die Republik nährt.“, S. 224.

Lügengewebe ist. Aber das Tragische daran sind die Auswirkungen: Der Diktator verhält sich so genau nach der vermeintlichen Botschaft der Vorfahren. Bilder über die Fernsehschirme lassen ihn nicht durch eine Frau zur Welt kommen, sondern direkt vom Himmel herabsteigen: „Une imagerie qui, huit fois par jour, passait sur les écrans de la télévision du pays. Dans l'imagerie, le dictateur ne coulait pas de sa mère Momo: il descendait directement du ciel; il déchirait de laiteux nuages sur fond bleu."[256] (S. 249) Noch ausführlicher wird auf die Geschichte von Sakombi im letzten Unterkapitel „Dekonstruktion und Entmythisierung des Mythos des Präsidenten als Erlöser" eingegangen werden.

Die Funktion der beiden erwähnten Intellektuellen (Orientierungsminister für Maclédio und Minister für Propaganda und nationale Orientierung für Sakombi) ist mit einer sehr wichtigen Rolle verbunden. In diktatorischen politischen Systemen beschäftigt sich der Inhaber einer solchen Funktion oft damit, die dominante Ideologie zu verbreiten und sie in dem Bewusstsein der Masse der Bevölkerung zu verankern.

Durch die Stilisierung der Rolle der Intellektuellen bei der Errichtung und Unterstützung der Diktatur in Afrika kritisiert der Autor jene Intellektuellen, die wegen Posten als Botschafter oder Minister oder wegen irgendeines persönlichen Interesses ihre Intelligenz prostituieren. Im Gegensatz zu Maclédio[257] ist der Name der Figur Sakombi Inongo zugleich der Name einer historischen Person. Sakombi Inongo war Minister nicht nur unter dem Staatschef Mobutu Sese Seko, sondern auch unter den Präsidenten Laurent Désiré Kabila und Joseph Kabila. Der Letztere ist der amtierende Staatschef der Demokratischen Republik Kongo. Die fiktive Figur Sakombi Inongo ist also ein „personnage [...] fortement référentiel":

> Il faut remarquer que dans le texte, ce personnage est fortement référentiel. L'histoire de la République Démocratique du Congo (ex Zaïre) nous montre qu'un certain Sakombi Inongo a été effectivement Ministre de l'information de Mobutu. Il maîtrise si bien les

---

256 „Die Bilder liefen achtmal pro Tag über die Fernsehschirme des Landes. Auf den Bildern entschlüpfte der Diktator nicht dem Bauch seiner Mutter Momo, sondern er stieg direkt vom Himmel herab. Vor tiefem Himmelsblau riß er milchweiße Wolken auseinander.", S. 231.

257 Der Name „Maclédio" ist zwar eine Schöpfung des Autors, setzt sich aber aus den Namen zweier historischer Personen zusammen: dem Namen des ehemaligen togoischen Ministers des Inneren, Théodore Laclé und Diowade Demandé, einem der Beinamen des damaligen Präsidenten der Elfenbeinküste Houphouët-Boigny, vgl. Ahmadou Kourouma im Interview mit Thibault Le Renard und Comi Toulabor: „Entretien avec Ahmadou Kourouma". In: *Politique africaine*, a. a. O., S. 178.

manipulations qu'il sera encore le ministre de la communication du feu Laurent Désiré Kabila, et aussi de Joseph Kabila. Avec Mobutu, il se chargeait particulièrement de diffuser de l'idéologie du régime.[258]

2.3 „Le pouvoir est une femme qui ne se partage pas“[259]: Eine aussagekräftige Metapher der absoluten und diktatorischen Macht

Diese vom Griot-Erzähler im zweiten Abend des Donsomana – noch vor der Darstellung der Herrschaft Koyagas und der weiteren Regimes – verwendete Metapher fasst die Herrschaftsideologie, die im Roman geschildert wird und die die repräsentierten Mächte charakterisiert, gut in Worte. Denn in der Folge des Romans stilisiert der Verfasser Machthaber, für die die Macht überhaupt nicht aufteilbar ist. Ihrer Konzeption politischer Macht entsprechend weisen sie jeglichen Gedanken, die herrschende Gewalt könne doch aufgeteilt werden, mit aller Entschiedenheit zurück. Dies bemerkt man sowohl in ihrem Verhalten als auch in ihren Äußerungen, die höchst zynisch klingen. So wird in den fiktiven Staaten bzw. Republiken noch in der Moderne eine absolutistische Macht ausgeübt, wie in Europa im 17. und 18. Jahrhundert. An der Stelle des weltbekannten Ausspruchs von Ludwig XIV., dem Sonnenkönig von Frankreich, „Der Staat bin ich“ nennen sich die stilisierten Machthaberfiguren „père de la nation“ (Vater der Nation). Diese Bezeichnung hat nahezu dieselbe Bedeutung wie die des Ausspruchs „Der Staat bin ich“, zumal „père de la nation“ nichts anderes bedeuten kann als „die Nation gehört mir“. Die Bezeichung „père de la nation“ entspricht, wie Pierre N'Da es hervorgehoben hat, einer paternalistischen Vorstellung der Nation und der Macht: „Ce titre correspond à une certaine vision paternaliste que les dirigeants africains ont du pouvoir, de l'Etat et du peuple.“[260] Es ist gerade diese paternalistische Vorstellung einer Nation, welche die Machthaberfigur Jean Coriace der fiktiven Republik Darmellia in *La vie et demie* von Sony Labou Tansi heftig kritisiert, wobei er es sich kategorisch verbittet, als Vater der Nation bezeichnet zu werden:

---

258 Joseph Ndinda: *Le politicien, le marabout-féticheur et le griot dans les romans d'Ahmadou Kourouma*, a. a. O., S. 118 f.

259 „Die Macht ist wie eine Frau: Man kann sie nicht aufteilen“, S. 101.

260 Pierre N'Da: „Onomastique et création littéraire: les noms et titres des chefs d'État dans le roman négro-africain“. In: *Présence Francophone. Revue Internationale de Langue et de Littérature*, n° 45, 1994, S. 151–171, hier S. 160.

> Une nation n'a pas de parents, pour la simple raison qu'elle doit naître tous les jours. La nation doit naître de chacun de nous, autrement pourquoi voulez-vous que ça soit une nation? La nation ne peut pas venir des illusions de deux ou trois individus, quelle que soit la bonne volonté de ceux-ci.[261]

Das Konzept der Nation in diesem Passus ist zu verstehen als Nation von unten, d.h., Nation als eine große Gemeinschaft, die aus all denen besteht, die sie ausmachen. Niemand hat das Recht, eine solche Gemeinschaft für sein Eigentum zu halten. Eben gegen diese Konzeption der Nation sind die Väter der Nation. Sie betrachten die Nation als ein Produkt des Herrschers. Sie wollen daher das Volk wie eigene Kinder „erziehen", wie Pierre N'Da es auf den Punkt bringt: „Imbu de lui-même et de son autorité, il [le président] s'attribue tous les pouvoirs et considère l'ensemble de ses concitoyens comme des enfants qu'il a charge d'encadrer paternellement et de guider."[262] Die Bürger müssen sich sodann den Herrschenden unterordnen. Dies ist Paternalismus. Diese Herrschaftsideologie verschafft ihnen die Verfügung über das Volk, über das sie herrschen. Ahmadou Kourouma schildert die Absurditäten (einige dieser Absurditäten werden weiter unten ausgeführt), welche sich aus dieser Herrschaftsideologie ergeben. Diese Absurditäten sollen den Leser dazu bewegen, diese Herrschaftsideologie abzulehnen.

Die paternalistische Vorstellung sowohl der Macht als auch der Nation führt zur Ausübung einer absolutistischen Macht. Der Absolutismus ist das „Herrschaftssystem, in dem der Herrscher nicht an Verfassungen gebunden ist und seine Macht unumschränkt und ohne Kontrolle ausüben kann."[263] Das Zeitalter des Absolutismus wird in der europäischen Geschichte mit dem Zeitalter des Barocks gleichgesetzt. Der absolutistische Herrscher ist nicht nur nicht an die Verfassung gebunden, sondern er hält auch alle Gewalten in der Hand: „Im

---

261 Sony Labou Tansi: *La vie et demie*, a. a. O., S. 175 f. (Deutsche Übersetzung: „Eine Nation kennt keine Eltern, sie muss jeden Tag neu geboren werden. Jeder einzelne muss die Nation täglich neu gebären, wie könnte es sonst eine Nation sein? Die Nation kann nicht aus den Illusionen zweier, dreier Individuen entstehen, auch wenn deren Absichten noch so redlich sind.", Sony Labou Tansi: *Verschlungenes Leben*, a. a. O., S. 168).

262 Pierre N'Da: „Onomastique et création littéraire: les noms et titres des chefs d'État dans le roman négro-africain", a. a. O., S. 161.

263 Hanno Drechsler/Wolfgang Hilligen/Franz Neumann (Hrsg.): *Gesellschaft und Staat. Lexikon der Politik*, 10., neubearb. und erw. Aufl., München: Verlag Franz Vahlen 2003, S. 8.

Absolutismus hatte der Herrscher alle gesetzgebende, vollziehende (auch militärische) und Recht sprechende Gewalt inne."[264]

Ahmadou Kouroumas Text stellt politische Herrschaftssysteme im postkolonialen Afrika vor, deren Merkmale in vielerlei Hinsicht denen des europäischen Absolutismus ähnlich sind. Die Machthaberfiguren im Roman *En attendant le vote des bêtes sauvages* erscheinen alle als Alleinherrscher. Dies wird sowohl in ihrem Verhalten als auch in ihren Erklärungen deutlich. Die Herrscherfigur der République du Grand Fleuve (der Mann mit Leoparden-Totem) kann sich völlig über die Ratschläge seiner Berater hinwegsetzen: „Le chef africain consulte des conseillers qu'il a nommés et n'est pas tenu de suivre leurs avis."[265] (S. 240.) Diese Äußerung spiegelt ein Merkmal des Absolutismus wider: „Er [der Herrscher im Absolutismus] selbst stand über den Gesetzen und konnte allein entscheiden, ob und bei wem er Rat einholte."[266]

Die absolutistische Auffassung der politischen Macht in dem untersuchten literarischen Text wird auch durch den folgenden bildhaften Ausdruck von Tiékoroni veranschaulicht: „il ne peut exister deux hippopotames mâles dans un seul bief"[267] (S. 200). Diese absolutistische Machtvorstellung wird dann zu einer unerbittlichen Diktatur. Es gibt in den dargestellten Republiken keine Gesetze im engeren Sinne. Es herrschen bloß die persönlichen Gesetze der Machthabenden, die sie je nach Laune erlassen. Also ist es verständlich, dass diese Gesetze durch höchste Gewalt geprägt sind. Diese Gewalt gilt nicht als Staatsgewalt. Sie ist eine abstrakte Gewalt, die ausschließlich nach der Sentenz von Tiékoroni „Les adversaires politiques sont des ennemis" (S. 200, „die politischen Gegner sind Feinde") funktioniert. Dass dieser Satz ausgerechtet von einem Machthaber stammt, deutet auf das vollkommen falsche Verständnis von Macht bzw. Politik seitens dieses Machthabers, aber auch seitens der weiteren Machtfiguren hin, zumal dieser Ausspruch die Grundlage für ihre Machtausübung bildet. Dies ist zugleich als ein kritischer Blick auf dieses falsche Verständnis der Politik anzusehen, das gerade den politischen Gegner mit einem Feind verwechselt. Die moderne Politik soll eigentlich wie jedes Spiel betrachtet werden, an dem jeder

---

264 Lexikon Wissen.de, http://www.wissen.de/lexikon/absolutismus, zuletzt aufgerufen am 21.01.2016.

265 „Der afrikanische Herrscher befragt Berater, die er ernannt hat, aber nichts zwingt ihn, ihrem Rat zu folgen.", S. 222.

266 Lexikon Wissen.de, http://www.wissen.de/lexikon/absolutismus, zuletzt aufgerufen am 21.01.2016.

267 „es kann aber nicht zwei Flußpferdbullen im gleichen Revier geben", S. 185.

Mensch die Möglichkeit hat teilzunehmen. Selbstverständlich sollten die Regeln dieses Spiels ihn nicht ausschließen, wenn er sie einhalten kann.

Die Selbstbetrachtung der Machthaberfiguren als „unantastbare Herrscher" kommt aus deren Vorstellung der Nation als „Produkt des Herrschers". Diese Auffassung führt ungeheure, absurde und grausame Handlungen herbei, die der Autor schonungslos und manchmal übersteigernd schildert. Bei Tiékoroni und Bossouma erlebt der Leser furchtbare Torturen mit. Der Erzähler beschreibt den Horror im Gefängnis von Tiékoroni, wo die physische Gewalt mit der psychologischen eine Einheit bildet, wie folgt:

> Il vous a présenté les divers instruments utilisés. Il a fait sortir de sa cellule un lépreux. Un horrible lépreux libidineux. Quand, avec les tortures physiques, il ne parvenait pas à arracher des aveux à un détenu, il le menaçait. Il le menaçait de faire coucher la mère ou la femme de l'accusé avec ce lépreux. Il menaçait aussi les prévenus de les jeter aux caïmans sacrés avides de chair humaine qu'on apercevait derrière la grille de la prison.[268] (S. 202 f.)

Dem Diktator Tiékoroni fehlt keine Erfindungsgabe, um die Gefangenen zu foltern; Gefangene, deren Schuld nicht nachgewiesen ist. Zusätzlich zu Tortur müssen sie spezielle Tränke einnehmen, die die Fähigkeit besitzen, den ihnen vorgeworfenen Machtwunsch und den Hass gegenüber dem Herrscher wegzuspülen: „Sa sœur commandait une équipe de sorciers qui inventaient des philtres. Des philtres qu'elle faisait consommer aux détenus pour laver leur cerveau de toute volonté de prendre le pouvoir, pour laver leur cœur de toute haine à l'endroit de l'homme au totem caïman."[269] (S. 203) Dass sich der Herrscher darum bemüht, die Gefolterten dazu zu bringen, keinen Hass gegenüber ihm zu empfinden, unterstellt etwas Wichtiges: Der Herrscher erzeugt durch Folter Feinde, die er zu bekämpfen vorgibt.

---

268 „Er hat dir die Folterinstrumente gezeigt, die dort benutzt werden. Er hat einen Leprakranken aus seiner Zelle holen lassen. Einen grauenhaft verstümmelten, lüsternen Leprakranken. Wenn es nicht durch körperliche Folter gelang, einem Angeklagten ein Schuldbekenntnis abzupressen, drohte er ihm. Drohte dem Angeklagten, den Leprakranken seiner Mutter oder Ehefrau beiwohnen zu lassen. Er drohte den Beschuldigten auch, sie den heiligen Kaimanen vorzuwerfen, die nach Menschenfleisch gierten und die man durch die Gefängnisgitter hindurch sehen konnte.", S. 187.

269 „Seine Schwester befehligte ein Team von Zauberern und Marabuts, die magische Tränke zusammenstellten. Tränke, die seine Schwester den Gefangenen einflößte und die ihr Gehirn reinwuschen von jeglichem Wunsch, die Macht zu ergreifen und ihr Herz von jeglichem Haß auf den Mann mit dem Kaiman-Totem befreiten.", S. 187.

Im Pays aux Deux Fleuves deckt die Darstellung des Martyriums des politischen Gefangenen Oberst Zaban die barbarische Inhumanität des Kaisers Bossouma auf. In Ketten gefoltert muss Zaban seinen eigenen Urin trinken und seine eigenen Exkremente essen: „À travers les jurons de colère de l'Empereur, vous avez compris que le colonel Zaban était le prisonnier enchaîné à un crochet au fond de la cellule. […] L'Empereur voulait que le colonel ait, avant de crever – c'était la règle – bu ses urines et mangé ses excréments“[270] (S. 217).

In dieser Folterszene verwendet der Autor die Ironie, indem er den Gefangenen den Kaiser anflehen lässt, ihn zu töten: „Une vacillante voix, une voix d'agonisant vint du fond du cachot: – Tue-moi. Pour une première fois dans ta vie, sois humain. Pends-moi. Fusille-moi. Tue-moi tout de suite“[271] (S. 216). Dieses Anflehen, das an und für sich als eine Ironie betrachtet werden kann, enthält wiederum eine Ironie: „sois humain“. Die Humanität des Kaisers, die hier erbeten wird, kann eben – angesichts der Tat, die sie vollenden soll: töten – nur in ihrer Verkehrung ins Gegenteil verstanden werden: Der Autor spielt in der Tat auf die Unmenschlichkeit des Kaisers an. Diese doppelte Ironie ist bedeutungsvoll.

Bei den Folterszenen zeigen die Diktatoren nicht nur Missachtung, wie bei dem Kaiser Bossouma: „Ferme ta guele, sale communiste“[272] (S. 217). Sie zeigen sich auch zynisch, wobei sie selbst die Folter im Sessel thronend überwachen und sich auch noch wahnsinnig darüber freuen. Dies ist der Fall von Tiékoroni: „Vous êtes entrés dans la salle de torture, il vous a montré le fauteuil sur lequel il trônait pendant les séances de tortures.“[273] (S. 202)

Die Ironie, die Betonung der Verachtung sowie des Zynismus der Machthaberfiguren drücken die politische Satire des Romans aus. Ein weiterer wichtiger Aspekt, den der Autor kritisch darstellt, ist aber auch die Legitimierung der Willkürherrschaft.

270 „Den Flüchen und Wutausbrüchen des Kaisers hast du entnommen, daß der Gefangene, der dort im hintersten Kerker in Ketten lag, Oberst Zaban war. […]. Der Kaiser wollte, daß der Oberst, bevor er starb, seinen eigenen Urin trank und seine eigenen Exkremente aß, wie es eben üblich war.“, S. 200.

271 „Aus der hintersten Ecke des Kerkers kam eine schwache Stimme, die Stimme eines Sterbenden. »Töte mich. Sei einmal in deinem Leben menschlich. Häng mich auf. Laß mich erschießen. Töte mich! Jetzt!«“, S. 200.

272 „Halte die Fresse, du dreckiger Kommunist“, S. 200.

273 „Du hast die Folterkammer betreten. Er hat dir den Sessel gezeigt, auf dem er während der Folterungen thront.“, S. 187.

2.4 Antikommunismus, Authentizität und Gottesgnadentum als Legitimationsprinzipien der Gewaltherrschaft

In *En attendant le vote des bêtes sauvages* schneidet auch Ahmadou Kourouma wie Sony Labou Tansi in *La vie et demie* die Problematik der Machtlegitimierung an. Hierzu treten der Antikommunismus, die Authentizität und das Gottesgnadentum als Machtlegitimationsprinzipien auf.

Der Antikommunismus ist bekanntlich die Bekämpfung des Kommunismus. Obwohl der Kalte Krieg eine geopolitische Auseinandersetzung zwischen dem Westen und dem Osten war, hat er, wie schon ausgeführt wurde, verheerende Auswirkungen auf den afrikanischen Kontinent gehabt. Die afrikanischen Herrscher mussten zwischen den beiden Lagern auswählen. Diese Auswahl kommt jedoch einer Gratwanderung gleich. Tiékoroni, die Machthaberfigur der République des Ébènes, hat eine unvergesslich schlechte Erfahrung bei dieser Wahl gemacht, als er sich ursprünglich gegen das liberale Lager entschied. Diese schlechte Erfahrung hat ihn eines Besseren belehrt. Daher lenkt er mit Nachdruck die Aufmerksamkeit von Koyaga auf die Wichtigkeit der Wahl, die er treffen wird:

> Il [Tiékoroni] vous [Koyaga] a expliqué ce qu'il appelait la quatrième bête sauvage qui menace le chef d'un parti unique: le mauvais choix. Dans la guerre froide qui régissait l'univers, le choix d'un camp était essentiel, un acte risqué, aussi risqué que prendre une femme pour épouse.[274] (S. 203 f.)

Die Äußerung von Tiékoroni macht deutlich, wie extrem wichtig die Wahl eines Lagers ist. Wenn er die falsche Wahl als ein „größte[s] Unheil" ausdrücklich hervorhebt, gibt er dadurch implizit zu verstehen, dass die Macht eines afrikanischen Herrschenden von dieser Wahl abhängig ist. Die falsche Wahl setzt seine Macht aufs Spiel, während die richtige Wahl ihm die Macht gewährleistet. Mit einfachen Worten: Die richtige Wahl legitimiert einigermaßen seine Macht. Da der liberale Block die Vorherrschaft im Kalten Krieg innehatte, handelt es sich in dem untersuchten Text hauptsächlich um die Machthaber, die diesen Block wählen. Die Wahl des liberalen Lagers durch einen Machthaber deutet selbstverständlich dessen antikommunistische Haltung an. Nach der Machtergreifung erfolgt die internationale Anerkennung des neuen Herrschers durch die

274 „Dann hat er [Tiékoroni] dir [Koyaga] erklärt, was er als das vierte größte Unheil bezeichnet, das den Vorsitzenden einer Einheitspartei bedroht: die falsche Wahl. Im Kalten Krieg, der auf der Welt herrschte, war es unumgänglich, ein Lager zu wählen; eine riskante Entscheidung, riskant wie die, welche Frau man heiraten will.", S. 188.

Repräsentanten dieses Lagers (de Gaulle, die Königin von England und der Präsident der USA ehren ihn mit einem Staatsempfang, S. 83). Diese internationale Anerkennung besiegelt sozusagen die Machtlegitimität des Herrschers.

Nach der Anerkennung kann und darf der Machthaber Gewalt gegen die anwenden, die ihm gegenüber kritisch sind oder zu sein scheinen. Von nun an rekurrieren die anerkannten afrikanischen Herrscher auf das Argument der Bekämpfung vom Kommunismus, um ihre willkürliche grausame Gewaltausübung zu rechtfertigen. Die Legitimierung der Gewaltherrschaft durch Koyaga anhand dieses Arguments ist im Roman ein überzeugendes, repräsentatives Beispiel: Während seiner dreißigjährigen Herrschaft rechtfertigt er immer und systematisch seine Gewaltanwendung durch den Antikommunismus. Nach jedem wahren oder erdachten Anschlag auf ihn, braucht Koyaga nur noch eines zu machen: Beweise zu erfinden, die die Kommunisten als Hintermänner hinstellen: „Rapidement et facilement, vos preuves, vous les avez construites et exposées. L'Occident ne s'attarde pas, ne regarde pas trop la méthode et le raisonnement non plus. […], [le coupable] n'est qu'un exécutant. Le pauvre et maladroit exécutant d'un complot ourdi par des politiciens communistes jaloux et lâches."[275] (S. 286)

Nach Herbeischaffen dieser ausgeklügelten Beweise darf Koyaga nunmehr die grauenhafte Gewalt gegen seine Gegner in aller Ruhe und sogar mit der Hilfe des liberalen Lagers anwenden:

> De nombreuses arrestations ont été opérées pendant et après les trois complots. Beaucoup d'hommes politiques sont derrière les fils de fer barbelés ou encore en résidence surveillée. Ils sont dans une situation inconfortable; dans leurs prisons, eux aussi font le compte, eux aussi arrivent à des conclusions. Ils ne voient pas comment s'en sortir. Rien à entendre ni à attendre des défenseurs patentés des droits de l'homme de l'Occident dès lors qu'ils sont traités de communistes. Les communistes pendant la guerre froide sont exclus de la commisération, de la pitié, de l'humanité du prochain en Occident.[276] (S. 290 f.)

---

275 „Deine Beweise, die hast du schnell konstruiert und ohne große Mühe überzeugend dargelegt. Der Westen hält sich nicht lange damit auf, sieht sich die Vorgehensweise nicht allzu genau an und prüft auch nicht die Logik der Argumente. […], [der Täter] ist nur das Werkzeug. Das bedauernswerte und unangemessene Werkzeug eines von neidischen und feigen kommunistischen Politikern ausgeheckten Komplotts.", S. 267.

276 „Während und nach Aufdeckung der drei Komplotte gab es zahlreiche Verhaftungen. Viele Politiker befinden sich seither hinter Stacheldraht oder unter Hausarrest. Sie sind in einer unangenehmen Situation. In ihren Gefängnissen zählen auch sie zwei und zwei zusammen, ziehen auch sie ihre Schlüsse. Sie sehen keine Möglichkeit, sich zu befreien. Von den bekannten Verteidigern der Menschenrechte im westlichen Lager hören sie nichts, haben sie nichts zu erwarten, schließlich gelten sie als Kommunisten.

In dieser Passage fällt der Sarkasmus des Autors auf: Die „défenseurs patentés des droits de l'homme de l'Occident" (die patentierten Verteidiger der Menschenrechte im Westen) sind die, die hier die Verletzung der Menschenrechte anderer durch ihr Schweigen unterstützen. Der Sarkasmus liegt besonders auf dem gebrauchten Attribut „patentiert", als ob die Verteidigung der Menschenrechte ein Eigentum wäre, worauf nur die Europäer und die US-Amerikaner das Patent hätten. Der Schriftsteller bezieht sich hierzu sicherlich auf die „Allgemeine Erklärung der Menschenrechte", deren Urheberschaft einige Europäer für sich beanspruchen. Dieser Erklärung nach haben alle Menschen die gleichen Rechte „ohne irgendeinen Unterschied, etwa nach Rasse, Hautfarbe, Geschlecht, Sprache, Religion, politischer oder sonstiger Anschauung, nationaler oder sozialer Herkunft, Vermögen, Geburt oder sonstigem Stand"[277].

Die Problematik der Verteidigung der Menschenrechte im Roman weist einigermaßen auf eine verwerfliche moralische Praxis der Europäer hin: die Doppelmoral. Diese besteht darin, das gleiche Verhalten ethisch unterschiedlich zu bewerten: Die Europäer bekämpfen die Missachtung der Rechte der Menschen in Europa, während sie die Verletzung derselben Menschenrechte in Afrika unter dem Deckmantel der Bekämpfung des Kommunismus befürworten. Der Verfasser weist nicht nur auf die Doppelmoral hin, sondern er kritisiert sie, indem er zeigt, welche schlimmen Folgen dieses Verhalten in Afrika verursacht. Das Alibi des Antikommunismus fungiert im Roman für die Machthaber als Gewaltlegitimation. Meiner Ansicht nach legitimiert der Antikommunismus die Gewalt der dargestellten Machthaber nur in den Augen des Westens. Offenbar sind sie sich dessen bewusst. Daher nehmen sie weitere Grundsätze in Anspruch, um ihre diktatorische Macht bei ihrem jeweiligen Volk legitimieren zu können: die Authentizität und das Gottesgnadentum.

Das Authentizität-Konzept ist in der politischen Geschichte einiger afrikanischer Länder nach der Unabhängigkeit (1960) eine politische und kulturelle Ideologie. Sie entstand zu Beginn der 1970er Jahre im damaligen Zaïre, in der heutigen Demokratischen Republik Kongo und bezweckt eine Rückkehr zu den von den Kolonialherren abgeschafften afrikanischen Werten: „Doctrine politique et culturelle prônant la désaliénation par le recours aux valeurs propement

Kommunisten sind während des Kalten Krieges im Westen von Mitgefühl, Erbarmen und Nächstenliebe ausgeschlossen.", S. 271.

277 Artikel 2, Abs. 1 der Allgemeinen Erklärung der Menschenrechte.

africaines."[278] Die Abschaffung der kulturellen afrikanischen Werte, einschließlich derjenigen, die das politische Leben bestimmten, während der Kolonisation thematisiert Ahmadou Kourouma in seinem zweiten Roman *Monnè, outrages et défis*[279]. In diesem Text erfährt der Leser, wie die große Macht des afrikanischen Chefs, hier am Beispiel des Königs Djigui Keita des fiktiven Königtums Soba, von den Kolonialherren zunichte gemacht wird. Djigui besitzt daraufhin – wie es auch in der Realität geschah – nur noch eine „symbolische Macht", denn über die wahre und volle Macht verfügen doch nur die Kolonialherren: „Il a été établi que les chefferies traditionnelles, avec l'avènement de la colonisation, n'ont plus aucun pouvoir, ou tout au plus, un pouvoir symbolique. Les chefs sont réduits au rôle de simples sujets, auxiliaires de l'administration"[280]. Djigui muss sich nach seiner Niederlage dem Treueeid gegenüber den Franzosen unterwerfen und wird noch dazu gezwungen, bei den Freitagsbesuchen bei ihnen einen Bericht über seine Herrschaftsaktivitäten zu erstatten.

Die politische und kulturelle Ideologie der Rückkehr zu den authentischen afrikanischen Werten wird aber in Kouroumas Roman als Machtlegitimationsprinzip dargestellt und kritisiert – offensichtlich wegen der totalitären Machtausübung, die sich letztendlich aus dieser Ideologie herausbildete. Madeleine Borgomano schreibt über die „authenticité" in dem hier untersuchten Roman folgendes: „Certains dictateurs ›autoproclamés‹ [...] tentent de se légitimer en se rattachant à une pseudo-authenticité. C'est le cas du ›totem léopard‹"[281]. Angesichts der Argumentation der Machthaberfigur der République du Grand Fleuve den sogenannten „authentischen" afrikanischen Staatschef betreffend ist dieser Standpunkt vollkommen zutreffend. In der folgenden ziemlich langen Passage klärt er Koyaga in einer pathetischen Ausdrucksweise über das, was einen authentisch-afrikanischen Staatschef ausmacht, auf und rät ihm abschließend, die Authentizität als Regierungssystem einzuführen:

> L'Empereur [Bossouma de la République des Deux Fleuves] avait beaucoup moins de prérogatives qu'un chef africain de l'authenticité. C'étaient les mânes des ancêtres qui

---

278 *Inventaire des particularités lexicales du français en Afrique noire*, Paris: AUPELF (IFA) 1980, S. 89, zitiert nach Mussia Kakama: „›Authenticité‹, un système lexical dans le discours politique au Zaire". In: *Mots*, mars 1983, N° 6, S. 31–58, hier S. 31.

279 Ahmadou Kourouma: *Monnè, outrages et défis*, Paris: Seuil 1990. Die deutsche Übersetzung lautet: Ahmadou Kourouma: *Monnè: Schmach und Ärger* (Übersetzung aus dem Französischen von Vera Gärttling), Zürich: Diaphanes 2013.

280 Joseph Ndinda: *Le politicien, le marabout-féticheur et le griot dans les romans d'Ahmadou Kourouma*, a. a. O., S. 85.

281 Madeleine Borgomano: *Des hommes ou des bêtes?*, a. a. O., S. 138.

l'avaient nommé, lui, l'homme-léopard, le chef de l'authenticité, le Père de la nation. Il disposait de toute la nation et en usait. [...]. Le chef africain consulte des conseillers qu'il a nommés et n'est pas tenu de suivre leurs avis. [...]; un vrai chef authentique africain dispose de tout l'argent du Trésor et de la Banque centrale et personne ne compte, ne contrôle ce qu'il dépense. [...]; un vrai chef africain use de la clémence et c'est tout. [...] et il vous conseilla d'appliquer, comme système de gouvernance, l'authenticité. C'était le gouvernement qui convenait aux Africains.[282] (S. 240 f.)

Für den Diktator der République du Grand Fleuve soll bzw. muss ein authentisch-afrikanischer Präsident, wie er selbst, von den Vorfahren ausgewählt werden, über eine weder durch Menschen noch durch Institutionen kontrollierte Macht sowie über das ganze Vermögen des Landes verfügen und nur Milde walten lassen. Seine Beweisführung, dass ein authentisch-afrikanischer Staatschef eine unkontrollierte Macht ausübt, erweist sich freilich als das Gegenteil von dem, was in der traditionellen afrikanischen Politik galt. Joseph Ki-Zerbo, einem der berühmtesten afrikanischen Historiker, zufolge bedurften die Entscheidungen des Machthabers (des Chefs) zunächst der Beratung anderer Institutionen, nicht zuletzt der Beratung der Standespersonen und der Versammlung von den Delegierten des Dorfes und der verschiedenen sozialen Schichten:

Le constitutionnalisme, a t-on dit, est un fait organique de la vie politique africaine. De multiples institutions, véritables «contrepoids» comme dirait Montesquieu, interviennent dès le stade de l'élection du chef. Dans l'exercice du pouvoir celui-ci n'est maître absolu que dans le cadre des mœurs et traditions. Ses décisions chuchotées, puis clamées par le forgeron, sont prises après consultation des notables et de l'assemblée des délégués des villages et des différentes couches sociales.[283]

---

282 „Ein Kaiser [Bossouma, Kaiser des Zweiflusslandes] hatte bedeutend weniger Privilegien als ein authentisch-afrikanischer Herrscher. Ihn, den Mann mit dem Leoparden-Totem, hatten die Seelen der Vorfahren zum Herrscher im authentisch-afrikanischen Sinne ernannt, zum Vater der Nation. Er bestimmte über die ganze Nation und nutzte das aus. [...]. Der afrikanische Herrscher befragt Berater, die er ernannt hat, aber nichts zwingt ihn, ihrem Rat zu folgen. [...]; ein richtig authentisch-afrikanischer Herrscher verfügt nach Belieben über das gesamte Geld der Staatskasse und der Zentralbank; niemand rechnet nach, niemand kontrolliert, was er ausgibt. [...]; ein wahrer afrikanischer Herrscher läßt Milde walten, und das ist alles. [...] und riet dir, als Regierungsform die authentisch-afrikanische einzuführen. Dies ist die Art der Regierung, die am besten zu den Afrikanern paßt.", S. 222 f.

283 Joseph Ki-Zerbo: „Histoire et Conscience Nègre", online Veröffentlichung: http://www.universitepopulairemeroeafrica.org/IMG/pdf/Joseph_KI-Zerbo_Histoire_et_Conscience_Negre.pdf, S. 13, zuletzt aufgerufen am 09.02.2016.

Angesichts dieser Erläuterung ist die Beweisführung des Diktators der République du Grand Fleuve nur noch als eine Bemühung zu deuten, die darauf abzielt, zuerst seine absolutistische und gewalttätige Macht zu stärken und ihr dann eine gewisse Legitimität zu verschaffen: „L'›authenticité‹ devient alors une justification inattaquable de la dictature."[284]

Die oben aufgeführte Erklärung der Authentizität durch den Mann mit Leoparden-Totem erscheint als ein literarisches Echo von den Reden des historischen Vertreters und Pioniers dieser Ideologie, Mobutu, Präsident des damaligen Zaïre, dessen Ähnlichkeit mit der fiktiven Machtfigur der République du Grand Fleuve auch von manchen Kritikern schon herausgestellt wurde. Sie ist also eine Parodie, deren Funktion deutlich eine Kritik an diesem Machtlegitimationsprinzip darstellt.

Das Gottesgnadentum dient auch den Machthaberfiguren, nämlich dem König des Pays des Djebels, als Herrschaftslegitimationsprinzip. Der Begriff Gottesgnadentum, der seinen Ausgangspunkt im Mittelalter findet, „bezeichnet ein Herrschaftssystem, bei dem der Herrscher als direkt von Gott eingesetzt gilt, ohne selbst von göttlichem Wesen oder Geblüt zu sein."[285] Der König erbt die Macht zwar von einer dynastischen Tradition – er ist „un chef d'État moderne issu d'une dynastie au pouvoir depuis des siècles dans un royaume vieux de plusieurs siècles"[286] (S. 257) – aber er sieht und versteht sich als ein von Gott etablierter Monarch: Er sei von Allah auf den Thron der Monarchie eingesetzt worden, um sie zu bewahren (Vgl. S. 263). Dadurch rechtfertigt er seine gnadenlose Gewalt nach jedem Attentat. Er beruft sich dabei auf den malekitischen Ritus, der ihm das Recht gebe, das „schlechte" Drittel der Bevölkerung zu vernichten, um die zwei „guten" Drittel davor zu bewahren:

> Le roi déclara qu'Allah l'avait «placé sur le trône pour sauvegarder la monarchie» et rappela que «pour cette sauvegarde, le rite malékite qui est le mien prévoit qu'il ne faut pas hésiter, le cas échéant, à faire périr le tiers de la population habité par des idées néfastes, pour préserver les deux tiers de la population saine».[287] (S. 263, siehe auch S. 264)

---

284 Madeleine Borgomano: *Des hommes ou des bêtes?*, a. a. O., S. 138.

285 Björn Riecken: „Gottesgnadentum", (Version 11. November 2010), im Internet Archive unter: http://web.archive.org/web/20101111011509/http://www.histosem.uni-kiel.de/legitimation/glossar/gottesgnadentum.html, zuletzt aufgerufen am 09.02.2016.

286 „ein moderner, einer jahrhundertealten Herrscherdynastie entstammender Staatschef in einem seit mehreren Jahrhunderten bestehenden Reich", S. 238.

287 „Der König erklärte, daß Allah ihn auf den Thron gesetzt habe, um die Monarchie zu bewahren, und rief in Erinnerung, daß der malekitische Ritus, zu dessen Anhängern er gehörte, empfahl, falls nötig, bedenkenlos ein Drittel der Bevölkerung zu opfern,

Es soll verstanden werden, dass Allah ihn angewiesen hat, den malekitischen Ritus auszuführen, denn dadurch bewahrt er die Monarchie, auf deren Thron Allah ihn eingesetzt habe. So gesehen verweist er durch die Erinnerung an den Ritus auf seine Verantwortung als Obrigkeit vor Gott, hier Allah. Der König des Pays des Djebels ist in dem Fall dem Kaiser Friedrich Wilhelm IV., König von Preußen, ähnlich, der 1840 sein Volk auf sein Gottesgnadentum aufmerksam macht und zugleich seine Verantwortung vor Gott nachdrücklich äußert:

> Ich weiß zwar und ich bekenne es, daß ich meine Krone von Gott allein habe, und daß es mir wohl ansteht zu sprechen: Wehe dem, der sie anrührt! – Aber ich weiß auch und bekenne es vor ihnen allen, daß ich meine Krone zu lehn trage von dem allerhöchsten Herrn, und daß ich ihm Rechenschaft schuldig bin von jedem Tage und vor jeder Stunde meiner Regierung.[288]

Die Berufung des Königs des Pays des Djebels auf das Gottesgnadentum und insbesondere auf den malekitischen Ritus ist aber im Grunde eine Verlogenheit. Zum einen: Auch wenn es den malekitischen Ritus wirklich gibt, ist es doch augenscheinlich, dass der Inhalt dieses Ritus, wie der König ihn erläutert, gegen jeden gesunden Menschenverstand verstößt und ist somit nicht als Legitimation akzeptabel. Zum anderen gibt der Erzähler dem Leser einige Zeilen zuvor den Schlüssel zum Verstehen dieser tendenziösen Erläuterung. Der Erzähler weist darauf hin, dass es sich eigentlich um eine Rache und eine „Kriegslist“ des Königs handelt. Der König nutzt auf diese Weise die gegenüber ihm vom Volk gehegten Ressentiments, weil er diktatorisch regiert, für seine Zwecke aus: „Le roi se sachant détesté a eu l'intelligence de faire bon usage du ressentiment des Arabes des Djebels à son endroit; il a utilisé ce ressentiment comme stratagème. Il l'a retourné par deux fois avec succès contre les habitants des Djebels.“[289] (S. 262) Des Weiteren bestreitet der Erzähler vehement die Auffassung des Westens, nach der das Regime des Königs „respectable assis sur une base multiséculaire“ (S. 257) sei. Für ihn entpuppt sich dies gar nicht als wahr („Ce ne fut

---

wenn sie von verhängnisvollen Ideen besessen sei, um die zwei Drittel der nicht besessenen Bevölkerung davor zu bewahren.“, S. 243.

288 Friedrich Wilhelm IV. in seiner Rede bei der Berliner Huldigung im Schlosse an die Ritterschaft am 15. Oktober 1840. In: *So sprach der König. Reden, Trinksprüche, Proclamationen, Botschaften, Kabinets-Ordres, Erlasse, u.s.w. Friedrich Wilhelms IV., Königs von Preußen*, neue sehr vermehrte und vervollständige, wohlfeilere Ausgabe, Stuttgart: Göpel 1861, S. 25.

289 „Der König, der wußte, daß man ihn haßte, war schlau genug, die Ressentiments, die sein Volk gegen ihn hegte, für seine Zwecke zu nutzen. Er hat sie zweimal als Kriegslist gegen die Bergbewohner eingesetzt.“, S. 243.

pas vrai.“, S. 257), weil der König auch ein Diktator, mittelalterlich, barbarisch, grausam, verlogen und kriminell sei wie die anderen Väter der Nation Afrikas in den Zeiten des Kalten Krieges (vgl. S. 257).

Aus dem Vorhergehenden lässt sich folgendes Fazit ziehen: Die Darstellung der soeben ausgeführten Legitimationsprinzipien dient dem Verfasser dazu, die Verlogenheit der Regierenden aufzudecken. Der Verfasser macht diese Verlogenheit durch die dargestellte Rücksichtslosigkeit gegen die Beherrschten, die diese Regierenden kennzeichnet, sowie durch die Kritiken oder Kommentare des Griot-Erzählers und seines Antworters, Tiécoura, ersichtlich.

Die geschilderten Machthaber stellen sich nicht nur als Väter der Nation dar, sondern auch als große Erlöser. Die dargebotenen Gesellschaften glauben manchmal naiv an diesen Mythos, den Ahmadou Kourouma auch anhand von Stilisierungsverfahren dekonstruiert und entmythologisiert.

2.5 Dekonstruktion und Entmythisierung des Mythos des Präsidenten als „Erlöser“

Den Mythos des Präsidenten als Erlöser konstruieren die Machthaberfiguren selbst oder deren engste Mitarbeiter, die ihn dann gekonnt im kollektiven Bewusstsein fest verankern. Der Mythos spiegelt sich in den Namen wider, welche die Machtfiguren tragen. Der Diktator der République du Grand Fleuve wird mit folgenden Namen bezeichnet: „le Président-soleil, le Génie du Grand Fleuve, le Stratège, le Sauveur, le Père de la nation, l’Unificateur, le Pacificateur …“[290] (S. 243), und Koyaga mit „Guide Suprême“. Dergleichen Bezeichnungen werden häufig in der afrikanischen Literatur ab 1970er Jahren angetroffen. Viele Schriftsteller, wie z. B. Sony Labou Tansi, versuchen, diese selbsternannten Führer und Erlöser mittels einer höchsten Monstrosifizierung herabzusetzen und zu entmystifizieren. Seinerseits dekonstruiert Ahmadou Kourouma den Mythos des Präsidenten als Führer und Erlöser mithilfe desselben Mythos: Er verwendet die Mittel des Mythos gegen ihn selbst, indem er aufklärt, wie er überhaupt zustande gekommen ist und legt dabei die Verlogenheit und die Täuschung bloß, die ihn umgeben. Ferner verwendet er den so aufgedeckten Mythos gegen die Herrschenden: Er entlarvt die Machthabenden selbst, wobei er dem Bild des Erlösers das wahre Bild dieser vorgeblichen Erlöser entgegenstellt.

---

290 „Sonnenpräsident, Geist vom Großen Fluß, Großer Stratege, Retter, Vater der Nation, Vereiniger, Friedensstifter.“, S. 225.

Der Mythos des Präsidenten als Erlöser ist aber keine reine literarische Erfindung von Ahmadou Kourouma. Dieser Mythos war während der Epoche zwischen der Unabhängigkeit afrikanischer Länder und der Entstehungszeit des Romans in Afrika gewissermaßen verbreitet. Der Autor wirft literarisch ein besonderes Schlaglicht auf die Diskrepanz zwischen Schein und Sein dieser Machthaber.

Ein von Sakombi ausgedachtes Szenario, das im Unterkapitel „Ein neuartiger Machtfaktor“ (siehe Unterkapitel 2.2.4) schon ausgeführt wurde, führt den Leser in das Geheimnis der politischen Macht hinein. Laut Benjamin Ngong:

> Kourouma illustre à merveille tout le côté pervers de cette politique en mettant en scène l'interaction entre deux personnages: le Président de la République du Grand Fleuve et son adjuvant le citoyen Sakombi Inongo, ministre de la Propagande et de l'Orientation nationale. En effet, avant un remaniement ministériel qui menaçait son poste, afin de s'assurer une place peut être pas plus conséquente, mais tout au moins équivalente à celle qu'il occupe déjà, Sakombi, en bon courtisan laudateur, va user d'un subterfuge bien connu en Postcolonie: la cautèle, une attitude caudataire et courtisane très répandue dans les palais présidentiels en Afrique. Elle consiste, dans la pure tradition des griots, à viser la fibre sensible et égoïste du prince.[291]

Die Darstellung dieses Szenarios zielt nicht nur darauf ab, die perverse Seite der politischen Macht aufzuzeigen, wie Benjamin Ngong es schreibt. Sie zeigt auch auf, wie leicht ein Machthaber, der sich selbst allerdings als der Mächtigste vorstellt, durch seine engsten Mitarbeiter meist nur in ihrem Interesse manipuliert werden kann. Das Ziel der Darstellung dieses Szenarios ist meines Erachtens auch noch – und vielleicht vielmehr –, aufzudecken, wie eine Lüge zu einem Mythos wird. Die Lüge Sakombis ermöglicht, dass der Präsident der République du Grand Fleuve vergöttert wird. Dass er Bilder über die Fernsehschirme laufen lässt, auf denen er direkt vom Himmel auf die Erde herunterkommt, erleuchtet klar und deutlich seine Intention, sich wie ein Gott zu zeigen. Er stellt sich hierzu mit Gott gleich, der vom Himmel herabsteigt, um das leidende Volk zu befreien. Als Anerkennung seiner Wohltaten muss das vermeintlich befreite Volk zu seiner Ehre Tag und Nacht Loblieder singen: „Les chants rythmés nuit et jour des animatrices sur le pont. Elles hurlaient sans cesse les mêmes dithyrambes de l'homme-léopard pour l'encourager dans ses actions.“[292] (S. 241)

---

291 Benjamin Ngong: *Pouvoir, violence et résistance en Postcolonie*, a. a. O., S. 175.

292 „Auf der Brücke Tag und Nacht rhythmische Gesänge. Die Frauen kreischten ununterbrochen die immergleichen Lobgesänge für den Leopardenmann, um ihn in seinem Tun zu bestärken.“, S. 223.

Hier gilt es anzumerken, wie Benjamin Ngong es kommentiert hat, dass Sakombi eine angemessene Strategie entwickelt hat, um seine Geschichte glaubwürdig zu machen:

> C'est cette stratégie qui justifie la présence, dans son récit, des éléments telluriques à forte charge mystique comme le fleuve, le cimetière, ou mythique tel que le fromager centenaire, un arbre vénéré dans certains rituels cultuels autochtones. Ces paradigmes ou lieux communs représentent à la fois dans l'imaginaire populaire et dans les us et coutumes locales l'agora où les esprits, ici les mânes des ancêtres, sont supposés se reposer.[293]

Die mystische und mythische Seite in der Geschichte Sakombis spricht offenbar dafür, dass der Machthaber der République du Grand Fleuve an seine Geschichte sofort glaubt[294]. Doch der sofortige Glaube daran liegt auch viel mehr an der Tatsache, dass Sakombi genau seine „fibre sensible et égoïste" getroffen hat: seinen Machtdurst. Sein Erfolg ist von einer langen und reifen Überlegung abhängig: „Au cours de ses voyages en Chine et en Corée du Nord, Mao Tsé-toung et Kim Il-Sung avaient planifié des accueils délirants pour l'homme au totem léopard. Le ministre Sakombi Inongo avait été très attentif et avait beaucoup noté et réfléchi."[295] (S. 241 f.)

Die Verehrung des Machthabers als Erlöser wird auch an Koyaga dargestellt. Wie in der République du Grand Fleuve wird Koyaga von Animationsgruppen verehrt. Diese Gruppen stellen ihn in ihren Lobgesängen als Erlöser nicht nur seines Landes, sondern auch von ganz Afrika dar:

> [D]es groupes de choc qui partout et toute la journée griotteront, louangeront Koyaga. Sans cesse lui rappelleront ce qu'il fait pour le pays, sans cesse lui rappelleront qu'il est pour le pays une chance, une chance égale à celle que constitue le Nil pour l'Égypte. Sans lui, le pays retomberait dans la misère, l'Afrique retournerait à la colonisation, à l'esclavage, à sa sauvagerie congénitale.[296] (292 f.)

---

293 Benjamin Ngong: *Pouvoir, violence et résistance en Postcolonie*, a. a. O., S. 176.

294 Der Glaube des Machthabers an die Geschichte von Sakombi wird durch dessen Erhaltung auf seinem Posten gezeigt: „Le remaniement eut lieu. Le ministre Sakombi fut maintenu à son poste pour continuer à appliquer les instructions des mânes des ancêtres", S. 243 (Deutsche Übersetzung: „Die Kabinettsumbildung fand statt. Der Minister Sakombi blieb auf seinem Posten und wachte darüber, daß die Anweisungen der Ahnenseelen befolgt wurden.", *Die Nächte des großen Jägers*, S. 225).

295 „Bei seiner Reise nach China und Nordkorea hatten Mao Tse-tung und Kim Il-Sung den Mann mit dem Leoparden-Totem mit unglaublichem Pomp empfangen. Der Minister Sakombi hatte sehr aufmerksam zugeschaut, sich seine Gedanken gemacht und vieles notiert.", S. 223.

296 „Animationsgruppen […], die überall von morgens bis abends Koyaga wie die Grioten loben und preisen würden. Unermüdlich würden sie ihn daran erinnern, was er für

In der Erzählung von Koyagas Geburt kann der nachstehende Orakelspruch den Leser den Eindruck gewinnen lassen, dass er nur dafür geboren ist, Führer zu werden: „Ton fils, ajoute le marabout, est de la race des hommes qui ouvrent, des hommes qui se font suivre, des maîtres“[297] (S. 64). Doch zeigen die Seiten zuvor, dass diese Weissagung eine Manipulation darstellt. Während einer Teufelsaustreibung, wobei der Teufel aus Koyagas Mutter ausgetrieben werden muss, hat sich der Marabut Bokano in sie verliebt. Diese aber weist seinen Vorschlag zurück, bei ihm zu wohnen (vgl. S. 294). Eines Morgens nimmt er einen Traum zum Vorwand, in dem sein mystischer Meteorstein ihm mitgeteilt habe, Koyagas Mutter als seine Trägerin ausgewählt zu haben, und er lässt sie und ihren Sohn zu ihm kommen, um ihr die Botschaft auszurichten. Die oben erwähnte Weissagung ist während der Ausrichtung der Botschaft zustande gekommen. Diese Ereigniskette entblößt eine Eroberungsstrategie von Koyagas Mutter durch den Marabut, denn er hat realiter eine Zuneigung zu ihr: „il a une inclinaison, plus qu'une tendresse pour Nadjouma [la mère de Koyaga]. Elle a une beauté du corps qui le trouble dans l'évocation des sourates du Coran“[298] (S. 293 f.). Diese Deutung des Verhaltens des Marabuts als Eroberungsstragie von Koyagas Mutter kommt der Auffassung des kamerunischen Literaturkritikers Joseph Ndinda[299] nahe.

Dieses Verhalten lüftet auch zugleich die Manipulation, die in der Entstehung eines Mythos mündet: Koyaga als ein Wegbahner, ein geborener Führer, ein Erlöser. Ein weiterer Manipulierer (Maclédio) kümmert sich danach darum, diesen Mythos zu verbreiten und ihn im Bewusstsein des Volkes stets präsent zu halten. Er gründet zu diesem Zweck u. a. die Animationsgruppen, von denen zuvor die Rede war.

Ahmadou Kourouma deckt nicht lediglich die Konstruktion des Mythos auf. In seinem Roman stellt er zudem dem trügerischen Schein der Machthaber – der

---

das Land tut; unermüdlich würden sie ihn daran erinnern, daß er einen Glücksfall darstellt für das Land, einen Glücksfall wie der Nil für Ägypten. Ohne ihn würde das Land wieder verarmen, Afrika der Kolonialherrschaft anheimfallen, der Sklaverei und seiner angeborenen Wildheit.“, S. 272 f.

297 „Dein Sohn, fuhr der Marabut fort, gehört zu den Menschen, die die Wege bahnen, zu den Menschen, denen andere folgen, den Meistern“, S. 57.

298 „Er verspürt für Nadjouma [Koyagas Mutter] Zuneigung, mehr als nur zärtliche Gefühle. Ihre körperliche Schönheit lenkt ihn so ab, daß er sich nicht mehr konzentrieren kann und ihm die Koransuren nicht mehr einfallen.“, S. 273 f.

299 Joseph Ndinda: *Le politicien, le marabout-féticheur et le griot dans les romans d'Ahmadou Kourouma*, a. a. O., S. 130–135.

aus dem, zum ausschließlich persönlichen Zweck, fabrizierten Mythos hervorgeht – das wahre Wesen, also das Sein, derselben Machthaber kontrastiv gegenüber. Er lässt den Erzähler Bingo und besonders seinen sehr scharf kritisierenden Antworter Tiécoura den Schleier über dem echten Wesen der dargestellten Machtfiguren lüften. Dies ist beispielsweise der Fall bei dem Machthabenden der République du Grand Fleuve. Gleich nach dem Bericht über die Bilder, die er selbst über die Fernsehschirme laufen lässt und auf denen er vom Himmel herabsteigt, entlarvt Tiécoura seine wahren Eigenschaften. Tiécoura zufolge ist dieser Machthaber von Natur aus gewalttätig und wild wie sein Totem:

> Violent est le dictateur, de naturel violent il est né. Parfois il arrive à dissimuler son tempérament sous des mises en scène burlesques. Mais, les nuits de clair de lune, il se fait rattraper par son comportement, il devient féroce comme un fauve, féroce comme son totem.[300] (S. 249 f.)

Diese Wildheit führt ihn eben dazu, seine schwangere Frau Annette umzubringen (vgl. S. 250). Hier lässt sich deutlich ersehen – wenn er seine Frau eigenhändig und kaltblütig hat umbringen können –, dass er die Menschen, über die er herrscht, auch grundlos töten kann[301]. Dieses Bild steht in krassem Widerspruch zu dem des Erlösers und schließt konsequenterweise letzteres Bild aus.

Außer der Gewalt und dem Terror, die in der République du Golfe vorherrschen, betont Tiécoura auch die Untugenden Koyagas. Er beschreibt ihn als herrschsüchtig, verlogen, grausam, mörderisch und als Demagogen:

> Koyaga, vous avez des défauts, de gros défauts. Vous fûtes, vous êtes autoritaire comme un fauve, menteur comme un écho, brutal comme une foudre, assassin comme un lycaon, émasculateur comme un castreur, démagogue comme un griot, prévaricateur comme un toto, libidineux comme deux canards.[302] (S. 315)

---

300 „Der Diktator ist gewalttätig, von Natur aus, er ist so geboren worden. Bisweilen gelingt es ihm, sein Temperament hinter burlesken Inszenierungen zu verbergen. In Vollmondnächten aber gewinnt seine Veranlagung die Überhand. Er wird wild wie ein Raubtier, wie sein Totem.“, S. 231.

301 Bezüglich des beschriebenen Verhaltens des Diktators ist auch Joseph Ndinda ähnlicher Meinung: „En transposant ce comportement dans la sphère du pouvoir, l'on mesure la gravité de tous les maux qu'il installe dans son pays. Il s'agit d'un régime régi par la violence gratuite et qui vise la destruction de tous ceux et celles qui contrecarrent ses désirs“, Joseph Ndinda: *Le politicien, le marabout-féticheur et le griot dans les romans d'Ahmadou Kourouma*, a. a. O., S. 25.

302 „Du hast Fehler, Koyaga, große Fehler. Du warst und bist herrschsüchtig wie ein Raubtier, verlogen wie ein Echo, grausam wie ein Blitz, mörderisch wie ein Hyänenhund, du entmannst deine Gegner so selbstverständlich wie ein berufsmäßiger Kastrierer.

Koyaga besitzt auch Tugenden, welche Maclédio, der Helfershelfer Koyagas, als Erwiderung an Tiécoura preist (vgl. S. 315 f.). Diese Tugenden erscheinen im Vergleich zu seinen Untugenden als unscheinbar, sodass hier zu Recht behauptet werden kann, dass so ein Mensch mit so vielen Unzulänglichkeiten überhaupt kein Erlöser sein kann. Hunderte junger Aufständischer finden wegen seiner Herrschsucht und seiner höchst bedenkenlosen Grausamkeit den Tod. Eines Nachts wird das Haus der Partei, in dem sie übernachten, einfach niedergebrannt:

> Dans la maison du parti, dormaient, mangeaient et vivaient plusieurs centaines de déscolarisés et tous ces enfants de la rue dont la plupart avaient moins de douze ans. La maison du parti était une vraie ruche.
> C'est cette ruche qui fut la proie des flammes dans la nuit du 5 juillet. Quel fut le nombre exact des victimes? On ne le saura jamais. Personne ne possédait une liste d'enfants et de jeunes gens vivant dans l'établissement. La presse internationale fera des reportages sur l'incendie criminel, des reportages avec des images insupportables qui indigneront le monde entier. Des corps d'enfants calcinés, recroquevillés, des centaines. Des centaines d'autres brûlés ou blessés.[303] (S. 358)

Die Gegenüberstellung von zwei diametral entgegengesetzten Bildern derselben Machthaber führt zu einer inhaltlichen Folge: Das erste, allerdings reichlich mediatisierte Bild, das aus dem Mythos hervorgeht, kann als Schein-Bild interpretiert werden, und das zweite Bild als Sein-Bild. Mit dem zweiten Bild, dem Sein-Bild, macht der Autor eine wahre Autopsie des Wesens dieser Diktatoren, die sich mit großen, aber leeren Titeln[304] wie „Führer" und „Erlöser"

Du bist ein Demagoge wie ein Griot, treulos wie eine Laus und geil wie zwei Erpel.", S. 293.

303 „Im Haus der Partei übernachteten, aßen und lebten nun einige hundert Bilakoro und Straßenkinder, von denen die meisten unter zwölf waren. Im Haus der Partei ging es zu wie in einem Bienenkorb. Der Bienenkorb ging in der Nacht zum 5. Juli in Flammen auf. Wie hoch war die tatsächliche Zahl der Opfer? Man wird es nie erfahren. Niemand besaß eine Liste der Kinder und jungen Leute, die sich in dem Gebäude aufhielten. Die internationale Presse würde kriminelle Brandstiftung vermuten, Reportagen mit unerträglichen Bildern verbreiten, über die sich die ganze Welt empören würde. Zusammengekrümmte, verkohlte Kinderkörper, zu Hunderten. Hunderte verbrannter oder verletzter junger Menschen.", S. 331.

304 Vgl. das Gedicht „Der leere Titel" von Peter Florenz Weddigen. In: Maximilian Bern: *Die zehnte Muse: Dichtungen vom Brettl und fürs Brettl aus vergangenen Jahrhunderten und aus unseren Tagen*, Berlin: Elsner 1920, S. 176–177. In diesem Gedicht beschwert sich die Dummheit, „das Kind der Finsternis und Nacht", bei Zeus, dass sie auf der Erde verachtet und verkannt werde. Da gibt ihm Minerva den folgenden Rat: „Minerva sprach: ‚Das beste Mittel, / o Vater Zeus, ist wohl – *ein leerer Titel*;

ausstaffieren. Damit attackiert der Autor, ob bewusst oder unbewusst, diesen Mythos, wobei er das Verlogene (d. h. die Lügen, die zur Mythos-Bildung führen) und das wahre Wesen der dargestellten Machthaber entlarvt. Durch die Aufdeckung des Konstrukts – der Präsidenten als Erlöser – und nach wie vor die ästhetische Kontrastierung des Scheins der Machthaberfiguren mit deren Sein, wie z. B., großer Stratege", „Retter", „Vereiniger", „Friedensstifter" *versus* „gewalttätig", „wild" und sogar „Mörder" (der Mann mit Leoparden-Totem); Erlöser seines Landes und von ganz Afrika *versus* „herrschsüchtig", „verlogen", „grausam", „mörderisch" und „Demagoge" (Koyaga), dekonstruiert und entmythisiert (und entmystifiziert) Ahmadou Kourouma letzten Endes die Figur des Präsidenten als Erlöser.

Das Verfahren der Enthüllung verwendet auch der deutsche Schriftsteller Heinrich Mann, der in seinem antifaschistischen Roman *Lidice* die nationalsozialistische Macht thematisiert. Darin entlarvt er ebenfalls ästhetisch-stilisierend das nationalsozialistische System: in der Person seiner Führerfigur Heydrich – ein ästhetisches Verfahren, das in der deutschen Literatur über dieses System nicht üblich zu sein scheint.

/ denn heutzutage will durch Schein / das Publikum getäuscht stets sein' ", S. 177. [Hervorhebung von mir].

Teil II: Ästhetische Repräsentation von politischer Macht in den ausgewählten deutschsprachigen Texten

1 Personalisierung nationalsozialistischer Macht in *Lidice* von Heinrich Mann

1.1 Zur Erzähltechnik

Heinrich Mann, geboren am 27. März 1871 in Lübeck und gestorben am 11. März 1950 in Santa Monica (Kalifornien, USA), ist einer der produktivsten und bedeutendsten deutschen Schriftsteller im letzten Jahrhundert gewesen. In der deutschen Literatur tritt er als ein scharfsinniger Darsteller und Kritiker der deutschen gesellschaftlichen sowie politischen Verhältnisse auf. Die kritische Auseinandersetzung mit dem wilhelminischen Kaiserreich und später dem Hitler-Regime schlägt sich in seinen Werken nieder.

Das Hitler-Reich, das mehr Raum für die Erweiterung der deutschen Herrschaft gewinnen wollte, fing bereits ab 1938 an, andere europäische Länder anzugreifen. Nach den Sudeten-Gebieten folgte dann auch der Angriff gegen die Tschechoslowakei, die 1939 für ein deutsches Protektorat erklärt wurde. Von diesem Zeitpunkt an bis zur Befreiung stand das eroberte Land unter der nationalsozialistischen Herrschaft, die in diesem Land durch einen Reichsprotektor vertreten wurde. Anhand dieses Beispiels stellt Heinrich Mann in seinem 17. Roman[305], *Lidice*, aus ästhetisch-satirischer Perspektive die nationalsozialistische Macht dar. Diesen Roman schreibt er 1942 in seinem US-amerikanischen Exil, und er wird 1943 in Mexiko vom Verlag El Libro Libre verlegt.

Die NS-Herrschaft wird in *Lidice*[306] als eine der Welt bisher noch nie bekannte grausame Gewaltherrschaft dargestellt. „[E]in Wald von Galgen möge zum Himmel ragen. Und stinken!" (S. 65): Diese Aussage, durch die der Reichsführer den Reichsprotektor Reinhard Heydrich, die Hauptfigur des Romans, ermächtigt, schrankenlose Gewalt gegen die Tschechen anzuwenden, belegt dies beispielhaft. An einer solchen Stilisierung fällt auf, dass sie keine Reportage, ja keinen Realismus darstellt: Das Monströse ist nicht die unmittelbare Wahrnehmung der NS-Herrschaft, sondern ein in ein *Bild* gefasstes *Urteil* über sie. Dieses in ein Bild gefasste Urteil über den Nationalsozialismus aber stößt schon unmittelbar nach dem Erscheinen des Romans auf negative Leserkritiken, weil der Autor

305 Vgl. Klaus Schröter. In: *Heinrich Mann-Jahrbuch 2/1984*, S. 208.

306 In dieser Untersuchung wird die vom Aufbau-Verlag herausgebrachte Ausgabe verwendet; Heinrich Mann: *Lidice*, 1. Auflage, Berlin und Weimar: Aufbau-Verlag 1984.

zu seinem Zweck satirisch-groteske Mittel verwendet hat. Diese Beurteilungen haben lange Zeit die Rezeption des Romans beeinflusst, der während dieser Zeit von den Literaturwissenschaftlern völlig unbeachtet blieb. Sie sind seit 1975 in der Forschung über *Lidice* mehrfach und differenziert dargestellt und auch reflektiert[307] worden.

Wie lässt sich der Inhalt dieses Romans fassen? Im Roman *Lidice* – aus 101 unterschiedlich langen Dialogszenen zusammengesetzt – schildert Heinrich Mann die makabre Herrschaft von Reinhard Heydrich in Böhmen und Mähren. Heydrich ersetzt dort den abgesetzten Protektor Konstantin von Neurath. Im Gegensatz zu seinem Vorgänger im Amt, der die Tschechen wie eine Nation behandelt (er schont sie), betrachtet Heydrich sie hingegen als „verkommene Deutsche", die nur noch für den Tod oder für die Umschulung, das heißt, die *Eindeutschung* geeignet sind. Schon auf seinem Weg nach Prag zeigt er im Dorf Lidice nicht nur sein furchtbares Aussehen, sondern auch seine Brutalität: Infolge eines von einem Hund ausgelösten Vorfalls greift seine militärische Begleitung hart gegen die Einwohner dieses Dorfes durch.

In Brünn, einer anderen Ortschaft des Protektorats, schlägt er eine angebliche Demonstration nieder und schafft es nur aus Mangel an Sprengstoff nicht, diese Ortschaft dem Erdboden gleichzumachen. Gegen die Gewaltherrschaft von Heydrich leistet der junge Medizinstudent Pavel Ondracek aus Lidice einen Widerstand nach seiner Art: Er ahmt Heydrich täuschend echt nach, und es gelingt ihm durch seine öffentlichen Auftritte als falscher Protektor, den echten Protektor zum Zweifeln an seiner eigenen Identität zu bringen. Schließlich kommt es zu einer Begegnung der beiden, aus der Pavel als Sieger hervorgeht und als „echter" Protektor gefeiert wird. Der bezwungene Heydrich läuft davon. Auf seiner Flucht wird er jedoch von einem seiner eigenen „Gestapoleute" erschossen. Von Jugoslawien aus, wo Pavel und einige seiner Mitspieler nun an der Seite der Partisanenarmee gegen die Faschisten kämpfen, erfahren sie, dass die Deutschen das Dorf Lidice als Vergeltungsakt für die Ermordung von Heydrich völlig zerstört haben.

---

307 Zum Beispiel: „Wenn in der Wirkungsgeschichte von ‚Lidice' immer wieder der Einwand formuliert wurde, daß zwischen dem Stoff und der grotesk-komischen Darstellungsform ein Mißverhältnis bestünde, wird man diesem Argument allenfalls für die direkt betroffenen Zeitgenossen eine gewisse Berechtigung zuerkennen können; aus heutiger Sicht dagegen sind meines Erachtens die Bedenken gegen die groteske Form nicht mehr relevant", Uwe Naumann: *Faschismus als Groteske*, a. a. O., S. 181.

Diese Inhaltsangabe macht deutlich, dass Heinrich Mann die Gewaltherrschaft Heydrichs literarisch unter die Lupe nimmt, um deren grundlegende Abnormitäten aufzudecken. Im Allgemeinen ist der Roman *Lidice* eine beißende Kritik an der NS-Diktatur, eine Kritik, die Alexander Abusch und Helmut Koopmann in ihren kurzen Rezensionen über diesen Text folgendermaßen beschreiben:

> Auf Hitler und seinen Protektor in Prag schreibt er [Heinrich Mann] eine blutige und phantastische Satire, die das Spukhafte, Anachronistische, Widerwärtige und Verlogene des ganzen Nazismus in unserer Zeit entlarvt.[308]
> Der Roman war ein Versuch, das Phänomen der Macht, wie es die braunen Horden über Europa gebracht hatten, in Form einer literarischen Psychoanalyse transparent zu machen und die deutsche Tyrannis bloßzustellen. Freilich mußte Heinrich Mann erkennen, daß der pure Schrecken sich nicht mehr satirisch fassen ließ, aber das nimmt diesem Roman nichts an literarischem Gewicht.[309]

Bei der Lektüre des Textes fällt auf, dass er sich aus zwei Hauptsträngen zusammensetzt, die erst in der Begegnungsszene der beiden Hauptfiguren aufeinandertreffen. Beide spielen sich abwechselnd in Lidice und Prag ab. Der eine Strang erzählt die Geschichte von Heydrichs gnadenloser Herrschaft und der andere handelt von dem passiven Widerstand von Pavel durch die Nachahmung von Heydrich. Dieser passive Widerstand geht nach der Begegnung (Szene 79) und der darauf erfolgten Ermordung Heydrichs (Szene 85) dennoch in einen aktiven Kampf in Jugoslawien über. Das Motiv der Nachahmung ist nicht nur formbestimmend (es verleiht dem Roman die Form einer Fabel[310]), sondern es bestimmt auch die Handlung: „Zentrales und handlungsbestimmendes Motiv von „Lidice" ist das der „Nachahmung": Heydrich, von Heinrich Mann als Maske, als Schauspieler dargestellt, kann in eben dieser Maske von Pavel nachgeahmt werden."[311]

---

308 Alexander Abusch: „Lidice", Satire und Wirklichkeit". In: Wolfgang Kießling (Hrsg.): *Alemania Libre in Mexiko. 2, Texte und Dokumente zur Geschichte des antifaschistischen Exils, 1941–1946*, Berlin: Akademie-Verlag 1974, S. 282–285, hier S. 283. Dieser Aufsatz erschien ursprünglich in *Freies Deutschland* (FD), 3, Nr. 1 vom Dezember 1943, S. 28.

309 Helmut Koopmann: „Heinrich Mann". In: Hartmut Steinecke (Hrsg.): *Deutsche Dichter des 20. Jahrhunderts*, Berlin: Erich Schmidt Verlag 1994, S. 85–97, hier S. 95.

310 Siehe dazu die recht ausführliche Analyse in Uwe Naumann: *Faschismus als Groteske*, a. a. O., S. 92–98. Seine Analyse trägt dort den Titel: „Die Fabel – das Motiv der Nachahmung".

311 Ebd., S. 93.

Bezüglich der Nachahmung schreibt Heinrich Mann sechs Jahre nach dem Erscheinen des Romans in einem Brief vom 30. Mai 1949:

> Sie haben »Lidice«, hatten noch nicht ausgelesen, verstanden aber schon etwas. Die materielle Wirklichkeit ist von Anfang an beiseite gelassen, dort gibt es keinen falschen Heydrich. Ich finde, daß mit dieser Erfindung der Vorgang geistig klar wird, die Art und Stimmung des betroffenen Volkes und andererseits die ganze Wackligkeit der eingedrungenen Macht.[312]

Die Bedeutung der Gestalt des Pavel erscheint in vollem Umfang am Höhepunkt des Romans, d. h. der Begegnung zwischen ihm, dem „falschen Heydrich", wie ihn der Autor selbst nennt, und dem wahren Heydrich. Bei dieser Begegnung bringt Pavel „die ganze Wackligkeit der eingedrungenen Macht" endgültig ans Licht. Die vorliegende Analyse beschäftigt sich, anders als manche bereits vorliegenden Untersuchungen, die sich mit den beiden Partien, von denen Heinrich Mann spricht – den Tschechen und den Deutschen – (in einer Art Vergleich) auseinandergesetzt haben, ausschließlich mit „der eingedrungenen Macht", d. h. der nationalsozialistischen Macht im Roman. Diese Macht reduziert Heinrich Mann auf seine Führerfigur Reinhard Heydrich, deren Gewalt er ins Maßlose gestaltet. Heinrich Mann übersteigert nicht nur die Gewalttätigkeit seiner Führerfigur, sondern er stilisiert sie als nicht zweckdienlich. Somit erscheint im Roman eine deutliche Verformung der Gewalt der Nationalsozialisten. Mit einer solchen literarisch-ästhetischen Stilisierung zielt der Verfasser darauf hin, der NS-Gewalt nicht nur Zweckmäßigkeit, sondern damit auch jeglichen Sinn abzusprechen.

Die Darstellung von Heydrichs Gewalttätigkeit als grund-, zweck- und sinnlose Anmaßung, die Pavel letzten Endes entlarvt, die Unwahrscheinlichkeit des Dargestellten, die Steigerung von Heydrichs Gewalt ins Maßlose sowie die Übertreibung in der Darbietung von manchen realen Aspekten des Faschismus führen ins Groteske[313]. Die vorliegende Arbeit bezweckt jedoch nicht, hauptsächlich die grotesken Stilisierungsmittel herauszuarbeiten, auch wenn hier und da groteske Aspekte in die Analyse einfließen. Sie setzt sich viel mehr zur Aufgabe, aufzuzeigen, wie Heinrich Mann in *Lidice* die nationalsozialistische Macht stilisiert. Konkret analysiert diese Arbeit, wie der Verfasser durch Reduzierung

---

312 Heinrich Mann, *Briefe an Karl Lemke und Klaus Pinkus*, 1. Auflage, Hamburg: Claassen 1963, S. 105.

313 Anhand von einer einzelnen Szene aus dem Roman arbeitet Uwe Naumann zunächst die „Elemente des Grotesken" heraus und zeigt dann die Funktion der grotesken Darstellungsmittel in *Lidice*, Uwe Naumann: *Faschismus als Groteske*, a. a. O., S. 166–178.

der NS-Macht auf die Führerfigur Heydrich das NS-System personalisiert – eine derartige ästhetische Darstellung politischer Macht scheint in der deutschen bzw. europäischen Literatur eher ungewöhnlich zu sein.

Das Verhältnis der Herrschenden zu den Beherrschten, die Herrschaftsmethode(n), die Legitimierungsprinzipien der Macht sind u. a. auch wichtige Aspekte der deutschen faschistischen Macht, die Heinrich Mann auch in seinem fiktiven Text unter die Lupe nimmt. Diese Aspekte werden ebenfalls im Hinblick auf deren ästhetisch-kritischen Schilderung ins Zentrum der vorliegenden Untersuchung gerückt.

1.2 Reinhard Heydrich: Personalisierung des nationalsozialistischen Machtsystems

Dieser Abschnitt beschäftigt sich hauptsächlich mit der Überlegung, wie Heinrich Mann in der Führerfigur Heydrich die Nazi-Tyrannei darstellt. Dass der Autor seiner Hauptfigur den Namen Reinhard Heydrich gibt, soll kein Hinweis darauf sein, dass er in dieser Figur die historische Person dieses Namens abbilden will[314]. In dieser Romanfigur soll eher das Herrschaftssystem des deutschen Faschismus charakterisiert werden.

Der nationalsozialistische Staat hat in der Tat viele Millionen Menschen dazu gebracht, in den Fabriken, den landwirtschaftlichen und handwerklichen Betrieben, in Schulen und Hochschulen, in Justiz und Verwaltung, in den Institutionen der gewaltsamen Ordnungsstiftung – zu denen einige neue Institutionen hinzukamen, die ansonsten in europäischen Staaten nicht üblich waren wie die Geheime Staatspolizei (Gestapo), die SS und Konzentrationslager – und nach Beginn des Weltkrieges im September 1939 in der Wehrmacht im Sinne der

---

314 Wie im Unterkapitel „Zum Forschungsstand“ bereits unterstrichen wurde, haben viele Kritiker auch festgestellt, dass der literarische Heydrich in gar nichts dem real-historischen Heydrich entspricht. Daher deuten sie die Romanfigur Heydrich als Prototyp des deutschen Faschisten in der Führungsposition. Vgl. u. a. Elke Emrich: „Heinrich Manns Roman *Lidice*: Eine verschlüsselte Demaskierung faschistischer Strukturen“, a. a. O.; auch dies.: „Das Theater der Macht und die Macht des Theaters in der ersten Fassung von Heinrich Manns Roman *Lidice*“, a. a. O.; vgl. Sigrid Anger: *Untersuchungen zum Gesellschaftsbild in Heinrich Manns Romanen „Empfang bei der Welt“, „Lidice“ und „Der Atem“*, a. a. O. In der allerjüngsten publizierten Arbeit über denselben Roman wurde diese Deutung fortgeführt: vgl. Monika Socha: *Komisches Selbstverkennen*, a. a. O. Die vorliegenden Überlegungen gehen über diese Wahrnehmung hinaus und interpretieren die Figur Heydrich als nationalsozialistisches System in Person.

nationalsozialistischen Staatsraison zu funktionieren und in aller Regel auch die nationalsozialistische Ideologie weitgehend zu teilen. Eine Staatsgewalt, die über Jahre den europäischen Kontinent mit einem erfolgreichen Feldzug nach dem anderen überzog; eine rassistische Gewalt, die zur Absicherung eines ‚arischen' Volkskorps mehrere Millionen Juden tötete. Ein solches Machtgebilde wird von Heinrich Mann in seinem Roman auf einen einzigen Mann reduziert: auf die Heydrich-Figur. In ihm soll alles zusammenkommen, was den Nationalsozialismus als politischer Herrschaftswille, Nationalismus und Rassismus, Wille zur Gewaltanwendung ausmacht. An ihm soll die Identität dieses nationalsozialistischen Systems zutage treten.

Was veranlasst Heinrich Mann dazu? Der direkte äußere Anlass ist ein Massaker, eines von vielen in der Geschichte zwischen 1938 und 1945, aber eines, das schon zeitgenössisch als Skandal galt[315]: die Auslöschung des tschechischen Dorfes Lidice im Juni 1942 nach der Ermordung von Reinhard Heydrich, der nicht nur designierter Leiter des sogenannten Protektorats Böhmen und Mähren war, sondern auch eine der Schlüsselfiguren des militanten Rassismus[316]. Der Anschlag auf ihn galt als ein symbolischer Akt (in der Tat erwartete niemand, dass die NS-Herrschaft dadurch gebrochen wurde), und so war die Auslöschung Lidices ein Racheakt der NS-Herrschaft. Das schließt nicht aus, dass viel reales Blut für diese Symbole fließt. Im Gegenteil: in den letzten Fragen der Gewalt

---

315 Die Nachricht von der Zerstörung von Lidice löste weltweit Empörungsreaktionen und Solidaritätsaktionen aus. Mehr dazu u. a. in Uwe Naumann: *Faschismus als Groteske*, a. a. O, S. 10–15.

316 Reinhard Heydrich ist in der Geschichte des Nationalsozialismus als ein maßgeblicher Organisator des Holocausts bekannt. 1904 in Halle an der Saale geboren, begann er nach dem Abitur die Laufbahn eines Offiziers der Marine. Er wurde aber 1931 aus der Marine entlassen. Daraufhin trat er der NSDAP und der SS (Schutzstaffel) bei. 1939 wurde er zum Chef des Reichssicherheitshauptamts ernannt. Hermann Göring beauftragte ihn am 31. Juli 1941, die Vorbereitungen für eine „Gesamtlösung der Judenfrage" in Angriff zu nehmen. Schon im selben Jahr organisierte er die Massenhinrichtungen der Juden Osteuropas. Am 27. September 1941 wurde er zum stellvertretenden Reichsprotektor vom Protektorat Böhmen und Mähren befördert. Er übte dann in diesem Protektorat eine unerbittliche Gewalt aus. Am 27. Mai 1942 verübten die in England ausgebildeten tschechischen Fallschirmspringer Josef Gabčík und Jan Kubiš ein Attentat auf ihn, dessen Folgen er acht Tage später – am 4. Juni 1942 – erlag. Mehr über Biographie und Tätigkeiten Reinhard Heydrichs sowie über das Attentat auf ihn, siehe u. a.: Hellmut G. Haasis: *Tod in Prag. Das Attentat auf Reinhard Heydrich*, 1. Auflage, Reinbeck bei Hamburg: Rowohlt Verlag 2002; Charles Wighton: *Heydrich. Hitler's Most Evil Henchman*: London: Odhams Press 1962.

wie der Moral greifen alle Beteiligten zum Blutzeugnis als dem glaubwürdigsten Legitimationszeugnis[317]. Diesen Zusammenhang greift Heinrich Mann auf und versucht, ihn produktiv zu machen, wobei er nicht tiefer auf die Frage der Moral eingeht. Er bedient sich über diesen Zusammenhang hinaus – vielleicht sogar vor allem – der NS-Ideologie vom Führer, der den Willen der Gefolgschaft verkörpert, ihn daher auch definiert und der Gefolgschaft so erst dazu verhilft, „als Kollektiv" handlungsfähig zu sein. In *Lidice* versucht er, diese Ideologie gegen das NS-System auszunutzen: Er entlarvt es an einem seiner profiliertesten Führer, der sich an der Entschlossenheit zur Gewalt von niemandem überbieten lässt.

Heydrich „sieht furchtbar aus", so setzt Heinrich Mann mit der Stilisierung der Führerfigur ein. Sein bloßer Anblick versetzt jeden in Schrecken:

> Reinhard Heydrich, Protektor von Böhmen-Mähren, sieht furchtbar aus, ob von Natur oder weil es seine Waffe ist, wer weiß über ihn Bescheid. Lyda nicht. Die anderen in Lidice, wenn er nachher seinen Wagen verläßt und sein Gesicht zeigt, werden auch nur staunen und erschrecken, wie es ihre Schuldigkeit ist. (S. 12)

---

317 Die Zerstörung von Lidice war ein Gewaltakt, der demonstrieren sollte, dass die Gewalt der Besatzungsmacht keine Schranke hat und sich an nichts und an niemandem relativieren muss. Zur Maßlosigkeit dieser Gewaltdemonstration steht nicht im Widerspruch, dass die Nazis das Massaker als eine adäquate Reaktion auf Verfehlungen ihrer Opfer legitimierten: „Im Zuge der Fahndungen nach den Mördern des SS-Obergruppenführers Heydrich wurden einwandfreie Hinweise dafür gefunden, daß die Bevölkerung der Ortschaft Liditz bei Kladno dem in Frage kommenden Täterkreis Unterstützung und Hilfe leistete. Die betreffenden Beweismittel wurden trotz Befragen ohne Mithilfe der Ortsbewohner erbracht. Die damit bekundete Einstellung zum Attentat wird noch durch weitere reichsfeindliche Handlungen unterstrichen, wie Fund von staatsfeindlichen Druckschriften, Waffen- und Munitionslagern, eines illegalen Senders sowie bewirtschafteter Waren in größtem Ausmaß und durch die Tatsache, daß Ortsbewohner sich im Dienst des Feindes im Ausland befinden. Nachdem die Einwohner des Dorfes durch ihre Tätigkeit und durch Unterstützung der Mörder des SS-Obergruppenführers Heydrich gegen die Gesetze schärfstens verstoßen haben, sind die männlichen Einwohner erschossen, die Frauen in ein Konzentrationslager überführt und die Kinder einer geeigneten Erziehung zugefügt worden. Die Gebäude des Ortes wurden dem Erdboden gleichgemacht und der Name der Gemeinde ausgelöscht.", Zitiert nach Uwe Naumann: *Faschismus als Groteske*, a. a. O, S. 9. Der NS-Herrschaft zufolge haben sich die Tschechen einfach nicht an das Recht der Besatzungsmacht auf Fügsamkeit der Eroberten gehalten, so dass das Dorf seine Vernichtung verdient hat und alle Welt das geschlechtsspezifische Vorgehen bei der Vernichtung des Dorfes als Beweis der Gerechtigkeit deutscher Gewalt verstehen soll. Auch diese Legitimation operiert mit dem Anspruch darauf, dass deutsche Gewalt und deutsches Recht dasselbe sei.

Uwe Naumann kennzeichnet die Gewalt Heydrichs als „seine unmenschliche Brutalität, seine skrupellose Bereitschaft, über Leichen zu gehen“[318]. Diese Charakterisierung der Gewalt Heydrichs bringt seinen unüberbietbaren Hang zur Gewalt an den Tag, denn einer, der skrupellos bereit ist, „über Leichen zu gehen“, kann von keinem anderen Menschen in der Gewaltanwendung überboten werden. Diese Eigenschaft Heydrichs trifft wohl gut auf das nationalsozialistische System zu. Man erinnere sich hier der vielen Massaker dieses Systems, von denen ja das Massaker von Lidice Heinrich Mann zum Schreiben des untersuchten Romans veranlasst hat. Heydrich macht übrigens aus dieser seiner Eigenschaft kein Geheimnis. Auf der Prager Straße liegen sieben Leichen von gegen die deutschen Besatzer protestierenden Studenten. Diese Leichen bereiten Heydrich eine riesige, den Leser eher anwidernde Freude. Aber noch mehr: Heydrich zeigt dabei auch seine unfehlbare Bereitschaft, über weitere Leichen zu gehen:

> Heydrich, stelzt hin und her. Er spricht für Oberst Schalk, noch mehr für sich: „Die sieben Studenten auf dem Gehsteig haben mir gefallen, sonst gar nichts. In Brünn sollen Studenten sein, hoffentlich noch anderswo. Ich bin entschlossen, Revolten überall blutig niederzuschlagen.“ (S. 34)

An diesem Zitat erkennt man wohl, dass das Menschenleben bei Heydrich, soweit es darum geht, seine Autorität zu zeigen, weder Wert noch Würde hat. Auffallend ist allerdings, dass die skrupellose Grausamkeit von Heydrich noch übersteigert wird. In Brünn, einer Ortschaft des Protektorats Böhmen und Mähren, lässt Heinrich Mann Heydrich seine Grausamkeit auf die Spitze treiben. Obwohl die Gewaltszene in dieser Ortschaft nicht ausführlich vorgestellt ist, geben die zwei Sätze, die darüber berichten, einen aufschlussreichen Hinweis auf das gewalttätige Vorgehen von Heydrich. Diesen Sätzen nach muss die Gewalt in Brünn höchst rücksichts- und bedenkenlos gewesen sein: „Oberst Schalk: ‚In Brünn nicht. Es ärgerte ihn [Heydrich], daß den Ingenieuren das Material fehlte, um die Stadt dem Erdboden gleichzumachen.‘ “ (S. 117).

Heinrich Mann versieht Heydrich mit einer beispiellosen Brutalität, die als sein persönliches Kennzeichen[319] funktioniert. Diese Brutalität tritt in seinem Fußtritt in Erscheinung, den er jedem in den Bauch versetzt, der seiner Autorität zu trotzen wagt. Die folgenden Textstellen sollen das veranschaulichen:

> Der Angestellte: „Der Protektor wurde nicht erwartet, wir hatten ihn in Prag. Er hat eine Maschine nach Berlin befohlen. Sie ist für alle Fälle startbereit.“

---

318 Uwe Naumann: *Faschismus als Groteske*, a. a. O., S. 107.
319 Vgl. auch Uwe Naumann: *Faschismus als Groteske*, a. a. O., S. 107.

> Heydrich, tritt den Angestellten in den Bauch: „Damit Sie mich kennenlernen, Mensch!" (S. 111)
> Dem Protektor ins Gesicht spricht er: „Ich bin so gut Sturmbannführer, wie Sie Protektor sind."
> Heydrich versucht, ihn in den Bauch zu treten. Wokurka weicht aus, Heydrich trifft einen Soldaten, der aufschreit und umfällt. (S. 197)

Die Entlarvung des NS-Systems an Heydrich geschieht durch die Personalisierung dieses Systems. Diese Personalisierung ist kein rein ästhetischer Einfall, schon gar nicht bloß eine aus Gründen narrativer Strategie gewählte Darstellungsmethode. Sie ist von großem inhaltlichem Belang: Heinrich Mann ist tatsächlich der Überzeugung, dass der Nationalsozialismus ein psychologisches Phänomen ist, zumindest eine maßgebliche psychologische Komponente aufweist. Schon zu Beginn der NS-Herrschaft 1933 prangert Heinrich Mann in einem seiner unzähligen antifaschistischen Essays die nationalsozialistischen Führer als „Verkrachte" an, als Personen, die nur dazu geneigt sind, zu zerstören und zu hassen, und sieht folglich in deren Hass und Gier die Grundlage des nationalsozialistischen Systems:

> Gierige, bösartige Individuen fanden sich, behufs Zerstörung einer in Bildung begriffenen Demokratie. Sie kamen diesem Land lieber vermittels des Hasses bei, und der lag ihnen auch besser. Denn bei ihnen handelt es sich um Verkrachte. Das muß im Auge behalten werden. Keiner von ihnen hatte in seinem ganzen Leben etwas Nützliches gearbeitet. Keiner von ihnen hatte die geringste Aussicht, zu etwas zu kommen, außer, wenn er zerstören und hassen durfte. Sie hatten weder Talente noch Erfolge aufzuweisen, ihnen wäre nichts übrig geblieben als zu versumpfen. Ihr erbärmliches Dasein grenzte schon an die Unterwelt. Und grade ihre persönlichen Rachegelüste, grade ihr giftigster Neid sind die Quelle ihrer Kraft.
> [...]
> Es ist nicht aufzuhalten, daß Haß und Gier, die sie zur Grundlage ihres „Systems" gemacht haben, Gift einführen in alle Beziehungen von Mensch zu Mensch, ohne Unterscheidung von Rasse und Partei.[320]

Betont werden muss an dieser Stelle, dass die Überzeugung, der Nationalsozialismus sei ein psychologisches Phänomen, für Heinrich Mann nicht ganz neu ist. Schon in seinem Roman *Der Untertan*, der den autoritären Staat des zweiten

---

320 Heinrich Mann: „Im Reich der Verkrachten". In: ders.: *Der Hass. Deutsche Zeitgeschichte*, 1. Auflage, Berlin und Weimar: Aufbau-Verlag 1983, S. 79–86, hier S. 83 f. Siehe auch den von Uwe Naumann unternommenen Versuch der Zusammenfassung vom Faschismusbild Heinrich Manns, insbesondere die These 11, Uwe Naumann: *Faschismus als Groteske*, a. a. O., S. 73 f.

Kaiserreiches 1871–1918 kritisch durchleuchtete, verfolgt er das Projekt, eine „Geschichte der öffentlichen Seele“ – so lautete der ursprünglich geplante Untertitel – zu verfassen und daraus die autoritäre Herrschaft dieses Staates zu erklären; nicht restlos – Heinrich Mann vergisst die Politik und die Ökonomie nicht, sondern schenkt diesen Sphären so viel Aufmerksamkeit wie kaum ein anderer bürgerlicher Schriftsteller seiner Zeit. Doch immer wieder ventiliert er den Gedanken, dass das entscheidende Motiv für Gewaltherrschaft und Untertanengehorsam ein psychologisches sei. Angesichts der Gräuel des Nationalsozialismus wird diese Auffassung noch radikaler.

Die Verdichtung von allem, was am NS-System kritikabel ist, in einer einzelnen Führerfigur zieht sowohl inhaltliche als auch ästhetische Folgen nach sich. Diese Führerfigur wird – wie bereits ausgeführt wurde – mit einer monströsen Grausamkeit ausgestattet. Da Heydrich als Repräsentant einer Grausamkeit auf bisher nicht gekannter Stufenleiter vorgestellt werden soll, muss die Brutalität dieses Individuums ins Maßlose gesteigert werden. Damit erscheint die Grausamkeit der nationalsozialistischen Politik als die einer individuellen Ausnahmefigur, als persönliche Bosheit und Lust an Zerstörung und Bereitung von Schmerzen.

Die Steigerung aller Gewalt der Führerfigur im Lidice-Roman ins Maßlose zielt auch darauf ab, sie (die Führerfigur) dadurch moralisch herabzusetzen, sodass ihr jeglicher Sinn und Zweck abgesprochen wird. Dadurch wird die Gewalt nicht nur schaurig, sondern auch komisch, denn sie verliert ihren Charakter als Mittel – derjenige, der die Gewalt ausübt, verfolgt damit gar keinen Zweck, sondern gefällt sich in ihr als einem Selbstzweck, den er dauernd darstellen muss; darauf wird im Verlauf weiter eingegangen.

Darüber hinaus wird offensichtlich, dass Heinrich Mann mit seiner eigenen Führer-Konstruktion ein Problem hatte. Er stilisiert Heydrich zu einem Superlativ an Gewaltanwendung. Diese Stilisierung bescheinigt Heydrich zugleich diesen Superlativ, eben den der Stärke und Entschlossenheit. Offenbar war Heinrich Mann dessen bewusst, dass er sich damit in die Nähe einer von den Nationalsozialisten beanspruchten Legitimation ihrer Politik und Kriegsführung begab: Diese beanspruchten das *Recht* des Stärkeren. Deshalb will der Schriftsteller dieser Selbstdeutung der Nationalsozialisten unbedingt widersprechen. Also kehrt er den Gedanken um: Er weist die Anmaßung eines mit der überlegenen Gewalt legitimierten Rechts zurück, indem er die zur Schau gestellte Stärke als das mühsame Dementi einer tiefen Schwäche entlarvt. Diese wird sofort kenntlich, wenn Heydrich auch nur auf das Bild von Seinesgleichen trifft[321]. Das ist die Grundidee für die Figur des Pavel Ondracek. Dieser ist ja seinerseits kein wirkliches Spiegelbild von Heydrich, aber er versteht es, diesem sein Spiegelbild vorzuspielen. Er spielt seine Rolle so gut, dass Heydrichs Anmaßung und Gewalt bei der Begegnung der beiden sofort zusammenbricht. Damit will Heinrich Mann gezeigt haben, dass der wahre Grund der superlativischen Gewalt in einer psychologischen Schwäche liegt[322]. Über deren Natur lässt sich der Roman jedoch nicht mehr aus. Die Begegnung und den Zusammenbruch von Heydrichs Gewalt gibt der Erzähler so wieder:

> Pavel, auf der oberen Stufe des Portals, hat die Arme verschränkt. Sein unerbittlicher Blick hält Heydrich fest, seit Heydrich unvorsichtig genug war, den Augen Pavels zu begegnen. Er ist unfähig, den Hals nach Beistand umzudrehen, weiß übrigens, daß er keinen fände.
> Heydrich verfällt zusehends in Haltung und Ausdruck des schlechten Gewissens. Sein fürchterliches Gesicht von ehedem ist bei seinem Gegner allein. Er füllt es. Ein langsames, schweres Nicken des anderen bestätigt ihm sein Gefühl.
> Pavel wiederholt: „Da wären wir."
> Keine Antwort. (S. 197 f.)

---

321 Hier gilt es hervorzuheben, dass Heydrich in der ersten Fassung des Romans *Lidice* zwar entmachtet wurde, aber ohne eine persönliche Begegnung zwischen ihm und seinem Imitator. Vgl. Elke Emrich: „Das Theater der Macht und die Macht des Theaters in der ersten Fassung von Heinrich Manns Roman *Lidice*", a. a. O., S. 147. Heinrich Mann hat die Begegnungsszene der beiden Protektoren erst bei der Umarbeitung der ersten Fassung infolge der vom Literarischen Beirat des Verlags El Libro Libre gemachten Korrekturwünsche „herbeigeführt": „In einem Brief an seinen New Yorker Literaturagenten Barthold Fles vom 22. März 1943 berichtet Heinrich Mann über seine Umarbeitungen, die er auf‚Wunsch von Mexico' vorgenommen habe. Der Tod Heydrichs sei‚ihnen zu menschlich' erschienen und‚das Verständnis für den Verbrecher ging zu weit'. In der‚neuen Fassung' habe er [Heinrich Mann] jetzt trotzdem die Begegnung zwischen den beiden Protektoren, die vorher gefehlt habe‚herbeigeführt: dabei ist Heydrich abscheulich genug und wird erniedrigt so sehr man wünschen kann' ", Rüdiger Reinecke/Hendrik Weber: „‚Wer genug geweint hat, lacht'. Entstehung, Verbreitung und Rezeption von Heinrich Manns *Lidice*, a. a. O., S. 289.

322 In der Forschung wurde die Gewalttätigkeit Heydrichs bzw. der Nationalsozialisten auch als Kompensation von Schwäche gedeutet. Vgl. u. a. Uwe Naumann: *Faschismus als Groteske*, a. a. O., S. 108, S. 134; ders.: *Zwischen Tränen und Gelächter. Satirische Faschismuskritik 1933 bis 1945*, a. a. O., S. 91; außerdem interpretiert Uwe Naumann diese Gewalttätigkeit von Heydrich zugleich als „Bestandteil seiner Maskenhaftigkeit, seines Komödiantentums", Uwe Naumann: *Faschismus als Groteske*, a. a. O., S. 108.

Diese Szene stellt den Sarkasmus dar, wodurch Heinrich Mann Heydrich verhöhnt und erniedrigt[323]. Für Gerhard Bauer, der sich einer Fisch-Metapher bedient, wonach der Fisch am Kopf zu stinken beginnt, ist dieser Hohn „kein billiger Hohn", sondern eine „hautnah[e], leiblich-mimetisch[e], physiologisch[e]" Auseinandersetzung „mit den barbarischen Beherrschern seines [Heinrich Manns] Landes"[324]. Heydrich, der immer pflegt, sich als die mächtigste Autorität auszugeben, ist hier gar nicht imstande, auch nur den gespielten furchtbaren Blick seines Gegenübers zu verkraften, obwohl er weiß, dass sein Gegenüber doch nur ein Betrüger ist. Er ergreift einfach die Flucht als ein gemeiner Kerl: „Aber Heydrich war nicht zu finden. Von allen unbeachtet hat er den dunkelsten Winkel erreicht, dort trifft er den Sturmbahnführer." (S. 198).

Die Stilisierung der Gewalt Heydrichs über alle Maßen, die Entlarvung dieser Gewalt als eine bloße Maske, die seine tiefe Schwäche kaschieren soll – „Solange er martert, vergißt er, daß er ein Nichts ist", so Professor Napil (S. 146) – macht aus der Führerfigur eine groteske Person. Diese Gestaltungsweise bezweckt die moralische Herabsetzung des Machthabers. Uwe Naumann ist auch dieser Ansicht, indem er in den Schlussbetrachtungen seiner Untersuchung des Romans *Lidice* Folgendes schreibt: „‚Lidice' ist ein vehementer Beitrag zur Entheroisierung und Erniedrigung des deutschen Faschismus und seiner Personifikationen."[325]

---

323 Uwe Naumann deutet die Begegnung von Heydrich und Pavel wie folgt: „Die persönliche Gegenüberstellung der beiden Protektoren muß das Doppelgänger-Spiel beenden und die Entscheidung herbeiführen, wer von beiden als echter Protektor durch die Anwesenden anerkannt wird. Insofern kommt der Szene innerhalb der Romanhandlung besonderes Gewicht zu. Darüber hinaus geht es allgemein um die Frage, ob Heydrich oder Pavel die ‚Maske' echter spielen kann.", Uwe Naumann: *Faschismus als Groteske*, a. a. O., S. 144. Er hat Recht, wenn er dieser Szene „besonderes Gewicht" beimisst, gleichwohl geht es dabei nicht bloß um die Anerkennung als echter Protektor oder die Vorführung als bester Schauspieler. Diese Szene ist, wie dargelegt, viel mehr darauf angelegt, die tiefe psychologische Schwäche Heydrichs zu entlarven und somit ihn – wie dies der Autor selbst zum Ausdruck gebracht hat (vgl. Rüdiger Reinecke/ Hendrik Weber, Anm. 17) – zu erniedrigen.

324 Gerhard Bauer: „Die lächerlichen faschistischen Mörder und die erfolgreichen Komiker der Résistance. Heinrich Mann arbeitet für Hollywood". In: *Heinrich Mann-Jahrbuch 6/1988*, S. 70–87, hier S. 78.

325 Uwe Naumann: *Faschismus als Groteske*, a. a. O., S. 181. [Hervorhebung im Original].

1.3 Eine Gewalt, die sich *ad absurdum* führt

In dem vorhergehenden Unterkapitel wurde aufgezeigt, dass Heinrich Mann in seinem Roman den Herrschaftsanspruch der Faschisten, ihren Willen zur Macht, als Produkt einer tiefen persönlichen Schwäche und Unsicherheit hinstellt und ihre Herrschaftsmittel ganz einseitig auf die unmittelbare Gewalt[326] reduziert. Zugleich wurde ebenfalls darauf hingedeutet, dass diese Gewalt weder Zweck noch Maß aufweist und als praktizierter Selbstzweck als Beweis für die grund- und bedingungslose Bösartigkeit dienen kann, die der Autor als zentrales Element des Nationalsozialismus ansieht. Hier soll dieser Aspekt noch ausführlicher demonstriert werden.

Auffallend ist, dass Heinrich Mann über die realistische Darstellung der nationalsozialistischen Gewalt weit hinausgeht. Er verformt mittels ästhetischer Stilisierungsverfahren insbesondere den realen Zweck dieser Gewalt: Er zeigt literarisch auf, dass diese Gewalt nicht dem von den Nationalsozialisten vorgegebenen Zweck dient. Sie ist vielmehr zweck- und sinnlos. Sie führt sich also *ad absurdum*. Einige Textbeispiele belegen derartige Interpretation.

Das erste auszuführende Beispiel ist eine banal anmutende Szene im Dorf Lidice, die freilich in böse Konsequenzen für die Dorfbewohner ausartet. In dieser ersten Szene des Romans inszeniert Heinrich Mann einen unerwarteten und verhängnisvollen Zusammenstoß zwischen einem der Begleitmänner Heydrichs und einem Hund – verhängnisvoll allerdings nur für das Gegenüber des Hundes. Der Hund wirft bei der Durchfahrt von Heydrichs Geleitzug einen der begleitenden motorisierten SS-Männer um. Bei der Suche nach dem Hundebesitzer imitiert Pavel Heydrichs Stimme. Daraufhin lässt Heydrich die Dorfbewohner alle den Gruß „Heil Hitler" rufen, um den Schuldigen ausfindig machen zu können:

> Der Geheime [Blumentopf], ist zur Stelle: „Befehlen Exzellenz, daß ich die Leute, jeden einzeln, Stimmübungen machen lasse?"

---

326 In der Forschung wurde *Lidice* oft aus der Perspektive einer Auseinandersetzung zwischen den Nationalsozialisten und den Tschechen wahrgenommen, und die Gewalt der Nazis als eine ihrer in dieser Auseinandersetzung eingesetzten „Waffen" ausgedeutet. Die vorliegende Untersuchung wertet diesen Roman als eine literarische Stilisierung des NS-Systems selbst, das in Heydrich repräsentiert wird. Die Nationalsozialisten wenden also die Gewalt als Herrschaftsmittel an. Damit zielen sie darauf ab, die NS-Herrschaft durch die Tschechen respektieren zu lassen und sie ebenso damit niederzuhalten.

> Heydrich: „Danke. Damit Sie mich hier noch eine Stunde unnütz aufhalten. Herr Blumentopf, Sie können nur durch auffallenden Eifer meine Ungnade von sich abwenden". Zugleich hat er noch einen Einfall: „Rufen Sie Heil Hitler! Wer nicht mitruft, wird niedergeschlagen."
> Der Geheime ruft in die versammelte Menge: „Heil Hitler!"
> Die Antwort betäubt die Ohren, nach der Stärke des Geschreies kann kein einziger sich enthalten haben.
> Heydrich, lauscht: „Meine Stimme war nicht dabei."
> Oberst Schalk: „Zu Befehl. Exzellenz hatten nicht gerufen."
> Heydrich: „Sie bestehen auf Ihrem Echo, das nur mich allein nachahmt. Mir mißfällt dieses Dorf, wie heißt es."
> Der Geheime greift endlich durch. Da ohnedies alle Heil Hitler gerufen haben, fragt er nicht erst, er läßt die SS-Männer zusammen mit der motorisierten Mannschaft jeden achten Eingeborenen niederschlagen. Die SS strecken ihre Erwählten gewissenhaft hin, die jungen Soldaten haben Gesichter zwischen Wut und Lachen, ihre Schläge sind selten nachhaltig. (S. 19 f.)

In dieser langen Textstelle wird die Gewalt der Nazis dadurch als grundlos hingestellt, dass die tatsächlich angewandte Gewalt von ihrem Zweck abweicht: Wiewohl alle Versammelten den Gruß „Heil Hitler!" gerufen haben, werden sie doch niedergeschlagen. Das Niederschlagen solcher, die die Anordnung befolgt haben – „nach der Stärke des Geschreies kann kein einziger sich enthalten haben", so der Kommentar des Erzählers – ist mitnichten zweckdienlich. Eine Gewalt, die keinen Zweck verfolgt, ist nichts anderes als pure Bösartigkeit. Als zwecklos ist diese Gewalt vom Irrationalismus geprägt. Dass gerade jeder achte Eingeborene niedergeschlagen werden muss, stützt die Wahl des Niederzuschlagenden weder auf ein im Text deutlich bestimmtes Kriterium noch auf einen allgemein anerkannten Grundsatz. Vielmehr scheint diese Wahl auf einem Geheimnis der Nationalsozialisten zu beruhen oder gar vom Aberglauben geprägt zu sein. Bemerkenswert jedenfalls ist, dass sich Heinrich Mann bereits beim allerersten Auftreten der Nationalsozialisten damit beschäftigt, aufzuzeigen, dass ihre brutale Gewalt keinem Zweck dient. Sie funktioniert eher als purer Selbstzweck. Damit zeigt der Autor etwa programmatisch schon am Anfang des Romans seinen Grundgedanken, der seiner Stilisierung nationalsozialistischer Macht zugrunde liegt: Auszuführen, dass die faschistische Gewalt etwas anderes ist als der Augenschein. Mit der Entblößung faschistischer Gewalt fährt er im ganzen Text fort.

Ein weiteres Beispiel zur Veranschaulichung der Nazi-Gewalt als keinem Zweck dienend liefert Hitlers Ernennungsschreiben. Der Leser erfährt vom Inhalt dieses Schreibens aus der Perspektive von Pavel, der es in der Verkleidung als Protektor in Heydrichs Zimmer auf der Prager Burg ausfindig macht:

> Zum Schreibtisch; ein unbedeutendes Werkzeug öffnet ihn spielend. Pavel entnimmt ihm Papiere: „Das Ernennungsschreiben des Führers. Ein Brief, mit der entschiedenen Anerkennung meines treudeutschen Wirkens. Das steht es: ein Wald von Galgen möge zum Himmel ragen. Und stinken! Auf mich ist Verlaß, mein Führer!" (S. 65)

„Ein Wald von Galgen möge zum Himmel ragen. Und stinken" ist ein ergreifendes Bild, das ja schon alles sagt: Es bedeutet „Gewalt schrankenlos ausüben". Heinrich Mann will dadurch eine Art von Gewalt vor Augen führen, die sich selber *ad absurdum* führt: durch die Maßlosigkeit als einziges Maß, durch ihre ästhetische Widrigkeit (hier das vorgestellte Stinken der Leichen), durch jede Art von Widerlichkeit, Widersinn und Ekel.

In der folgenden Äußerung Heydrichs, in der er seinen Amtsvorgänger Neurath anprangert und deutlich macht, wie die tschechischen Intellektuellen behandelt werden dürfen, stilisiert der Autor weiterhin die Zwecklosigkeit der höchsten und grauenhaften Gewalt der Nationalsozialisten bzw. des nationalsozialistischen Besatzungsregimes: „Studenten, Professoren, Intellektuelle überhaupt dürfen nur als nackte Leichen vorkommen. Das haben Sie zu spät begriffen." (S. 39). Hier stellt der Verfasser den Leser gegenüber einer blinden und skrupellosen Gewalt, zumal erst gar keine Differenzierung vorgenommen wird. Mit Recht sieht Uwe Naumann in dieser Äußerung einen „Intellektuellenhaß": „Ein wichtiges Element von Heydrichs Weltanschauung ist sein Intellektuellenhaß"[327]. Die übermäßige Gewalt auf die Intellektuellen, motiviert durch persönlichen Hass, ist nicht nur zwecklos, sondern insbesondere irrational. Dass Heinrich Mann im Lidice-Text die maßlose Gewalttätigkeit den Intellektuellen gegenüber als persönlichen Hass andeutet, lässt sich auf seine Überzeugung zurückführen, die er in seiner sehr kritischen Analyse mit dem Titel „Die Diktatoren" darstellt. In diesem 1934 zunächst in der *neuen Weltbühne* erschienenen Text übt er eine vehemente Kritik an der Gewalt der Diktatoren und bezeichnet auch deren Gewalt u. a. auf Intellektuelle als „ein[en] ganz persönlich[en] Haß":

> Ein bißchen impotent stehn sie [die Diktatoren] vor der Aufgabe, die Welt vorwärtszubringen! Sie sind auch nur da, damit sie zurückbleibt. Das ist ihnen dunkel bewußt, und *ihr Haß auf die Intellektuellen*, die Internationalisten, die Sozialisten ist *ein ganz persönlicher Haß*: das Bedürfnis halbgebildeter, ebenso verworrener und gewalttätiger Menschen, sich zu rächen an denen, die ihnen selbst, trotz allen erdrückenden Zwangsmitteln, überlegen sind.[328]

---

327 Uwe Naumann: *Faschismus als Groteske*, a. a. O., S. 106. [Hervorhebung im Original].

328 Heinrich Mann: „Die Diktatoren". In: ders.: *Das Führerprinzip*, 1. Aufl., Berlin: Aufbau-Taschenbuch-Verlag 1991, S. 9–13, hier S. 11. [Hervorhebungen von mir]. Dieses Buch, von Werner Herden herausgegeben, umfasst ausgewählte kritische Texte des

Der Beweggrund dieses persönlichen Hasses – nämlich Rache halbgebildeter, verworrener und gewalttätiger Menschen –, der im Essay evoziert wurde, wird in der Romanfiktion in ästhetische Form umgesetzt. Heydrich ist nicht nur gewalttätig, er ist auch halbgebildet. Nach seiner zuvor zitierten zynischen Äußerung lässt ihn der Autor sich seines eigenen intellektuellen Versagens gegenüber Neurath rühmen: „Heydrich: ‚Ich bin stolz darauf, daß ich beim Examen durchfiel.' Neurath: ‚Ein verkrachter Kandidat sind Sie geblieben.'" (S. 40). Es gilt, hierorts der Gestaltung der Figur des Neurath kurz Rechnung zu tragen. In seiner maßlosen Gewalt und seinem unüberbietbaren Intellektuellenhass wird Heydrich vom Autor als ein Gegenstück zu Neurath, dem Amtsvorgänger Heydrichs, stilisiert. Im diametralen Gegensatz zu Heydrich, für den die Tschechen „verkommene Deutsche" sind, die es nur noch verdienen, „umgeschult – oder aufgehängt und erschossen" (S. 39) zu werden – betrachtet der abgesetzte Protektor die Tschechen als „eine besonders reizbare Nation", die nach Möglichkeit geschont werden soll (S. 39). Nur so würden auch Deutschland und der deutsche Name geschont. Daraus kann man erschließen, dass er selbst in seiner Amtszeit dafür Sorge getragen hat, dass die Tschechen, wenn nicht völlig, so doch einigermaßen schonend behandelt werden. Eine Bestätigung dieser Hypothese bringt Lyda, die Verlobte Pavels, auf den ersten Seiten des Romans vor: „Der alte soll noch in Prag sitzen. Uns hat der alte Protektor ziemlich in Ruhe gelassen." (S. 8). Wenn Pavel auch diese Äußerung sogleich energisch zurückweist, indem er die Ermordung von Prager Studenten als unwiderlegbaren Beweis erbringt: „Die Studenten sprechen anders, wenn sie noch sprechen." (Ebd.), so weist Heydrich doch definitiv nach, dass Neurath in der Tat überhaupt nichts mit dieser Ermordung zu tun hat: „Vertraue keinem blind! Mit den erschossenen Demonstranten, darüber kann ich Sie [Oberst Schalk] aufklären, hat der arme Neurath nichts zu tun. Die Geheime Staatspolizei und ihr zweithöchster Chef –." (S. 28 f.)

Die Stellung Neuraths zu den Tschechen ebenso wie sein Handeln steht in vollem Widerspruch zu den Zielen und Interessen der führenden Nationalsozialisten, zu denen der real-historische Neurath doch gehörte. Dementsprechend ist die literarisch-ästhetische Gestaltung der Neurath-Figur als Gegensatz zu Heydrich keineswegs für ein Faktum zu halten, denn Neurath ist ja auch Protektor genauso wie Heydrich. Diese Gestaltung der Figur des Neurath wurde bereits heftig kritisiert. Der tschechische Germanist Jiri Vesely geht am härtesten mit der Stilisierung der Neurath-Figur ins Gericht:

Nationalsozialismus nicht nur von Heinrich Mann, sondern auch solche von Arnold Zweig („Der Typus Hitler").

> Auch die Gestalten der Okkupanten stehen in krassem Widerspruch zur geschichtlichen Realität; so z.B. war Freiherr von Neurath ganz sicher kein „alter liberaler Beamter", kein toleranter Freund der tschechischen Intelligenz, wie ihn Mann schildert, sondern er versucht, sich nur eine solche Maske aufzusetzen. Er war ein gebildeter Nazi-Diplomat, der zur Realisierung seiner Ziele nur eine andere und in gewissem Sinn vielleicht sogar für das tschechische Volk gefährlichere Taktik anwendete, als z.B. Heydrich oder später K. H. Frank.[329]

Uwe Naumann dahingegen erweist sich als milder in seiner Kritik, indem er „die Neurath-Figur als problematisch" kritisiert, „da der Autor unter Beibehaltung des realhistorischen Namens eine wesentliche politische Akzentverschiebung" vorgenommen habe[330]. Die eben angeführten Kritiken mögen wohl berechtigt sein. Sie haben freilich die literarisch-ästhetische Intention des Autors nicht richtig durchschaut. So wie bei der Figur des Heydrich, so ging es Heinrich Mann bei der Neurath-Gestalt auch nicht darum, sich an einer getreuen Abbildung real-historischer nationalsozialistischer Führerpersönlichkeiten zu versuchen. Neurath ist so von Heinrich Mann gestaltet worden, um die grundlose Bösartigkeit Heydrichs noch mehr zu verdeutlichen.

Durch die Stilisierung der Gewalt der Nationalsozialisten ins Monströs-Absurde nähert sich Heinrich Manns Roman an die in der vorliegenden Arbeit untersuchten Romane von Sony Labou Tansi und Ahmadou Kourouma an. Gleichwohl ist ein wesentlicher Unterschied hervorzuheben: Visiert die Anwendung maßloser Gewalt in den analysierten afrikanischen Texten einen gewissen Zweck – die Beseitigung politischer Gegner und mithin die Erhaltung der Macht – an, so erscheint die monströs-absurde Gewalt in *Lidice* als vollkommen zwecklos.

Die Nationalsozialisten jedoch versuchen, ihre Gewalt durch moderne Prinzipien zu legitimieren, welche Heinrich Mann ebenfalls kritisch durchleuchtet.

1.4 Führerprinzip und Staatsraison als unantastbare moderne Prinzipien der nationalsozialistischen Machtlegitimation

Machtlegitimation ist ein wesentlicher, wenn nicht der wesentlichste Bestandteil jeder Machtausübung. Im politischen Machtbereich vor allem werden viele Prinzipien zur Machtlegitimierung ausgearbeitet. Diese Prinzipien bezwecken, die für die Machtausübung zu verwendenden Mittel zu bestimmen und sie

329 Jiri Vesely: „Über Heinrich Manns Roman ‚Lidice'", a. a. O., S. 164.
330 Uwe Naumann: *Faschismus als Groteske*, a. a. O., S. 139.

zugleich vor den Augen der Beherrschten legitim zu machen. In *Lidice* sind das das Führerprinzip und die Staatsraison.

Das Führerprinzip ist ein „staatspolitisches Leitprinzip für Organisation und Tätigkeit der Staatsverwaltung“[331] der NS-Ideologie. „Damit war gemeint, daß das gesamte Volk, von den zentralen Einrichtungen des Staates, bis zur kleinsten Gruppe und bis zur Familie, in einem »Führer« repräsentiert war, der *unumschränkte* Gewalt in rechtlicher und tatsächlicher Hinsicht hatte.“[332] So eine Herrschaftsideologie machte aus dem Führer Hitler den „oberste[n] Gerichtsherr[n]“ in allen Machtbereichen – im militärischen, politischen wie rechtlichen Bereich. Als „oberster Gerichtsherr“ bezeichnete sich Hitler selbst am 13. Juli 1934 in seiner Ansprache vor dem Reichstag, in der er das Nicht-Heranziehen der ordentlichen Gerichte bei der grausamen und niederträchtigen Ermordung des SA-Stabschefs Röhm und weiterer SA-Führer vom 30. Juni bis zum 2. Juli 1934 rechtfertigte[333]. Um eben diesem *„a-historisch[en]“* und *„irrational[en]“*[334] Prinzip den Anschein von Rechtlichkeit wie auch Rationalität zu verleihen, versuchte es eine mit Sachkenntnis gestaltete juristische Propaganda sofort nach dieser Führeransprache, mit dem „Gewand der Legalität“[335] zu überziehen. Ein prägnantes Zeugnis kam aus der Feder des Staatsrats und Rechtshochschullehrers

---

331 Diemut Majer: *Grundlagen des nationalsozialistischen Rechtssystems. Führerprinzip, Sonderrecht, Einheitspartei*, Stuttagrt, Berlin [u.a]: Verlag W. Kohlhammer 1987, S. 77.

332 Ebend., S. 79.

333 So Hitler: „Wenn mir jemand den Vorwurf entgegenhält, weshalb wir nicht die ordentlichen Gerichte zur Aburteilung herangezogen hätten, dann kann ich ihm nur sagen: In dieser Stunde war ich verantwortlich für das Schicksal der deutschen Nation und damit des deutschen Volkes *oberster Gerichtsherr*. Meuternde Divisionen hat man zu allen Zeiten durch Dezimierung wieder zur Ordnung gerufen … Ich habe den Befehl gegeben, die Hauptschuldigen an diesem Verrat zu erschießen, und ich gab weiter den Befehl, die Geschwüre unserer inneren Brunnenvergiftung und der Vergiftung des Auslandes auszubrennen bis auf das rohe Fleisch. Die Nation muß wissen, daß ihre Existenz … von niemandem ungestraft bedroht wird. Und es soll jeder für alle Zukunft wissen, daß, wenn er die Hand zum Schlage gegen den Staat erhebt, der sichere Tod sein Los ist.“, aus Hitlers Reichstagsrede vom 13. Juli 1934, zitiert nach Norbert Frei: *Der Führerstaat. Nationalsozialistische Herrschaft 1933 bis 1945*, 6., erw. und aktualisierte Neuaufl., München: Deutscher Taschenbuch Verlag 2001, S. 37. [Hervorhebung von mir].

334 Diemut Majer: *Grundlagen des nationalsozialistischen Rechtssystems*, a. a. O., S. 85. [Hervorhebung im Original].

335 Winfried Baumgart: „Stationen der Unfreiheit – Gleichgeschaltet: Das ‚Ermächtigungsgesetz‘ und das ‚Heimtückegesetz‘“. In: *Geschichte/Hessischer Rundfunk, Schulfunk Bd. 26,*1971, S. 40–43, hier S. 41.

in Berlin Carl Schmitt. In seinem in der *Deutsche[n] Juristen-Zeitung* erschienenen Aufsatz „Der Führer schützt das Recht“ bestätigte er Hitler rechtlich in seiner Rolle als „oberste[n] Gerichtsherr[n]“:

> In seiner an das ganze deutsche Volk gerichteten Reichstagsrede vom 13. Juli 1934 hat der Führer an eine andere geschichtliche Warnung erinnert. Das starke, von Bismarck gegründete Deutsche Reich ist während des Weltkrieges zusammengebrochen, weil es im entscheidenden Augenblick nicht die Kraft hatte, „von seinen Kriegsartikeln Gebrauch zu machen“. Durch die Denkweise eines liberalen „Rechtsstaats“ gelähmt, fand eine politisch instinktlose Zivilbürokratie nicht den Mut, Meuterer und Staatsfeinde nach verdientem Recht zu behandeln. Wer heute im Band 310 der Reichstags-Drucksachen den Bericht über die öffentliche Vollsitzung vom 9. Okt. 1917 liest, wird erschüttert sein und die Warnung des Führers verstehen. Die Mitteilung der damaligen Reichsregierung, daß Rädelsführer der meuternden Matrosen mit Reichstagsabgeordneten der Unabhängigen Sozialistischen Partei verhandelt hatten, beantwortete der Reichstag in lauter Entrüstung damit, daß man einer Partei ihr verfassungsmäßiges Recht, im Heere Propaganda zu treiben, nicht verkürzen dürfe und daß schlüssige Beweise des Hochverrates fehlten. Nun, diese schlüssigen Beweise haben uns die Unabhängigen Sozialisten ein Jahr später ins Gesicht gespien. In beispielloser Tapferkeit und unter furchtbaren Opfern hat das Deutsche Volk vier Jahre lang einer ganzen Welt standgehalten. Aber seine politische Führung hat im Kampfe gegen die Volksvergiftung und die Untergrabung des deutschen Rechts und Ehrgefühls auf eine traurige Weise versagt. Bis zum heutigen Tage büßen wir die Hemmungen und Lähmungen der deutschen Regierungen des Weltkriegs. [...]
> Der Führer schützt das Recht vor dem schlimmsten Mißbrauch, wenn er im Augenblick der Gefahr kraft seines Führertums als oberster Gerichtsherr unmittelbar Recht schafft. [...]. Der wahre Führer ist immer auch Richter. Aus dem Führertum fließt das Richtertum. [...]. Das Richtertum des Führers entspringt derselben Rechtsquelle, der alles Recht jedes Volkes entspringt.[336]

336 Carl Schmitt: „Der Führer schützt das Recht. Zur Reichstagsrede Adolf Hitlers vom 13. Juli 1934“. In: *Deutsche Juristen-Zeitung*, Heft 15, 39. Jahrgang, 1. August 1934, Sp. 945–950, hier Sp. 945–947. Ähnliche Aussagen auch u. a. von Karl Larenz: „niemand anders als der Führer kann die letzte Entscheidung darüber fällen, ob eine bestimmte Regelung gelten soll. Ihm gegenüber bedarf es keiner Garantie für die Wahrung der Gerechtigkeit, da er kraft seines Führertums der ›Hüter der Verfassung‹, d. h. der ungeschriebenen Rechtsidee seines Volkes ist ....“, Karl Larenz: *Deutsche Rechterneuerung und Rechtsphilosophie, Recht und Staat*, Heft 109, 1934, S. 34; Ernst Rudolf Huber: „Es ist daher nicht möglich, die Gesetze des Führers an einer ihnen übergeordneten Rechtsidee zu messen, da jedes Führergesetz selbst unmittelbar Ausdruck dieser völkischen Rechtsidee ist ...“, ders.: *Neue Grundbegriffe des hoheitlichen Rechts*, Berlin: Junker & Dünnhaupt 1935, S. 40. Zitiert werden diese zwei Passagen nach Diemut Majer: *Grundlagen des nationalsozialistischen Rechtssystems*, a. a. O., S. 87.

Das Führerprinzip erscheint im fiktiven Text Heinrich Manns an mehr als einer Stelle namentlich:

> Geheimrat Rumfutsch: „Seit zwei Stunden nehmen wir die Befehle des Herrn entgegen, lassen Sie es sich gesagt sein – im eigenen Interesse, wenn nicht im Namen des Führerprinzips. Der Führer nannte diesen und keinen anderen Protektor – seinen Freund." (S. 73, siehe auch S. 157, S. 202).

Indirekt kommt dieses Prinzip in Ausdrücken zum Vorschein wie zum Beispiel: „Der Führer hat immer recht" (S. 28, auch S. 35), „Melde gehorsamst, ich war im Zivilverhältnis ein Intellektueller. Wer erklärt, verfängt sich, sackt ab und ist für den Führer verloren. Ich glaube alles." (S. 58), „Der Führer ist allmächtig" (S. 153), „Der deutsche Soldat fragt nicht" (S. 159), „Der deutsche Soldat denkt nicht." (S. 200), usw. Alle diese Zitaten sind entlarvende Stilisierungen: Zum einen wird dadurch aufgedeckt, dass das Führerprinzip alles andere als ein „staatspolitisches Leitprinzip für Organisation und Tätigkeit der Staatsverwaltung" ist; es stehe eher nur im Dienst des Führers und verlange nichts anderes als einen blinden Gehorsam, ja einen „Kadavergehorsam" (S. 64) und eine schrankenlose Treue vonseiten der Regierten. Zum anderen wird denunziert, dass dieses Prinzip eine bedenkenlose Gewalt einschließt: „Wer erklärt […] ist für den Führer verloren". Die Entlarvung kann so zusammengefasst werden: Mit dem Führerprinzip wird der Mensch zu einem „Automaten" gemacht, denn mithilfe von einer ständigen Indoktrinierung und auch durch Gewaltanwendung wird er derart konditioniert, dass er nur noch nach den Befehlen des Machthabers reagieren muss, da das Denken, das Fragen und das Erklären *ab ovo* verboten sind.

Die folgende Szene macht die im Führerprinzip eingeschlossene Gewalt beispielhaft deutlich: Ein deutscher Soldat wird von einem anderen deshalb liquidiert, weil er es gewagt hat, sich dem blinden Gehorsam nicht zu fügen. Der Geheime Ziegensack büßt für seinen Wagemut mit seinem Leben. Sich selbst als „Wahrheitsfanatiker" bezeichnend, kritisiert er seinen Amtskollegen, der den Pavel-Protektor, infolge seines ersten Auftritts, für den echten Protektor hält. Diese kritische Haltung wird sofort als Führerbeleidigung, also „Majestätsbeleidigung", und Sabotage aufgefasst. Ziegensack wird demnach als „der innere Feind" und als ein Geheimdienstler Roosevelts abgestempelt und dann erbarmungslos niedergestreckt:

Der erste, kalt: „Sich mit ihm getroffen?"
Der zweite: „Ihn zufällig angetroffen, wenn Sie lieber wollen."
Der erste: „Nur weiter! Ihnen ist nicht zu helfen."
Der zweite: „Ich bin ein Wahrheitsfanatiker."

Der erste: „Anstatt daß Sie ein Gestapobeamter sind."
Der zweite schweigt.
Der erste: „Sie hielten bei dem Besuch des Protektors im Altgeld."
Der zweite, vom Teufel besessen: „Des vorgeblichen Protektors. Der echte befand sich in Brünn."
Der erste: „Es stört Sie nicht, daß er aus der Prager Burg den Führer angerufen hat.
Daß der Führer ihn seinen Freund genannt hat. Ihm Macht und Gewalt gab über unser aller Leben. Auch über Ihres."
Der zweite, hat sich übernommen, sieht jetzt gebrechlich aus. Leise:
„Doch. Es stört mich." Ein Aufflackern: „Wenn nun heute, heute, während wir reden, noch ein Protektor aus Brünn einträfe?"
Der erste: „Dann wäre derselbe Protektor das zweite Mal eingetroffen. Dies ist nicht mehr Ihre Sorge, Ziegensack. Ich habe das Recht, Sie augenblicklich an die Wand zu stellen."
Der zweite: „Weil Sie mich fürchten."
Der erste: „Weil Sie den Führer beleidigen und den Protektor sabotieren. Sie sind der innere Feind. Sie sind ein Agent Roosevelts." Für die Geheimen drei und vier: „Handschellen!"
Der zweite wird gefesselt. (S. 101)
Der erste: „Mich bindet kein Vertrag. Mehr haben Sie mir nicht mitzuteilen, Ziegensack? Dann Schluß!" Er erschießt ihn. (S. 102)

In Passagen wie der hier wiedergegebenen bemüht sich der Roman, das Programm ausführlicher aufzudecken, das in den nationalsozialistischen Herrschaftsmaximen und namentlich im Führerprinzip steckt. Auf zwei Gesichtspunkte legt er dabei den größten Wert. Zum einen stellt er so krass wie möglich heraus, dass der faschistische Führer bei allen, die zu seiner Gefolgschaft zählen, keinen anderen Willen als den zum bedingungslosen Gehorsam gelten lässt. Der Führer ist nicht Partner eines Vertrags mit den Geführten, sodass er ungeachtet seines Gewaltmonopols selber Verpflichtungen gegenüber den Geführten hätte – diese liberale Auffassung politischer Macht wird in der zweiten oben angeführten Stelle (S. 102) ausdrücklich zurückgewiesen. Stattdessen beansprucht der Führer eine vollkommen einseitige Bestimmungsmacht, die nicht einmal am Leben der Geführten eine Schranke hat. Zum zweiten wird dieser schrankenlose Verfügungsanspruch als schrankenlose Willkür in Szene gesetzt und dadurch der Irrationalität bezichtigt. Die Unverhältnismäßigkeit zwischen der Stellungnahme Ziegensacks und dem von dem ersten Geheimen eingesetzten Maßstab (Erschießung) veranschaulicht dies.

Die Staatsraison wird ebenso zur Legitimierung der gewaltprägenden Macht zum Einsatz gebracht. Obwohl dieses Prinzip – im Gegensatz zum Führerprinzip – im Roman nicht namentlich erwähnt wird, gibt es dennoch Indizien, die auf die Staatsraison verweisen. Dass jedweder Verrat an den höchsten Zwecken und Notwendigkeiten eines Staates die Sicherheit sowie die Stabilität dieses Staates in Gefahr bringt, ist nachvollziehbar. Gerade aus diesem Grund setzt der Hochverrat den Verräter der höchsten Bestrafung aus. Im Roman wird unter Berufung auf Hochverrat, d. h., den Verstoß gegen die Staatsräson, die pure Gewalt, die einigen Leuten angetan wird, gerechtfertigt. Die tschechischen Frauen, die auf der Prager Burg für die russische Front stricken, werden vom Protektor Heydrich eines Hochverrates bezichtigt: „Heydrich: ‚Meine traumwandlerische Sicherheit führt mich beim ersten Schritt an einen Mittelpunkt des Hochverrats.' Er schmettert den Arbeiterinnen entgegen: ‚Den Russen strickt ihr wollene Jacken!' (S. 33)

Im Verlauf der Romanhandlung sollen fünfzig Personen, darunter auch Deutsche, aufgehängt werden, weil der Protektor sie einer Verschwörung beschuldigt: „Milo Schatzova: ‚[…]. Was soll es mit der Liste?' Heydrich, unbeherrscht: ‚Morgen, spätestens übermorgen wird Prag sie auswendig wissen. In der Luft wird sie abzulesen sein, wo fünfzig Verschwörer hängen werden – jetzt einer mehr.' (S. 136)

Die Berufung auf die Staatsräson wirft folgende Frage auf: Zielt sie im Roman wirklich auf den Schutz der höchsten Zwecke und Notwendigkeiten des Staates ab, wie die Beschuldigungen Heydrichs dies vermuten lassen?

Im Falle der Strickerinnen versucht Oberst Schalk ironischerweise die Anschuldigung Heydrichs zu berichtigen: „Oberst Schalk: ‚Eure Exzellenz nehmen richtig an, daß dieses Volk lieber für die Russen stricken würde. Wohl oder übel strickt es für uns.'" (S. 33) Daraufhin folgt Heydrichs gewalttätige Reaktion. Die Gewalt seitens Heydrichs ist laut dem Erzähler nur eine Hilfe aus der Verlegenheit: „Heydrich, bemerkt Ironie, sogar bei seinem Adjutanten. Er hilft sich aus der Verlegenheit mit einem Gewaltstreich. Er schmettert: ‚Ausziehen!'" (S. 33). Dies mag auch wahr sein. Doch kann die Gewalt gegenüber den Tschechinnen ebenfalls als eine logische Folge auf die Bezichtigung des Hochverrats gedeutet werden. So gesehen erscheint es durchaus komisch, dass die Machthaberfigur für eine so gravierende Tat wie Hochverrat von den Frauen nur verlangt, dass sie sich ausziehen und ihm ihre Nationaltänze vorführen. „Heydrich, sitzt rittlings auf einem Stuhl, vor Gruppen mehr oder weniger entkleideter Frauen, die lebende Bilder stellen oder tanzen. Heydrich leitet die Vorführung mit seinem Revolver." (S. 37) Die Inadäquatheit des Vorwurfs ‚Hochverrat' zur zwangsweisen Inszenierung einer sexuell schlüpfrigen Szene stellt ein anderes Moment der Kritik am Führerprinzip heraus: Es demonstriert, dass die schrankenlose Verfügungsmacht des Führers vor allem dessen persönliche Willkür freisetzt und die von ihm befehligten Menschen zum Spielball seiner unbeherrschten Instinkte macht.

Bei der Verschwörung – im Text „Padesat-Verschwörung" (S. 158, S. 185) benannt – sind die vermeintlichen Verschwörer Heydrichs Wut zum Opfer gefallen. Ein Beispiel: „Heydrich: ‚Die Liste aufgesetzt! Professor Napil voran, die Tschechen ehren ihre Intellektuellen.' " (S. 126). Diese Äußerung macht deutlich, dass die Beschuldigung von Professor Napil als Verschwörer Nummer 1 – wie zuvor dargelegt wurde – aus dem persönlichen Hass Heydrichs abzuleiten ist: Es gibt hier keineswegs Verhältnismäßigkeit zwischen der Bezichtigung der Verschwörung und dem wahren Grund, warum Napil aufgehängt werden muss („die Tschechen ehren ihre Intellektuellen").

Die beiden soeben geschilderten Szenen sind demnach satirische Miniaturen, die durchweg darauf angelegt sind, die Unverhältnismäßigkeit zwischen den von Heydrich inkriminierten Taten und den von ihm eingesetzten Maßstäben herauszustellen. Heydrichs Reaktion ist immer maßlos, mit keiner Vernunft mehr verbunden und nur ein Zeugnis einer berserkerhaften Wut auf alles, was ihm verdächtig wird. Durch eine solche Stilisierung verdeutlicht Heinrich Mann hier einmal mehr den Irrationalismus, den er in vielen seiner essayistischen Texte als dominierenden Aspekt des Nationalsozialismus sieht:

> Dominierendes Element der von Heinrich Mann hervorgehobenen ideologischen Ursachen und Grundlagen des Faschismus ist der Irrationalismus, als dessen Konsequenzen sich der nationalsozialistische Intellektuellenhaß und die Zerstörung bzw. Verfälschung kultureller Traditionen ergeben.[337]

1.5 Heydrichs Tod: die äußerste Herabsetzung des Schreckensherrschers

Die Flucht Heydrichs bei der Begegnung zwischen ihm und Pavel, seinem Nachahmer, ist oben z. T. erörtert worden. Bemerkenswert und interessant ist es aber, hier noch einmal darauf zurückzukommen, um weitere Aspekte dieser Flucht herauszuarbeiten. Dass Heydrich heimlich das Weite sucht, liegt nicht allein an der Tatsache, dass er bei der Blickkonfrontation durch Pavel besiegt worden ist. Es hängt, meines Erachtens, ebenfalls davon ab, dass sich dadurch der besiegte Protektor dem Zorn der Versammelten entziehen will. Die gespannte Stimmung im Burghof weist Heydrich bestimmt darauf hin, dass ihn das versammelte Volk bestrafen bzw. hinrichten könnte. Diese Spannung wird an mehreren Umständen deutlich: Ein echtes Durcheinander[338] herrscht im Burghof, als Heydrich

337 Uwe Naumann: *Faschismus als Groteske*, a. a. O., S. 71. [Hervorhebung im Original].
338 Uwe Naumanns Kommentar über dieselbe Situation im Hof der Prager Burg geht auch in dieselbe Richtung: „Die Situation im Burghof ist also vor der Begegnung der

eintritt; in diesem Chaos kommt niemand mehr seinen Befehlen nach[339], was deutlich darauf hinweist, dass auch niemand mehr ihn als Protektor fürchtet; schließlich wird er von allen für den falschen Protektor gehalten: „Sogar bei den Soldaten: ‚Klar. Der eine [Pavel] wohnt oben, der ist es. Dieser [Heydrich] da hat sich draußen herumgetrieben, und hier will er treten.' " (S. 198) Infolge seiner Aberkennung als echter Protektor muss Heydrich darüber im Klaren gewesen sein, dass die Rettung aus dieser lebensgefährlichen Situation nur in der Flucht liegt. Das Verlangen von einem der Versammelten, Heydrich festzunehmen, ist ein schlüssiger Beleg dafür: „Der Aufgeweckteste gelangt zu einem eigenen Entschluß: ‚Faßt ihn!' " (S. 198)

Auf seiner Flucht hilft ihm Hauptmann Krach, der dies auf Befehl Pavels tut. Die Flucht führt ihn und seinen Beschützer Krach in das „Gasthaus zum Tschechischen Löwen". Dort angelangt muss Heydrich jedoch zu seiner großen Enttäuschung feststellen, dass sowohl die Flucht als auch sein Beschützer ihm nicht mehr lange weiterhelfen können: „Heydrich: ‚Die Stunden, bis es hell wird, überlebe ich nicht.' " (S. 209)

Trotzdem gibt Heydrich den Kampf ums Überleben nicht auf. Er glaubt noch an eine Möglichkeit, aus der offenbar ausweglosen Situation herauszukommen. So fordert er „ein Zimmer mit einem besonderen Ausgang" (S. 209). Er bekommt auch ein Zimmer, das nicht nur „sehr niedrig" ist, sondern auch „sich weit in den Hof" (S. 210) hinaus erstreckt, sodass man aus dessen Fenster draußen gleich auf einem Dach sei (S. 210.). Er klettert dann aus dem Fenster hinaus auf dieses Dach, um sich „in den nächsten Hof"[340] (S. 210) in Sicherheit bringen zu

---

beiden Protektoren äußerst kompliziert und verworren, ihr Ausgang für den Leser vollkommen ungewiß", Uwe Naumann: *Faschismus als Groteske*, a. a. O., S. 143.

339 „Heydrich: ‚Ich befehle eine Massenerschießung meiner sämtlichen Feinde. Alle auf einen Haufen, und hingeschossen! Die Zimmerleute! Wer keinen Galgen machen will, bekommt eine Kugel. Blumentopf oder Wokurka, mir eins, die Kugel!' Die Arbeiter sind von selbst im äußeren Tor versammelt – nicht um sich erschießen zu lassen: sie wollen Pavel sehen. Sie wollen der Begegnung der beiden Protektoren beiwohnen. Ebensowenig Entgegenkommen findet Heydrich bei den anderen Gruppen. Niemand rührt sich, Furcht ist nirgends zu bemerken, wohl aber gespannte Neugier." [...] „Heydrich berichtigt sich: ‚Das ist der Hochstapler. Verhaften!' Die Soldaten sehen einander nur an.", Heinrich Mann: *Lidice*, S. 196.

340 Dass Heydrich von diesem Dach in den nächsten Hof problemlos gelangen kann, ist dem folgenden Gespräch zwischen dem Hausknecht und Hauptmann Krach zu entnehmen:

Der Hausknecht: „Draußen ist man gleich auf einem Dach"

können. Freilich kann er seinem Lebensende nicht entgehen. Er wird, ehe er in diesen Hof hinunterspringt, vom Geheimen Blumentopf, der ihm heimlich gefolgt ist, erschossen[341]: Heydrich: „Heydrich ist draußen auf dem Dach. Ein Schuss fällt. Heydrich stürzt hinunter." (S. 211)

Die geschilderte Szene in dem „Gasthaus zum Tschechischen Löwen" bringt auch den psychologischen Zustand Heydrichs zutage. Sein Verzweiflungsstoßseufzer: „Die Stunden, bis es hell wird, überlebe ich nicht", zeigt eigentlich den Verlust aller Lebenshoffnung. Genau in diesem Moment ist, wie Uwe Naumann mit Recht schreibt, „der Lebensmut" Heydrichs „auf den Nullpunkt gesunken"[342]. Dennoch versinkt Heydrich nicht in Resignation: Er will seinen bevorstehenden Tod nicht so einfach hinnehmen. Belegt wird das durch seine mehrfachen Versuche, dem Tod zu entgehen. Nach dem „Zimmer mit einem besonderen Ausgang" will Heydrich auch einen „Schwanda" aufsuchen (S. 211). Die Anschrift des Schwandas aber lautet „Totengäßchen" (S. 211). Heydrich erkennt sofort die

---

Hauptmann Krach:	„Das Dach reicht hinüber in den nächsten Hof. Hoch ist es nicht."
Der Hausknecht:	„Wer mit den Händen daran hängt, darf sich fallen lassen, der Heuhaufen drunten tut ihm nichts." (S. 210).

341 Stephan Braese schreibt fälschlicherweise, dass Heydrich sich selbst umgebracht habe: „Auf die Nachricht, dass Heydrich tot sei – im Roman hat er sich selbst getötet –, reagiert Pavel mit Erschütterung", Stephan Braese: „Antifaschistische Satire und die ›Epoche der Geschichtslosigkeit‹: Heinrich Manns ›Filmroman‹ *Lidice* im Kontext", a. a. O., hier S. 113. Im Gespräch mit Hauptmann Krach bestätigt Blumentopf doch seine Mordtat an Heydrich:

„Geheimrat Blumentopf, beobachtet ihn, er kann dem Frieden nicht mehr trauen. Sehr mitgenommen, aber diesmal unverstellt, bekennt er seine Meinung: ‚Lohnen? Eure Komödie hätte lohnen sollen, haha! Die Schlacht am Altmarkt, das historische Führergespräch, die Schatzova, die ganze schwierige Protektoren-Doppelrolle, sophisticated sagen unsere englischen Freunde – kein Mensch hätte euch eine Szene, einen Satz geglaubt, wären wir nicht aus diesen und jenen Gründen euch zwei beiden gefällig gewesen!‘
Hauptmann Krach, reglos im Angesicht der Wahrheit: ‚Da sind Sie ein anderer Mann.‘
Geheimrat Blumentopf: ‚Ich – ein Schuß durch das Fenster, wohin Sie Ihren Feind [gemeint ist Heydrich] gebracht hatten – um ihn zu retten, denn so weit kommt man mit Moral.‘
Hauptmann Krach: ‚Sie, ohne Moral –.‘
Geheimrat Blumentopf: ‚Drücke ab und habe den Erfolg.‘", *Lidice*, S. 227 f.

342 Vgl. Uwe Naumann: *Faschismus als Groteske*, a. a. O., S. 152.

Ausweglosigkeit dieses zweiten Versuches, dem Tod zu entkommen: „Heydrich fährt zusammen: ‚Der Name sagt genug, was wollt ich noch wissen?'" (S. 211) Heydrichs Anstrengungen, dem Tod aus dem Weg zu gehen, schlagen freilich fehl. Die eben dargestellte Szene veranschaulicht die Ohnmacht der Führerfigur Heydrich und ist als die Fortsetzung seiner Herabsetzung durch den Autor anzusehen.

Die Herabsetzung Heydrichs endet dennoch noch nicht mit seinem auf eine lächerliche Weise erfolgten Tod. Im Gegenteil: Auf Befehl Blumentopfs, also des Mörders, wird die Leiche Heydrichs nicht ordentlich bestattet, sondern in einen bereits teilweise eingebrochenen Turm hinaufgetragen. Die nachstehende Passage beschreibt, auf welche herabwürdigende Weise die Leiche Heydrichs dort behandelt wird:

> Als das Paar [Hauptmann Krach und der Geheime Blumentopf] eintrifft, herrscht drinnen angestrengte Tätigkeit. Die hohe Leiter, mit der allein der obere, halbe Fußboden zu erreichen ist, lehnt unter dem offenen Dach. Auf den Sprossen im mühevollen Gleichgewicht, vereinen drei Gestapogestalten ihre Kräfte, um die mitgebrachte Last emporzuwälzen. Die Last ist ihrer Hüllen entledigt, die sterblichen Reste Heydrichs sind bloßgelegt. Kleidung des windigen Zwirn, Gesicht des Protektors, in seiner Zerstörung noch eindrucksvoller. (S. 222)

Mühevoll gelangt die Leiche endlich im Turm an. Ein heftiger Streit entbrennt zwischen den Leichenträgern und Franticek Egar, dem tschechischen Spion, der von Pavel und seinem Vater dort eingesperrt worden ist. Der Turm bricht unter dem unerträglichen Gewicht der Streitenden ein und zerstampft sie und die Leiche Heydrichs zu Brei: „Jetzt liegt die ganze Gemeinde unter den Trümmern zu Brei zerstampft."(S. 226).

Uwe Naumann hat in seinem *Faschismus als Groteske* dem Tod Heydrichs ein knapp zweiseitiges Unterkapitel[343] gewidmet, jedoch hat er der Szene nach der Ermordung Heydrichs keine Aufmerksamkeit geschenkt. Kompositorisch ist sie die letzte Szene, die die letzten Spuren von Heydrichs Existenz zeigt, und insofern hat sie eine wichtige inhaltliche und formale Funktion. Wegen des Zusammenhangs, der sich zwischen dieser Szene und anderen Szenen des Textes herstellen lässt, ist es nicht nur interessant, sondern auch wichtig, dass man ihr doch Aufmerksamkeit zuwendet. Aus ethischen Gründen könnte man sich fragen, ob der Autor dieses Bild schildern sollte. Freilich ist eine solche Frage auf der rein literarisch-ästhetischen Ebene wohl nicht relevant. Relevant hingegen ist zu fragen, welche Bedeutung ihm in seinem Verhältnis zu dem ihm vorangegangenen

343 Uwe Naumann: *Faschismus als Groteske*, a. a. O., S. 152–153.

Bild von Heydrich als mächtigstem Machthaber und dem der Konfrontation von Heydrich und Pavel zukommt. Verdeutlicht das Bild der Konfrontation die Herabsetzung des sich als den Mächtigsten ausgebenden Heydrich, so stellt das letzte Bild der Existenz Heydrichs seine äußerste Herabsetzung dar: Es setzt ihn auf die banalste und geschmackloseste Weise herab.

Heinrich Mann repräsentiert, wie demonstriert wurde, in seiner Führerfigur den Nationalsozialismus. Hierin ist das letzte Bild der Existenz Heydrichs eine Allegorie, die die Ohnmacht des NS-Regimes verkörpert. Der Verfasser gibt somit seinem zeitgenössischen Leser Hoffnung. Dass das Ziel – zumindest eines der Ziele – von Heinrich Manns Romans ist, Hoffnung zu geben, erscheint eindeutig in der letzten Szene und insbesondere in den letzten Sätzen des Romans[344]. Obwohl es sich zu jener Zeit nicht darstellen ließ, imaginiert Heinrich Mann dort schon den „großen" Triumph über den Nationalsozialismus:

Milo:
„Viele Völker sollen draußen siegen –"
Wokurka:
„Auch zu Hause, hör ich."
Pavel: „So das Ende." (S. 253)[345]

Formal spielt das letzte Bild von Heydrichs Existenz auch eine Rolle. Es trägt genauso wie die Gestaltung der Momente, die zu Heydrichs Tod führen, und der Aufbau der Doppelgänger-Rolle Pavels zu einer ästhetisch-literarischen Darstellung der deutschen faschistischen Herrschaft in Böhmen und Mähren bei.

Während Heinrich Mann in seinem Lidice-Text die nationalsozialistische Macht stilisierend zu entlarven versucht, verfolgt Hermann Kasack in seinem Roman *Das große Netz* am Beispiel einer Kreisstadt das Projekt, die politischen sowie sozialen Zusammenhänge Deutschlands und auch ganz Europas unmittelbar nach dem Zweiten Weltkrieg in Form eines Films aller Welt vor Augen zu führen.

---

344 Uwe Naumann vertritt eine ähnliche Meinung, indem er Folgendes als Fazit seiner Interpretation der letzten Szene des Romans zieht: „seine [der Roman *Lidice*] beabsichtigte Wirkung ist es, ‚Trost' zu geben […], also den Optimismus und Kampfeswillen der antifaschistischen Leser zu bestärken", ders.: *Faschismus als Groteske*, a. a. O., S. 158.

345 Uwe Naumann spricht, seine Äußerung mit demselben Zitat belegend, von „einer optimistischen Prognose", ders.: *Faschismus als Groteske*, a. a. O., S. 157.

2 Travestierende Stilisierung der Herrschaftszustände der Nachkriegszeit in *Das grosse Netz* von Hermann Kasack

2.1 Zur Erzähltechnik

Der Name Hermann Kasack ist „im Bewußtsein des lesenden Publikums" hauptsächlich mit zwei Dingen verbunden: zum einen mit dem Roman *Die Stadt hinter dem Strom* und zum anderen mit dem Amt als Präsident der Deutschen Akademie für Sprache und Dichtung (1953–1963)[346]. In der Literaturkritik, so auch in der Fachgermanistik, taucht Hermann Kasack häufig in Verbindung mit dem eben genannten Werk auf[347]. Hermann Kasack ist jedoch nicht nur Autor jenes Romans. 1952 erscheint sein zweiter und zugleich letzter Roman, mit dem metaphorischen Titel *Das grosse Netz*[348]. Diesen Text verfasst Hermann Kasack von Mai 1951 bis April 1952.

Zum Zeitpunkt des Erscheinens dieses Romans im Jahre 1952 sind sieben Jahre nach dem Ende des Zweiten Weltkrieges verstrichen. Deutschland sowie

---

346 Vgl. Die Zeit: „Hermann Kasack", Nr. 03, 14. Januar 1966, S. 13 (Dieser Zeitungsartikel erschien vier Tage nach dem Tode des Schriftstellers). Die Deutsche Akademie für Sprache und Dichtung hatte sich bei ihrer Gründung hauptsächlich zur Aufgabe gemacht, „an die Verfolgten und Verstummten" zu erinnern – „beispielsweise durch die Wiederentdeckung und Veröffentlichung ihrer Werke", https://www.deutscheakademie.de/de/akademie/geschichte, zuletzt aufgerufen am 05.12.2016. Nach und nach sind weitere Aufgaben dazu hinzugekommen. Zusätzlich zu der eben angeführten Aufgabe, die allerdings inzwischen umformuliert wurde – „Vergessene oder marginalisierte Literatur durch ihre Veröffentlichungen wieder ins Gespräch zu bringen" – stellt sich die Akademie heutzutage noch vier weiteren Aufgaben: „Die Sprachentwicklung in der Verbindung von sprachwissenschaftlicher, literarischer und literaturkritischer Kompetenz aufmerksam zu begleiten"; „In der Zusammenarbeit mit europäischen Literaturakademien und verwandten Institutionen in Deutschland literarische, sprach- und kulturkritische Themen zu erörtern"; „Sich für den freien Austausch der Meinungen in Wort und Schrift einzusetzen und zu einer differenzierten Debattenkultur beizutragen" und die Verleihung von verschiedenen „Auszeichnungen an herausragende Autoren", https://www.deutscheakademie.de/de/akademie/aufgaben.

347 „Da Hermann KASACK in den Literaturgeschichten vor allem wegen seines Nachkriegsromans ‚Die Stadt hinter dem Strom' erwähnt wird, ist die Rezeption und Würdigung des Autors durch die Fachgermanistik an dieses Werk geknüpft.", Heribert Besch: *Dichtung zwischen Vision und Wirklichkeit*, a. a. O., S. 9.

348 Hermann Kasack: *Das große Netz*, a. a. O.

ganz Europa sind gerade noch mit den Folgen dieses Krieges konfrontiert. Eine dieser Folgen ist bekanntermaßen die Teilung Deutschlands und die sich daraus ergebene Entstehung (1949) von zwei voneinander unabhängigen deutschen Republiken (die Bundesrepublik Deutschland im Westteil und die Deutsche Demokratische Republik im Osten des Landes). Diese Teilung markiert eindeutig eine neue Weltordnung mit zwei sich feindlich gegenüberstehenden Blöcken: dem kapitalistischen Block (im Westen) und dem kommunistischen (im Osten). Der übergreifende Ost-West-Konflikt beeinflusst die politische und gesellschaftliche Lage der Nachkriegszeit in den beiden Republiken Deutschlands stark, was diese Lage auch unruhig macht. Nicht wenige Personen sind hierdurch beunruhigt, hierunter auch Schriftsteller. Als aufmerksamer Beobachter setzt sich der am 24. Juli 1896 geborene und am 10. Januar 1966 verstorbene Sohn[349] des Praxisarztes Kasack mit seinem zweiten Roman das Ziel, die wesentlichen Merkmale der veränderten politischen Situation (besser?) aufzeigen zu können:

> Nachdem ich es unternommen hatte, in der »Stadt hinter dem Strom« eine zeitdiagnostische Deutung des Abendlandes in einem metaphysischen Gleichnis darzustellen, sollte der neue Roman unmittelbar in der Gegenwart spielen und aus der Realität das Hintergründige unserer Zeit aufdecken. Allmählich gewann das Thema – die deutsche Provinz der Jahrhundertmitte als europäischer Schauplatz – festere Umrisse.[350]

Die Handlung des Romans *Das grosse Netz* spielt tatsächlich in der damaligen Gegenwart, d.h. in den ersten Jahren der Nachkriegszeit. Der umfangreiche Text (507 Seiten) travestiert die vorherrschenden gesellschaftlich-politischen Zustände in Westdeutschland zur Entstehungszeit des Romans in den Jahren 1951/1952. Er enthält überdies auch Erinnerungen des Verfassers an die

349 Geboren in Potsdam, siedelte Hermann Kasack am 04.02.1949 nach Westdeutschland über. Er war nicht nur Präsident der Deutschen Akademie für Sprache und Dichtung, er besaß auch noch weitere Positionen: u. a. Verlagslektor und -direktor, Mitglied der Mainzer Akademie der Wissenschaften und der Literatur. Er war überdies auch in verschiedenen Schriftsteller-Gruppen aktiv: im Schriftsteller-Verband, im P.E.N.-Zentrum. Er starb in Stuttgart, wo er sich niedergelassen hatte. Mehr zu der Biographie und dem Werk Hermann Kasacks, siehe u. a.: Wolfgang Kasack: *Leben und Werk von Hermann Kasack: Ein Brevier*, Frankfurt am Main: Suhrkamp Verlag 1966; Helmut John/Lonny Neumann (Hrsg.): *Hermann Kasack – Leben und Werk: Symposium 1993 in Potsdam*, Frankfurt am Main, Berlin [u. a.]: Peter Lang 1994.

350 Hermann Kasack: „Marginalien zu dem Roman ›Das grosse Netz‹“. In: ders.: *Mosaiksteine: Beiträge zu Literatur und Kunst*, Frankfurt a. M.: Suhrkamp Verlag 1956, S. 369–376, hier S. 370. Siehe auch: Hermann Kasack: „Gewissen der Zeit: Ein Selbstporträt“. In: *Welt und Wort*, 12. Jahr, 1957, S. 45–46, hier S. 46.

Nazi-Herrschaft, seine Sichtweise auf die damalige Gegenwart sowie die jüngste Vergangenheit in einer Ausnahmesituation.

Eine repräsentative Kreisstadt steht aus zunächst unbekannten Gründen plötzlich unter der Herrschaft eines Unternehmens namens IFE. Herr Icks, Reisevertreter einer Firma, wie er sich selbst vorstellt, gerät durch eine Straßensperre auf seiner Fahrt zur Hauptstadt in diese Kreisstadt, aus der er nicht mehr herauskommt. Er wird von IFE als Assistent von Herrn Friedrich in dem „Fremden- und Verkehrsamt" (Fuva) angestellt. Ohne die genauen Ziele dieses Amtes zu kennen, gibt er dennoch sein ganzes Herzblut für seine neue Funktion: Außer Spitzeldiensten müht er sich an der Einrichtung eines Homininen Gartens ab, einer Art Menschengarten, in welchem Menschen als Gegenstände ausgestellt werden sollen. Bald unterwirft das IFE die Kreisstädter unter zahlreiche Zwangsmaßnahmen. Diese Situation dauert eine Weile. Dann tritt jedoch eine Erleichterung ein, als das IFE sein Ziel bekannt gibt.

Die Erleichterung dauert gleichwohl nur kurze Zeit; eine von der Herrschaft abgeworfene Magnetbombe zerstört die Kreisstädter fast gänzlich. Herr Friedrich, der den Abwurf in einem Hubschrauber von oben aus zu steuern hat, stirbt an einem Herzschlag, ehe die Bombe explodiert. Herr Icks und Brigitte, die, wie weitere Mitarbeiter des IFE, Unterschlupf in einem Bunker bei der Statistischen Akademie gefunden haben, trösten sich wechselseitig.

Aus der Inhaltsangabe wird ersichtlich, dass sich die Romanhandlung aus drei Momenten zusammensetzt: der Dauer der Willkürherrschaft des IFE, der Ruhepause und der Zerstörung bzw. der Apokalypse. Betrachtet man den ganzen Romanverlauf näher, so lässt sich allerdings der Handlungsverlauf des klassischen Dramas ausmachen. Der Textteil von Anfang bis zum Erscheinen der ersten Plakatserie bildet etwa die Exposition: die Vorstellung der Umstände in der Kreisstadt sowie der Hauptfigur (Icks), des Fuva; Einführung von Maßnahmen, die bereits auf eine spannende Situation hindeuten und eine Steigerung vermuten lassen – gänzliche Sperrung der Aus- und Einfahrten der Stadt, was Herrn Icks dazu zwingt, seine Weiterfahrt endgültig abzubrechen und in der Stadt zu bleiben. Das Erscheinen innerhalb von drei Wochen von drei Plakatserien einhergehend mit dem Trubel, den diese Plakate auslösen, entspricht der Steigerungsphase: mit dieser Phase setzt die Änderung ins umschlagende Negative in den Lebensbedingungen der Stadteinwohner, die sich übrigens in einem großen Netz gefangen sehen (vgl. S. 109), ein; Herr Icks, welchen sein Unwissen über das IFE plagte, scheint nun durch seine aktive Mitwirkung als Assistent von Herrn Friedrich den Verlauf der Dinge zu kontrollieren (vgl. S. 126). Der Höhepunkt wird durch die Einführung von verschiedenen Zwangsmaßnahmen erreicht, die eine große Spannung (im Sinne von gespanntem Verhältnis) und

Angst erzeugen: Kritiker werden interniert, die vorhandenen Organisationen und Verbände gleichgeschaltet, die lokalen Behörden entmachtet (das IFE tritt also als Herrschaftsinstanz auf), sämtliche Lebensmittel rationiert, die Textilien beschlagnahmt, die Wohnungen sorgfältig durchsucht; all das wird durch ein allgegenwärtiges Abhörsystem überwacht. Auch in dieser Phase werden die Kreisstädter Zwangsarbeiten unterworfen; Herr Icks wird zum Leiter der Museumsabteilung des IFE ernannt.

Dann kommt die Erleichterung als retardierendes Moment: das IFE hebt alle Maßnahmen auf und teilt öffentlich mit, dass es nur um ein Filmszenario geht. Dadurch wird das Regime (der dazu von den zuständigen Behörden ausdrücklich ermächtigten Firma), das als sinn- und zwecklose und lediglich schikanöse Fremdherrschaft erscheint, als superrealistisches Filmszenario entlarvt. Auch dadurch wird die Handlungsentwicklung verzögert. Dem retardierenden Moment folgt die apokalyptische Katastrophe als Lösung.

Hermann Kasack versucht zudem, einen Spannungsbogen in seiner Darstellung durch die Abweichung vom Gewohnten auf der Handlungsebene zu schaffen:

> Das Grundprinzip der Spannung in der Literatur ist die Abweichung vom Gewohnten in der Erwartung des Rezipienten, die auf dessen Gefühle zielt und in ihm über den Protagonisten Angst, Furcht oder Mitleid erregt. Voraussetzung dafür ist, dass der Rezipient die Abweichung als solche erkennt und diese seine Gefühlswelt erreicht.[351]

In dem Text tritt die Abweichung im Zusammenhang mit der regierenden Instanz auf. Die politische Macht wird im Roman nicht von einem üblichen Machthaber (sei es ein Individuum oder ein System) ausgeübt, sondern, was unüblich ist, von einem einfachen Institut. Wenn zu Beginn insgeheim das IFE die Macht ausübt (mit der Unterstützung der Kreisbehörden), verdrängt es mit der Zeit die politischen Kreisbehörden und wird so offiziell zum alleinigen Machthaber:

> Die kommunalen Behörden hatten sich damit abzufinden, nur noch ausführende Organe der Statistischen Akademie zu sein. Herr Friedrich wies eine Verfügung vor, die von der Regierung erlassen und von den Außenministern verschiedener Länder gegengezeichnet war. Sie besagte, daß das Gebiet des Kreises entsprechend dem Antrag des

351 Hannelore Sanchez Penzo: *Die Kunst der literarischen Spannung. Die Erzählstrategie der literarischen Spannung in Max Brods frühem zionistischem Roman Anold Beer – Das Schicksal eines Juden*, Diss., Universität Düsseldorf 2011, S. 38, elektronische Fassung, aufrufbar unter: https://docserv.uni-duesseldorf.de/servlets/DerivateServlet/Derivate-20028/Diss.25.7.ver%c3%b6ffentl-PDF-A1b.pdf, zuletzt aufgerufen am 05.12.2016.

> IFE für die Dauer eines halben Jahres unter Notstandsgesetz stehe. Das bedeutete in der Praxis, daß das Institut schalten und walten konnte, wie es wollte. Es war die Befehlszentrale, die den Behörden alle Verordnungen und Bestimmungen vorschrieb. Die Ämter führten nur noch eine Scheinexistenz. Die Menschen fühlten sich an jene Jahre erinnert, als alle Institutionen und Verwaltungen ebenfalls von einer übergeordneten Stelle aus gelenkt wurden: der autoritären Partei (S. 377 f.)

Diese Abweichung von der Normalität – ein bislang anonymes Institut wird plötzlich zur politischen Herrschaft – geht mit der Einwirkung auf die Gefühle des Lesers einher, der schon gesehen hat und noch sehen wird, wie dieses Institut das Leben der Kreisstädter graduell in ein Inferno verwandelt. Dieser Sachverhalt kann bei ihm mitleidige Gefühle erregen. Selbst die Hauptfigur wird durch die Lebensbedingungen der Kreisbewohner tief erschüttert: „Aber Icks, den die soziale Ungerechtigkeit in der Welt wurmte, hielt ihr [Brigitte] den Zustand des Volkes vor: ›Sie bekommen nicht satt zu essen, haben keine Wohnung, keine Heimat, sie finden keine Arbeit, sehen kein Ziel vor Augen, für das sich zu leben lohnt."‹ (S. 313) Die Abweichung vom Gewohnten kann auch die Aufmerksamkeit des Lesers wecken[352]. Die Spannung wird bis gegen Ende des Buches erhalten. Erst im vorletzten Kapitel erfährt der Leser endlich von den Zwecken des bislang als unerbittlicher Machthaber fungierten Instituts: Es ist eigentlich ein Filmunternehmen, das durch die betriebene Politik, ein Projekt mit einem ihm wichtig erscheinenden Zweck verfolgt – „den Zustand Europas" unmittelbar nach der Kriegszeit in Form eines Films festzuhalten:

> »Unsere Aufgabe«, sagte er [Herr Friedrich], »bestand und besteht darin, den Zustand Europas aller Welt als Film vor Augen zu führen. Dazu gehörte es auch, Hunger und Unsicherheit, Armut und Angst sichtbar zu machen. Da sich die Verhältnisse der ersten Nachkriegszeit in dem uns zur Verfügung stehenden Kreis bereits normalisiert hatten, mußten die Voraussetzungen für eine echte Elendslage, wie sie noch anderswo besteht, künstlich geschaffen werden.« (S. 438)

Hinter einer fiktiven Filmgesellschaft, – Herr Icks erfährt letzten Endes, dass das IFE „Internationaler Film-Export" bedeutet, – will der Verfasser Hermann Kasack anhand der repräsentativen Kreisstadt die in Europa in der 20. Jahrhundertmitte dominierenden soziopolitischen Zustände aus einer kritischen Sicht

---

352 „Die Abweichung weckt und lenkt unsere Aufmerksamkeit, lässt innehalten und genauer hinsehen oder zuhören", Hannelore Sanchez Penzo: *Die Kunst der literarischen Spannung*, a. a. O., S. 3.

in einer Fiktion für die Nachwelt[353] dokumentiert haben. Dabei hat er allerdings auch eine moralische Absicht: „›Das Geschäftliche‹, sagte Herr Friedrich weiter, ›dürfte kaum ausschlaggebend sein. […]. Nein‹, ereiferte er sich ›eher liegt dem Unternehmen daran, mit diesem Film eine moralische Absicht zu bekunden. Ein letzter Versuch, das Gewissen der Beteiligten aufzurütteln.‹“ (S. 440), und insbesondere einen therapeutischen Zweck:

> Herr Friedrich kam dann auf das Besondere dieses Films und seine therapeutische Bedeutung zu sprechen. Das Neuartige beruhe ähnlich wie in modernen Romanen darauf, das Material unmittelbar der Gegenwart zu entnehmen, aber den Gehalt in überzeitlicher Form herauszustellen. Insoweit die Bilder zugleich als Sinnbilder der Realität aufzufassen wären, forderten sie Phantasie und Deutungslust des Zuschauers heraus. […]. Sobald nämlich der Zuschauer entdecke, daß die Abenteuer auf der Leinwand seine eignen Gedanken und uneingestandenen Empfindungen spiegeln, werde die Parallele mit der Wahrheit hergestellt. Nicht der Film als Leben, sondern das Leben als Film könne das Kino zu einer Stätte der Wandlung machen, zu einer Stätte der Erkenntnis, zu einer neuen Stufe des Seins. (S. 444 f.)

Diese Textstelle gibt zugleich einen Hinweis auf die Darstellungsweise des Autors: Hermann Kasack verzichtet bewusst auf eine realistische Abbildung der damaligen Zustände. In dem zitierten Passus fordert er deshalb die geistige Beteiligung des Zuschauers, hier des zeitgenössischen Lesers, auf. Er soll das Gelesene reflektieren, denn nur so kann er zu Erkenntnis und Änderung des Seins gelangen.

Das Offenlegen der Absichten des IFE wie die plötzliche Aufhebung aller Zwangsmaßnahmen (vgl. S. 435), die der Bekanntgabe der Absichten vorausgeht, schaffen eine weitere Spannung. Da der Roman noch nicht zu Ende ist, deuten diese Elemente auf eine Weiterentwicklung der Handlung hin. Der Leser kann sich hierbei vorstellen oder erwarten, dass sich die Situation nun wieder normalisieren wird, d.h. dass es eine Rückkehr in die Situation vor dem Anfang des Filmszenarios geben wird. Diese Erwartung kann seine Aufmerksamkeit aufrechterhalten.

Hervorgehoben werden soll, dass die eigenen Reminiszenzen des Autors an die Nazi-Herrschaft in diesen Film (wie bereits darauf hingedeutet) hineingewoben werden. Hierzu seien beispielsweise angeführt: die Gleichschaltung, die Erziehungsheime des IFE, die mit der Aufgabe betraut sind, mithilfe von hohlen Partei-Parolen, welche die Kinder andauernd wiederholen müssen, deren

---

353 „Das Institut stelle lediglich an allen Ecken und Enden Spiegel auf, die den Zustand fixierten, damit spätere Generationen Bescheid wüßten, wie es einmal in Europa ausgesehen habe.“, Hermann Kasack: *Das grosse Netz*, S. 347.

Denken derart zu formatieren, dass diese letztlich zu Menschen ohne eigenes Bewusstsein, ja zu bloßen „Puppen" (S. 161) werden. Dadurch soll erreicht werden, wie die Blockälteste sarkastisch erklärt, „daß die Kinder von früh an vom eigenen Denken entlastet würden, daß ihr Wortschatz gering bleibe und gesellschaftliche Begriffe überholter Zeiten wie Gott, Schicksal, Recht, Heiterkeit ferngehalten würden, weil sie in jungen Gemütern leicht Zwiespalt und Verwirrung stifteten" (S. 161).

Die zeitgenössische Aufnahme des Romans *Das grosse Netz* lässt einige unterschiedliche Interpretationstendenzen erkennen. Manche Rezipienten setzen den Akzent auf das Zeitgeschehen im Werk und loben dabei implizit den Verfasser für seinen Versuch, die damalige Wirklichkeit zutage gebracht zu haben. Für Friedrich Rasche stellt Hermann Kasacks neuer Text nicht mehr „ein metaphysisches Gelände" dar, sondern ist „der Boden der Realität, die Landschaft unserer Zeit":

> Der Leser, dem das erschreckend großartige Gleichnis der »Stadt hinter dem Strom« immer noch im Gedächtnis ist, muß sich damit abfinden, daß ihm in dem neuen Roman »Das große Netz« ein anderer Kasack entgegentritt. Denn hier ist kein metaphysisches Gelände, sondern der Boden der Realität, die Landschaft unserer Zeit.[354]

Otto Basler möchte denselben Roman als

> eine scharfsinnig kommentierte Chronik unseres Zeitgeschehens, des gesamten Menschheitsgeschehens bezeichnen, in der das individuelle wie das gesellschaftliche und politische Leben in seiner unwiderruflichen Verspieltheit typisiert in Bild und Szene gesetzt ist.[355]

Andere zeitgenössische Rezensenten interessieren sich eher für die Darstellungsweise des Stoffes. Hierbei fühlen sie sich an die Satire Swifts und die negative Utopie Orwells erinnert. Mit folgenden, bestimmt an Hermann Kasack angelehnten Worten verweist Wolfgang Grözinger auf die Ähnlichkeit des Autors des *grossen Netz* mit Swift: „Der Dichter, der in seinem Werk ›Die Stadt hinter dem Strom‹ den Spuren Dantes folgte, entzündete diesmal Geist und Phantasie an dem Beispiel Swifts."[356] Grözinger bemängelt im in der Folge, dass es dem

354 Friedrich Rasche in: *Hannoversche Presse*, 25.10.1952, zitiert nach dem Abdruck der Rezension auf dem Umschlag.

355 Otto Basler in: *Das Schweizer Bücherblatt*, 1952, zitiert nach dem Abdruck der Rezension auf dem Umschlag.

356 Wolfgang Grözinger: „Hermann Kasack: *Das große Netz*". In: Wolfgang Grözinger/Erwin Rotermund/Heidrun Ehrke-Rotermund: *Panorama des internationalen Gegenwartsromans. Gesammelte „Hochland"-Kritik 1952–1965*, a. a. O., S. 64. In seinen Gedenkworten auf Leo Greiner am 15.10.1928 in Berliner Rundfunk verwendet

Roman an Vitalität und echtem Humor fehle, durch welchen der Leser durch das Lachen befreit und geheilt werden kann[357]. Die *Spiegel*-Ausgabe vom 28. Januar 1953 ordnet ihrerseits den Roman in das zeitgenössische Genre der negativen Utopie von George Orwell ein: „Die sehr beliebte Grauens-Utopie à la Orwell erfährt zunächst eine befremdende, dann belustigende, schließlich enttäuschende Abwandlung."[358] Das Evozieren der negativen Utopie von Orwell signalisiert, dass das Übel zur Totalität geworden, und eine Korrektur in die Richtung des Richtigen nicht mehr in praktischer Reichweite ist.

Mit diesen Einordnungen, so berechtigt sie sein mögen, ist der Roman jedoch weder thematisch noch ästhetisch vollständig erfasst. Außerdem wurden diese Thesen ohne eine tief greifende Analyse des Romans aufgestellt. *Das grosse Netz* umfasst eine Vielzahl weiterer Thematiken, die der Autor ebenfalls kritisch behandelt: wie u. a. die Übermacht der Technik, die Dogmatik der katholischen Kirche, den Sport (präziser: der Fußball), den Untergang der abendländischen Kultur. Dennoch bilden die soeben genannten Thematiken nicht den zentralen Gegenstand dieser Arbeit. Zentraler Gegenstand ist vielmehr die Untersuchung der Stilisierung der Herrschaft bzw. Herrschaftszustände.

Hermann Kasack folgende Formulierung: „Diese Stunden herrlicher Entzündung seines Geistes und seiner Seele bleiben mir unvergeßlich, so viel Überlegenheit, die sich oft als Unterlegenheit gab, bleibt lebendig", Hermann Kasack: „Leo Greiner". In: ders.: *Mosaiksteine*, a. a. O., S. 231–235, hier S. 234.

357 „Es fehlt das Leben, das dieses Netz zerreißt, es fehlt der gesunde Menschenverstand, der Don Quichote im Sancho Pansa beigegeben ist und ohne den es auch bei Cervantes nicht viel zu lachen gäbe. Der Mangel an Vitalität und echtem Humor aber macht Kasack wider Willen zum Verbündeten des »Netzes«. So legen wir das Buch mit ehrlicher Enttäuschung aus der Hand. Der tragende Einfall, eines Aristophanes würdig und vielleicht nur in der Komödie zu verwirklichen, trägt im Roman allenfalls die notwendige Furcht der Ironie, nicht aber ein befreiendes und heilendes Lachen.", Wolfgang Grözinger: „Hermann Kasack: *Das große Netz*", a. a. O, S. 65.

358 *Der Spiegel* vom 28. Januar 1953, S. 31. Karl Korn bestreitet eine solche Deutung, indem er eher auf die Ähnlichkeit mit Christoph Martin Wieland verweist: „Man kann Kasack auch nicht an Orwell messen. Besser hätte man getan, sich eines Wieland zu erinnern, der wie Kasack aufs direkt aggressive Pathos verzichtete und die Satire seiner Abderiten in ein literarisches Irgendwo verlegte, im einzelnen aber ein Epos voller realistischer Details schrieb", Karl Korn: „Kasack, Hermann: Das große Netz". In: *Frankfurter Allgemeine Zeitung* vom 22.11.1952.

2.2 Travestierung der Herrschaftszustände der Nachkriegszeit in eine allegorische Satire

Das grosse Netz weist eine grundsätzliche Gemeinsamkeit mit den drei bereits analysierten epischen Texten von Sony Labou Tansi, Ahmadou Kourouma und Heinrich Mann auf. Sie besteht darin, dass in diesem Roman wie in den schon untersuchten Texten die Gewalt ins Monströse überzeichnet wird. Auf der machtstrukturellen Ebene lässt sich jedoch ein Unterschied erkennen: Während die Macht in den behandelten afrikanischen Texten die eines Individuums ist, ist sie in den deutschen Romanen hingegen die eines Systems und somit anonym.

Die Herrschaft in Kasacks Roman ist im doppelten Sinne anonym: Sie bleibt ungenannt und sie ist unpersönlich. Sie (die Herrschaft) legt besonderen Wert darauf, dass keiner etwas Präzises über sie weiß: „›Die Macht des Instituts beruht darauf, daß niemand etwas Genaueres über seine wirkliche Bedeutung weiß‹" (S. 86). Sie treibt dies allerdings auf die Spitze und macht aus dieser Anonymität ihr Signum: „›Das Kennzeichen unseres Instituts›, sagte Herr Friedrich zur Begrüßung, ›ist Anonymität‹" (S. 60). Des Weiteren bleibt im Text unklar, von wem die wichtigsten Entscheidungen ausgehen. Machtinstanzen (es geht nämlich um das Fremden- und Verkehrsamt; das aus drei Frauen bestehende Direktorium und die Statistische Akademie) werden zwar dargestellt, aber keine von drei Instanzen scheint die Macht in der Hand zu halten. Das Fremden- und Verkehrsamt ist die Machtinstanz, die den Beherrschten bekannt ist. Nur mit ihr haben sie direkt zu tun. Freilich ist der Chef dieses Amtes, Herr Friedrich, gegenüber dem weiblichen Direktorium völlig machtlos (siehe beispielsweise S. 112). Die Statistische Akademie dient der femininen Trinität als Machtsitz.

Man würde in dieser Konstellation denken, dass das weibliche Direktorium, das „Triumvirginat", so Herr Friedrich (S. 118), eigentlich die Zügel der Macht in der Hand hält. Denn es scheint gerade die Kontrolle über alles in der Provinzstadt zu haben. Gleichwohl stellt es sich bei der Einweisung von Herrn Icks heraus, dass dies doch nicht der Fall ist. Die endgültige Entscheidung über seine Einweisung muss noch von einer „Höchstinstanz" getroffen werden:

> »Wir werden«, fuhr die Sprecherin fort, »den Vorgang dem Generalsekretär zur Genehmigung durch die Höchstinstanz weiterleiten, damit die Einweisung von Herrn – wie lautete doch der Name –?«
> »Icks«, ergänzte der Sekretär von der Schmalseite des Tisches her.
> »Ganz recht«, sagte die Sprecherin, »damit die Einweisung des Herrn Icks endgültig vorgenommen wird«.
> »Die Entscheidung«, fügte der Sekretär ein, »kann sehr rasch erfolgen, kann sich indessen auch länger hinziehen«. (S. 91 f.)

Stellt Hermann Kasack mit einer solchen Stilisierung die damaligen Herrschenden bzw. Herrschaftsinstitutionen als Marionetten hin? Die Frage bleibt offen. Deutlich hingegen ist, dass er die Herrschaftszustände mit literarischen ästhetischen Mitteln schildert.

Die im Roman dargebotenen Herrschaftszustände sind gekennzeichnet durch zwei Merkmale, durch zweierlei Gewalten: eine psychologische und eine physische. Die psychologische Gewalt äußert sich darin, dass die Macht die ihr Unterworfenen im Unklaren lässt über ihre generellen Zwecke wie über ihre einzelnen Vorschriften. Sie konfrontiert die Beherrschten mit einer großen Zahl unerwarteter Vorschriften, sodass niemand sich auf die ständig wechselnde Lage einstellen kann. Jedoch verlangt sie stets durch verbale Androhungen von ihnen, sich darauf einzustellen. Dies ist nichts anderes als eine psychologische Gewalt, die die Herrschaft den Beherrschten antut. Diese Art von Gewalt zieht bei den Beherrschten Folgen nach sich – das „Unbehagen“:

> Eine Wendung in dem neuen Aufruf war es, die viele stutzen ließ: »Bei nicht genügender Anzahl von freiwilligen Meldungen«, so lautete es im Text, »behält sich das Unternehmen geeignete Schritte für die Beteiligung vor«. Hier war neben der Lockung ein drohender Ton nicht zu überhören, der unangenehme Erinnerungen hervorrief. Das Unbehagen verstärkte sich. (S. 73 f.)

Und in den schlimmsten Fällen Nervenzerrungen:

> Da niemand wußte, worin diese [Verpflichtung] bestand, oder auch nur die Art des Unternehmens kannte, da jeder sich unausweichlich vor die Frage gestellt sah, einen Pakt mit dem Unbekannten zu schließen, bemächtigte sich der Bevölkerung eine Unruhe, die heftiger an den Nerven zerrte als die Erregung der beiden ersten Wochen. (S. 108 f.)

Um die psychologische Gewalt auf die Beherrschten ausüben und sie dauerhaft aufrechterhalten zu können, bedient sich die Herrschaft der Mittel der modernen Propaganda (z. B. Plakate und Rundfunk). Der Rundfunk wird im Laufe der Zeit zum privilegierten Instrument des psychologischen Drucks: „Stärkere Wirkung übten jetzt die Rundfunksendungen aus, die seit kurzem die neue Lokalstation verbreitete“ (S. 196, siehe S. 229–232).

In den beiden zuvor wiedergegebenen Textstellen kritisiert Hermann Kasack die Herrschaftszustände nicht nur durch die Überzeichnung der Gewalt. Die Kritik der Gegenwart erfolgt jedoch zudem durch den Verweis auf Ähnlichkeiten mit Zuständen oder Methoden der nationalsozialistischen Herrschaft, beispielsweise die Erzwingung freiwilliger Meldungen. Zur Entstehungszeit des Romans liegt die nationalsozialistische Vergangenheit ja noch nicht so lange zurück. Denkt man an die mit den erwähnten NS-Herrschaftsmethoden vollzogenen

Untaten, so erweist sich die Stilisierung der vorgestellten Macht durch die Erinnerung daran als ein ästhetisches Verfahren des Kritisierens: diese Erinnerung bildet eine bedeutsame Kritik.

Die zweite Herrschaftsform – die physische Gewalt – manifestiert sich in Zwangsmaßnahmen, denen die Kreisstädter unterworfen werden. Die Analyse dieser Zwangsmaßnahmen ergibt eine ansteigende Kurve. Zunächst schränkt die Herrschaft die Bewegungsfreiheit der ihr Unterworfenen ein:

> Die Angehörigen aller Gruppen mußten sich verpflichten, ohne besondere Erlaubnis sich nicht weiter als zehn Kilometer von ihrem Wohnort zu entfernen. Etwaige Anträge waren im Fremden- und Verkehrsamt zu stellen. Sprachen aber die Leute dort vor, so erhielten sie stets den Bescheid, daß die für die laufende Woche zur Verfügung stehenden Formulare bereits erschöpft seien. Man möge es später versuchen. Wem es einmal gelang, einen Antrag einzureichen, den hielt die Kreispolizei von einem auf den anderen Tag hin, da sie eine Genehmigung erst erteilte, wenn die Befürwortung der Statistischen Akademie vorlag. Diese wurde aber nie gegeben. Die Menschen waren gefangen. (S. 138)

Diese Zwangsmaßnahme verhüllt bzw. enthüllt eine hinterlistige Strategie der Herrschaft: Sie (die Herrschaft) erlässt für die Einheimischen Vorschriften, die diesen Bedingungen auferlegen, unter denen sie sich betätigen können. Gleichwohl entpuppen sich diese Bedingungen letztendlich nur als ein Gefängnis: Halten sich die Leute daran, dann öffnen sich keine Wege zur eigenständigen Betätigung. Im Gegenteil: die Wege bleiben verbaut. Aber noch schlimmer: Die Menschen werden bei der Erfüllung der auferlegten Bedingungen von der Polizei festgenommen.

Die prätendierten Wege zur selbstständigen Betätigung bleiben ebenfalls verbaut bei der Bedingung zur Überschreitung der Gebietsgrenze. Auch hier erweist sich alles Bemühen um den Grenzpassierschein als vollkommen aussichtslos:

> Das Gebiet war zur völligen Enklave geworden. Durfte sich schon seit langem kein Mensch ohne Erlaubnis weiter als zehn Kilometer von seinem Wohnort entfernen, so wurden jetzt die Grenzen des Kreises für den allgemeinen Personenverkehr gesperrt. Niemand durfte sie ohne einen besonderen Zwischenpaß überschreiten. Um ihn zu erlangen, bedurfte es umständlicher Begründungen, Bestätigungen, Empfehlungen, die Zeit und Wege kosteten und dennoch selten zum Ziele führten. (S. 323)

Die gänzliche Grenzsperrung zwingt die Kreisstädter, nur innerhalb der Grenzen zu bleiben. Der Zusammenhang mit dem Romantitel liegt auf der Hand. Das zwanghafte Bleiben innerhalb der Grenzen spiegelt das Bild eines Netzes wider: Die Menschen haben sich in ihm verfangen und zappeln wie hilflose Fliegen in ihm[359].

---

359 Vgl. Wolfgang Grözinger: „Hermann Kasack: *Das große Netz*", a. a. O, S. 65.

Bezüglich der Grenzsperrung weisen *Das grosse Netz* und *La vie et demie* von Sony Labou Tansi eine Gemeinsamkeit auf. Die beiden Romane, obwohl sie aus zwei unterschiedlichen Kulturräumen stammen, thematisieren doch die Grenzsperrung in einem diktatorischen Machtsystem. In Katamalanasie, der von dem kongolesischen Schriftsteller bis aufs kleinste Detail gestalteten Tyrannen-Republik, trifft der Führer Jean-Cœur-de-Pierre auch die Entscheidung, die Grenzen seines Landes zu sperren: „Il s'ensuivit une hémorragie de la population; le guide ferma donc les frontières. La seule voie d'entrée et de sortie devint les trois aérodromes de la capitale où le contrôle était sans pitié."[360] Die massive Auswanderung der Bevölkerung stellt hier den einzigen Grund der Landesgrenzsperrung dar. In einem derartigen Kontext wie dem der diktatorischen Herrschaft in Katamalanasie, wo jeder Mensch bloß für ein Ja oder ein Nein erbarmungslos von den Mächtigen zerstört wird, erscheint die Auswanderung für die Bevölkerung als der beste, zumindest vernünftigste Weg, um die eigene Haut retten zu können. Von der Seite der Herrschaft soll die Maßnahme der Grenzsperrung darauf hinzielen, den Beherrschten den Wind aus den Segeln zu nehmen, d. h. ihnen die Möglichkeit, sich der Unterdrückung durch Emigration zu entziehen, wegzunehmen. Damit tritt zugleich der böse Wille des Führers Jean-Cœur-de-Pierre, – und auch der Herrschaft bei Hermann Kasack, auch wenn bei ihm kein deutlicher Grund für die Grenzsperrung vorgebracht worden ist – die ihm/ihr Unterworfenen leiden zu sehen, zutage.

Jegliche Kritik an der Herrschaft wird in Hermann Kasacks Roman, aber auch in den bereits untersuchten Erzähltexten als eine Majestätsbeleidigung von den Mächtigen empfunden, und der Schuldige wird der entsprechenden Behandlung unterzogen. In der fiktiven Kreisstadt äußert der Geistliche Steudenrath die bissigsten Kritiken. Jeder Anlass ist für ihn geeignet, um die Herrschaft schonungslos anzugreifen, selbst bei Beerdigungen. So nennt er in seiner Grabrede auf den jungen Faltinger das IFE andeutungsweise einen „Dämon":

> »Christus hat, wie die Kirche lehrt, die Dämonen vertrieben, aber als Diener der Kirche sage ich euch, jeder hat sich von neuem im Kampfe den Dämonen zu stellen, denn sie sind nicht vertrieben, sie nisten sich bei uns ein als Institute und Organisationen, die dem einzelnen mächtiger erscheinen als Gott.« (S. 203)

---

360 Sony Labou Tansi: *La vie et demie*, a. a. O., S. 150. „Die Folge war eine Bevölkerungshämorrhagie, und Steinherz schloss die Landesgrenzen. Zur Ein- und Ausreise blieben nur noch die drei Flughäfen der Hauptstadt, wo die Kontrolle erbarmungslos war.", zitiert aus der deutschen Übersetzung: Sony Labou Tansi: *Verschlungenes Leben*, a. a. O., S. 143.

Während in den Romanen *La vie et demie, En attendant le vote des bêtes sauvages* sowie *Lidice* Kritiker des totalitären Regimes entweder brutal und grausam an die Wand gestellt, erhängt oder ins Gefängnis geworfen werden, hat der Pfarrer zunächst Anspruch auf eine freundliche Zurechtweisung vonseiten der Herrschaft: „Er aber als Pfarrer müsse besser als andere wissen, [...], daß es nicht erlaubt sei, Zweifel in die Existenz einer höchsten Instanz zu setzen, selbst wenn deren Beschlüsse unbegreiflich erschienen." (S. 259) Danach wird er in der Statistischen Akademie interniert und einer Art Umerziehung, ja Gehirnwäsche unterzogen. Steudenrath solle sich mit den Untersuchungen der Statistischen Akademie eine Zeitlang an Ort und Stelle beschäftigen (vgl. S. 271). Der Geistliche Steudenrath wird nach seiner Internierung zu einem „Offizier der Streiter für das Heil" (S. 429) gemacht und er hat nunmehr – Ironie des Schicksals – Partei für die Herrschaft zu ergreifen. Die Gehirnwäsche des Pfarrers Steudenrath weist, jedoch mit einem Unterschied[361], eine Ähnlichkeit mit dem Roman *1984* (der Titel der englischen Originalausgabe lautet *Nineteen eighty-four*) von George Orwell auf. Winston Smith, die Hauptfigur der Orwellschen dystopischen Fiktion, der heimlich das Projekt verfolgt, die Herrschaft des Großen Bruders (Big Brother) zu bekämpfen, gerät letztlich in das Netz derselben Herrschaft, die sein Gehirn unter grausamsten Foltern wäscht. Die Umerziehung Steudenraths stellt keinen singulären Fall dar. Alle Kritiker erleiden das gleiche Schicksal:

> Die Redner und Rednerinnen, die am aktivsten hervortraten und verlangten, es müsse »endlich etwas geschehen«, erhielten bald darauf die Mitteilung, sie seien aus der Kategorie D in eine andere Gruppe überschrieben worden und hätten zur geistigen Überholung mit einem Schulungskurs zu rechnen. (S. 275)

Unermüdlich erfindet die Macht neue Methoden, um die Bevölkerung ihre Gewalt spüren zu lassen. Die in Gang gesetzte Unterdrückungsmaschinerie ist dermaßen mächtig, dass selbst die öffentliche Kundgebung der „Alten Herren der Jungen Kämpfer" mit deren lustiger „Dschingbumtara"-Musik (S. 218) und die später vorgenommene Schriftkampagne[362] sie nicht einmal ins Wanken zu bringen scheinen.

---

361 Die Umerziehung von Steudenrath wird auf eine nicht gewalttätige Weise durchgeführt, während die Hauptfigur von Orwells Roman mit einer grauenhaften Gewalt der Umerziehung unterworfen wird.

362 „Die Unruhen im Kreise nahmen zu. In den Dörfern wie in der Stadt selbst tauchten immer wieder an den Hausflächen gehässige Inschriften auf, mit Kreide oder häufiger dick mit Farbe geschmiert, die den Ingrimm gegen das IFE bekundeten." (S. 381). Hervorzuheben ist, dass diese Protestmethode in dem Roman *La vie et demie* von der Opposition gegen das Regime des Guide Providentiel auch verwendet wird.

Der Verfasser stattet die stilisierte Herrschaft mit einer unvorstellbaren Skrupellosigkeit aus. Zusätzlich zu den bislang ausgeführten Zwangsmaßnahmen – und Zwangsarbeiten – versetzt sie die Regierten grundlos in große (materielle) Notlage: Sie beschlagnahmt alle Textilien bis auf zwei oder drei Kleidungsstücke, welche die Kreisstädter behalten dürfen; alle Kleidungsgeschäfte werden gleichzeitig geschlossen – und es ist gerade Winter (S. 321) –; um jede Hilfe von außerhalb des Kreises lebenden Verwandten zu verhindern, wird „jegliche Einfuhr von Paketen untersagt" (S. 322); die Herstellung der meistverbrauchten Produkte wird beendet und sämtliche Lebensmittel wird rationiert. So haben die Beherrschten zu darben:

> Der Kohlenmangel bedingte Sperrstunden für den Verbrauch von Gas und Elektrizität. Die Herstellung von Gebäck und Süßwaren hörte auf, die Vorräte an Kaffee, Tee, Schokolade konnten nicht mehr ergänzt werden. Für den täglichen Bedarf gab es kaum noch etwas, das der Rationierung entging. An den Ausgabetagen standen die Menschen vor den Läden in Schlangen[363]. (S. 322)

Ihren Höhenpunkt lässt Hermann Kasack die Zwangsmaßnahmen mit der Gleichschaltung erreichen. So werden alle existierenden Organisationen und Verbände, die eine Gegenmacht aufweisen können, außer Funktion gesetzt und durch neue ersetzt. Die dem Leser vor Augen geführte Gleichschaltung ist als Herrschaftsmethode in der Nachkriegszeit unvorstellbar. Hier erinnert diese Stilisierung wieder an die Methoden der nationalsozialistischen Herrschaft. Dadurch prangert der Autor die geschilderte Macht als eine durch höchste Gewalt geprägte Macht an; er stilisiert sie zugleich dadurch ins Monströse.

> Nach einem wohlvorbereiteten Programm vollzogen sich auch jetzt die Ereignisse. So hatten sich mit Ausnahmen der Logen, der Rotarier und der PEN-Clubs sämtliche geselligen Vereine, Berufsverbände und freien Gesellschaften von heute auf morgen aufzulösen. An ihre Stelle traten ähnliche Organisationen, denen jeweils ein Beamter des Palastes vorstand. Die Angehörigen der Kategorie D, die bisher zu keinen Verpflichtungen aufgerufen worden waren, stellten den größten Teil der neuen Mitglieder. An mehreren Abenden jeder Woche mußten sie an Versammlungen, Vorträgen und Diskussionen, an Übungsstunden und Probemärschen teilnehmen. (S. 378)

Der Verfasser gestaltet das repräsentative Kreisgebiet in Orwellscher Manier: Wie der Staat des Großen Bruders ist die Kreisstadt auch ein Überwachungsstaat. Wenn auch nicht in gleichem Ausmaß wie im Orwells Roman – dort werden

363 In ergreifender Weise fasst Herr Icks die Notlage der Kreisstädter zusammen: „Sie bekommen nicht satt zu essen, haben keine Wohnung, keine Heimat, sie finden keine Arbeit …", S. 313.

die Menschen bis in ihre Wohnungen mittels in die Wände eingelassener „Teleschirme“ überwacht – sorgt die Herrschaft auch mit modernen Mitteln doch dafür, dass die Beherrschten beobachtet werden. Das Beobachtete wird auch sorgfältig aufgezeichnet und in der Statistischen Akademie für eine eventuelle spätere Benutzung aufbewahrt: „Er [Herr Icks] erfuhr, daß die Statistische Akademie in öffentlichen Gebäuden und Anstalten, auch in Parks und Fabrikgeländen zahlreiche Mikrofone unauffällig installiert habe, damit von Zeit zu Zeit geeignete Szenen aus dem wirklichen Leben ungeschminkt festgehalten werden könnten.“ (S. 268). Für die Privatwohnungen setzt die Herrschaft eine andere Methode ein: die Hausdurchsuchungen. Die Hausdurchsuchungen, die in der Tat auch ohne einen sichtbaren Grund ausgeführt werden, haben, genauso wie die Maßnahme der polizeilichen Genehmigung für „Ansammlungen von mehr als fünf Personen“, den Effekt, der Bevölkerung noch mehr Angst einzujagen:

> Die Briefzensur verschärfte sich. Ansammlungen von mehr als fünf Personen bedurften polizeilicher Genehmigung. Die unbeliebten Panzerwagen schwenkten ihr schnüffelndes Rohr in Gasse und Tor aus. Nachdem bei dieser und jener Familie unerwartete Durchsuchungen der Wohnung stattgefunden hatten, fühlten sich die Bürger in ihrer Haut noch unsicherer. Etwas zu verbergen hatte jeder. Merkwürdigerweise erfolgten weder Beschlagnahmen noch Verhaftungen. Aber die Angst saß jedem im Genick. (S. 382)

Unter solchen krassen Lebensbedingungen, die durch ständige Gewalttätigkeit und Angst geprägt sind, bleibt dem Einzelnen nichts anderes übrig, als ein künstliches Leben zu führen: „jeder heuchelt etwas vor und hält seine künstliche Kulissenwelt für die Realität.“ (S. 247).

Das Ziel Hermann Kasacks ist, „aus der Realität das Hintergründige unserer Zeit“ aufzudecken. Der Träger des Fontane-Preises des Jahres 1949 für seinen ersten Roman ist noch im selben Jahr nach Westdeutschland übergesiedelt. Zwar reicht die Tatsache, dass Hermann Kasack zum Zeitpunkt des Romanerscheinens seit ungefähr drei Jahren in Westdeutschland lebt, nicht aus, um den Schluss zu ziehen, dass sein Roman einen unmittelbaren Bezug zu Westdeutschland hat. Folgende Äußerung des Verfassers aus einem 1949 an seinen Freund Alfred Mohrhenn adressierten Brief (er schreibt ihn von Überlingen aus) deutet aber darauf hin, dass Westdeutschland Gegenstand des Netz-Buches ist, weil Kasack in seinem Brief die „noch recht unnormale[n] Zustände“ in Westdeutschland darstellt:

> *„Den allermeisten Menschen geht's hier auch schlecht; geldlich, beengt, abhängig, politisch-krämerhaft engagiert; unzufrieden. Von den ‚Flüchtlingen‘ gar nicht zu reden: quartierlos, beschämend-hausend, papierlos, geschickt- oder faul-vegetierend. Das sind alles*

> *noch recht unnormale Zustände. Das ist vielfach nicht nur nicht 1930, nicht 1912, sondern um 1830–1846: partikularistisch, Krähwinkel à la Biedermeier und dummschädelig wie je. Die Menschen machen sich immer ein Ochsenjoch von vorgestern.*
> *Lernte ich doch gänzlich einzusehen, daß wir in Schilda leben, dann hätte ich´s leicht, mein neues Buch zu schreiben. [...]*"[364].

Die Beengung und die Flüchtlingslage sind beispielhafte Elemente, die man im Roman erkennt[365]. Jedoch werden diese Zustände in der Fiktion travestiert – und zwar durch das literarische Verfahren der Übertreibung.

Die analysierte politische Lage der namenlosen fiktiven Kreisstadt wirft die folgende Frage auf: Was will die Herrschaft von den Beherrschten? Erstens will sie von den Beherrschten eigentlich nichts: Sie bekommt ja ihre Legitimation nicht von ihnen und die verschiedenen Zwangsmaßnahmen zielen nicht darauf ab, die Beherrschten dazu zu zwingen, ihr zuzustimmen. Zweitens will die Herrschaft von ihren Untertanen nur etwas Negatives: Sie will ihren Willen brechen, alles Eigene an ihnen bis hin zu ihrem bloßen Überleben zerstören. Die nachstehenden bildhaft geprägten Ausführungen des Fremden- und Verkehrsamtsleiters scheinen diese These zu bestätigen: „Herr Friedrich war der Ansicht, daß es den meisten Leuten schon wieder zu gut ginge. Man solle, meinte er, einmal eine Jagd auf Dicke veranstalten, sie durch die Straßen hetzen und auf Laternen und hohe Bäume klettern lassen, um das verfettete Gewissen aufzumuntern." (S. 245) Was aber mit der Aufmunterung des verfetten Gewissens gemeint ist, lässt sich schwer eruieren. Eines lässt sich jedoch ganz deutlich feststellen: Nach der Äußerung dieses Standpunktes sind die Zwangsmaßnahmen verschärft worden.

Die literarisch vorgestellte Gewalt ist also eine Absurdität: Jeder Unterwerfung unter eine Macht ist immanent, dass die Macht bzw. die Mächtigen von den Unterworfenen etwas wollen – sie sollen im Sinne dieser Macht funktionieren. Hier aber ist das Funktionieren rein negativ gefasst: Die Unterworfenen sollen leben und sich verhalten, als würden sie nicht existieren. Man könnte

---

364 Hermann Kasacks Brief an Mohrhenn vom 22.06.1949, zitiert nach Heribert Besch: *Dichtung zwischen Vision und Wirklichkeit*, a. a. O., S. 331 f. [Hervorhebungen von Heribert Besch].

365 Karl Korn siedelt den Roman sogar in Süddeutschland an: „da wird fünf Jahre nach dem Krieg in einer Landschaft eines süddeutschen Kreises aus experimentellen Gründen von der durch drei dunkelbebrillte smarte Damen, synthetische Parzen mit amerikanischen Attributen, repräsentierten Weltregierung noch einmal Mangelwirtschaft durchgespielt mit allen Schikanen der Rationierung und der Ersatzbefriedigung", Karl Korn: „Kasack, Hermann: Das große Netz", a. a. O.

darauf zurückschließen, dass sie vielleicht durch ihr bloßes Dasein etwas, was die Macht durchsetzen will, stören. Es gibt aber keinerlei Hinweise darauf, was das sein könnte und wobei die Kreisstädter wen stören könnten. Manche Einwohner versuchen, aus diesem Zustand herauszukommen und sich eine neue Lebensweise zu schaffen.

2.3 Nihilismus als Folge des totalitären Zustandes

Etymologisch stammt der Begriff Nihilismus aus dem lateinischen *nihil* und bedeutet „nichts". Aber kann ein „-ismus" aus dem Nichts existieren? Man braucht jetzt nicht auf diese Frage zu antworten. Im Vorangegangenen wurde die existentielle Lage der Kreisstädter unter der Herrschaft der fremden Macht ausführlich genug dargestellt. Die Kreisstädter vegetieren vor sich hin in einer Situation des totalen Ausgeliefertseins an diese fremde Macht. Diese Lage kommt einer Welt gleich, „où les pensées comme les vies sont privées d'avenir"[366]. Besteht in solch einer Situation noch eine Möglichkeit zu einer persönlichen Entfaltung? Wie kann man sich daraus retten?

Überanstrengen sich die meisten Kreisstädter, um sich der ständig wechselnden Situation anzupassen – sie akzeptieren resigniert die ihnen auferlegten Lebensbedingungen und versuchen, sich damit abzufinden –, so erscheint sie einigen ab einem Zeitpunkt nicht mehr zumutbar. Dies ist der Fall der dargestellten jungen Nihilisten. Nach Klaus Herrmann werden unter dem Begriff Nihilismus vielfältige Erscheinungen verstanden: „Unter dem Wort,Nihilismus' wird heute eine Vielfalt von Erscheinungen begriffen: der Pessimismus, die Décadence, religiöse und kulturelle Verfallssymptome, politisch revolutionäre, gegenrevolutionäre oder anarchische Tendenzen."[367] Er fügt hinzu: „Eine genaue Definition wird meist vermieden, man begnügt sich gern mit einem Hinweis auf Nietzsche und Dostojewski"[368]. Klaus Herrmann selbst vermeidet auch eine genaue Bestimmung, indem er keine eigene formuliert. Er begnügt sich seinerseits, nicht auf Nietzsche und Dostojewski, sondern auf den Verfasser des Romans *Väter und Söhne*, Iwan Turgenjew, hinzuweisen, den er für den ersten Schriftsteller hält, der den Nihilismus beschrieben und geprägt habe und dessen Erklärung er als „die immer noch beste Definition des Begriffs"[369] betrachtet. Im

366 Albert Camus: *Le mythe de Sisyphe. Essai sur l'absurde*, (collection folio/Essais) Paris: Les Éditions Gallimard, 1999, S. 98.

367 Klaus Herrmann: „Ernst Jünger und der deutsche Nihilismus". In: *Aufbau*, 4. Jahrgang, Heft 1, 1948, S. 42–51, hier S. 42.

368 Ebd.

369 Ebd.

Unterschied zum oben von Herrmann wiedergegebenen Verständnis des Nihilismus schließt Kasacks Roman die anarchistischen und revolutionären Tendenzen, ebenso wie den sentimentalen Weltschmerz, die dominierende Stimmung der Restaurationsepoche, die auch als Nihilismus bezeichnet wurde, aus:

> Herr Kernle, der seinen innenpolitischen Leitartikel für die nächste Nummer der »Generalpost« überlegte, fuhr sich mit der Hand durch sein Wuschelhaar. Anarchistische Tendenzen konnte er nicht feststellen; eher Ermüdungserscheinungen. Es war auch kein sentimentaler Weltschmerz, den er in den jungen Köpfen antraf, eher eine geradezu unheimlich gesättigte Kälte der Empfindung. [...] Es waren keine Revolutionäre, welche die Welt mit dem alten Erneuerungsschrei umstürzen wollten, es waren frühmüde Seelen, ungekauft und nicht einmal ausgezählt. (419 f.)

Diese „frühmüde[n] Seelen" zeigen nicht nur ihre vom Ausgeliefertsein an die böse Macht gezeitigte Ermüdung, sondern sie versuchen auch zugleich von der ihnen aufgebürdeten Lebenssituation zu befreien. Dies erscheint als eine geistige Anstrengung. Diese geistige Anstrengung, sich aus dem Ausgeliefertsein an die Art von bloß negativer Gewalt eine quasi frei gewählte Lebensweise zu machen, lässt sich auch als Nihilismus fassen.

So betrachtet ähnelt die Praxis des Nihilismus durch die jungen Leute nicht dem Nihilismus-Konzept, wie es Herrmann im Zuge seiner Jünger-Kritik entwickelt, sondern vielmehr dem zeitgenössischen Konzept von Albert Camus. Dieses Konzept weist der ‚Ermüdung' eine durchaus positive Funktion zu. So heißt es in *Le mythe de Sisyphe*: „La lassitude est à la fin des actes d'une vie machinale, mais elle inaugure en même le mouvement de la conscience. Elle l'éveille et elle provoque la suite"[370]. Im untersuchten Roman geschieht es eben so. Bei den jungen Nihilisten läutet die Ermüdung dem von ihnen bisher (fast) mechanisch geführten Leben die Totenglocke. Sie werden ebenfalls dadurch auf den Boden der Realität zurückgeholt und sie entdecken dann, dass sie sich bisher von reinen Illusionen genährt haben. Diese Entdeckung hat die Desillusionierung zur Folge: „Die Realität hatte der jungen Generation die Illusionen gründlich aus den Augen gewischt. Wie aber bestehen, wenn alles umsonst schien? Warum noch einmal die Rolle des tragischen Hampelmanns spielen?" (S. 413)

Die Ermüdung hat letztlich dazu geführt, sich der unerträglichen Lage bewusst zu werden. Das Bewusstwerden seinerseits löst den Reaktionsmechanismus aus. Unterschiedliche Arten von Reaktionen sind demnach vorstellbar: eine aktive Reaktion, die darin bestehen würde, sich aktiv zu engagieren, um etwas an der unerträglichen Situation zu ändern, oder eine passive: die Gleichgültigkeit. Die

370 Albert Camus: *Le mythe de Sisyphe*, a. a. O., S. 29.

Gleichgültigkeit wählen die jungen Nihilisten, allerdings treiben sie sie auf die Spitze: „Sie gaben sich bis zur Kaltschnäuzigkeit gleichgültig gegen alles, was in der Welt des Tages, was mit ihnen selbst geschah." (S. 420) Sie entscheiden sich für das Nichtstun, das schnell zu einer Art neuer Lebensweise wird:

> Sie besetzten [in der »Glocke«] die leeren Tische und Stühle und gewöhnten es sich an, von früh bis spät dort herumzulungern. [...] Sie verzehrten fast nichts, begnügten sich mit Broten, die sie mitbrachten, bestellten eine Tasse Kaffee, eine Flasche Mineralwasser. Von der Zigarette bekam jeder der Reihe nach einen Zug ab. Manchmal hielt der junge Preller eine Rede, in der er sagte, daß sich für keinen mehr eine aktive Beschäftigung lohne. Manchmal stimmten sie zu den Tönen einer Mundharmonika ein exzentrisches Lied an, dessen Text einer von ihnen zu einer bekannten Melodie verfaßt hatte. (S. 413)

Interessant ist, hier im Zusammenhang mit ihrer neuen Lebensweise zwei Begriffe in Betracht zu ziehen, die sich aus der Selbstbetrachtung der jungen Nihilisten ergeben: „Ausgeschiedene" und „Parias" – „›Wir sind die Ausgeschiedenen‹, sagten sie, ›wir leben wie Parias.‹" (S. 420). Doch ist – realiter – keiner dieser Jugendlichen ausgeschieden worden, sie haben sich quasi selbst ausgeschieden – auch wenn die politischen und gesellschaftlichen Bedingungen da auch eine bedeutende Rolle spielen. Zudem stehen sie vorbehaltlos zu ihrer Wahl, indem sie sie, nach Kräften, rechtfertigen. Das Nichtstun sei in ihren Augen der Ausweg; alles andere sei nicht nur „zweck- und sinnlos", sondern auch sogar „unmoralisch und verbrecherisch":

> Der Volksschullehrer war es, der für die Gruppe den Namen »Nihilisten« aufbrachte. Die meisten wußten kaum, was er bedeutete, aber als Zeichen malten sich alle ein großes N mit Asche auf die Stirn. Sie waren fest davon überzeugt, daß alles, was sie bisher getan und gelernt hatten, und was sie noch tun und lernen würden, zwecklos sei. Zwecklos und sinnlos, ja, wie sie erklärten, sogar unmoralisch und verbrecherisch. (S. 414 f.)

Die Analogien zwischen den „Nihilisten" im Roman und dem zeitgenössischen französischen Nihilismus umfassen nicht nur, wie bereits gezeigt, die Philosophie Albert Camus', sondern auch die Positionen von Jean-Paul Sartre. Dieser betont 1946 in seinem Essay *L'existentialisme est un humanisme*[371] – dieses Büchlein gilt als Manifest von Sartres Existentialismus – noch einmal die Einstellungen des atheistischen Existentialismus, die er in seinem vorher veröffentlichten Buch *L'être et le néant* dargestellt hat. Dabei bemüht er sich, diese Einstellungen noch deutlicher und präziser zu konturieren. Der Angelpunkt dieser Einstellungen ist sein Postulat „l'existence précède l'essence" („die Existenz geht der Essenz

371 Jean-Paul Sartre: *L'existentialisme est un humanisme*, Paris: Les Éditions Nagel 1946.

voraus"). Diesem Postulat zufolge ist der Mensch zunächst nichts; erst nach seiner Existenz definiert er sich selbst, indem er sich schafft:

> Qu'est-ce que signifie ici que l'existence précède l'essence? Cela signifie que l'homme existe d'abord, se rencontre, surgit dans le monde, et qu'il se définit après. L'homme tel que le conçoit l'existentialiste, s'il n'est pas définissable, c'est qu'il n'est d'abord rien. Il ne sera qu'ensuite, et il sera tel qu'il se sera fait.[372]

Die Selbstbestimmung durch die Selbstschaffung setzt eine Bedingung voraus: nämlich die der Freiheit. Diese Bedingung sieht Jean-Paul Sartre in der Existenz des Menschen erfüllt. Für ihn und immer seinem Postulat nach ist der Mensch nicht bloß frei, sondern auch die Freiheit selbst: „il n'y a pas de déterminisme, l'homme est libre, l'homme est liberté."[373] Jean-Paul Sartre übertreibt offensichtlich und verurteilt den Menschen zur Freiheit: „l'homme est condamné à être libre"[374]. Die Folge daraus: Er macht den Menschen restlos verantwortlich für sein Wesen: „l'homme n'est rien d'autre que son projet, [...], rien d'autre que sa vie."[375] So hat der Mensch, aus seinem (zunächst) Nichts-Zustand sein eigenes Sosein durch die Handlung zu realisieren, für die er ebenfalls die volle Verantwortung trägt. Die Handlung wird also zu einer *conditio sine qua non* für denjenigen, der leben will, denn dies sei das einzige, was dem Menschen erlaube, zu leben[376]. Dies impliziert, dass das Nicht-Handeln auch das Nicht-Sein bedeuten würde.

Auch Albert Camus, „der revoltierende Existenzialist"[377], hat sich mit der wichtigen Frage der menschlichen Existenz, insbesondere in absurden

---

372 Ebd., S. 21 f.

373 Ebd., S. 37.

374 Ebd., S. 37.

375 Ebd., S. 55.

376 Auf die Kritik reagierend, die seiner Existenzphilosophie den Quietismus (passive Haltung des Menschen) vorwirft, erklärt Jean-Paul Sartre, diese Kritik zurückweisend, dass seine Philosophie eher den Menschen durch das Handeln bestimme: „Ainsi, nous avons répondu, je crois, à un certain nombre de reproches concernant l'existentialisme. Vous voyez qu'il ne peut pas être considéré comme une philosophie du quiétisme, puisqu'il définit l'homme par l'action; ni comme une description pessimiste de l'homme: il n'y a pas de doctrine plus optimiste, puisque le destin de l'homme est en lui-même; ni comme une tentative pour décourager l'homme d'agir puisqu'il dit qu'il n'y a d'espoir que dans son action, et que la seule chose qui permet à l'homme de vivre, c'est l'acte.", Jean-Paul Sartre: *L'existentialisme est un humanisme*, a. a. O., S. 62 f.

377 Peter V. Zima: *Komparatistik*, a. a. O., S. 164.

Lebenssituationen, auseinandergesetzt. In seinem bereits zuvor zitierten Buch unterstreicht er auch die Freiheit des Menschen zum Handeln: „Je ne puis avoir de la liberté que la conception du prisonnier ou de l'individu moderne au sein de l'Etat. La seule que je connaisse, c'est la liberté d'esprit et d'action. Or si l'absurde annihile toutes mes chances de liberté éternelle, il me rend et exalte ma liberté d'action."[378] Über diesen Punkt – die Handlungsfreiheit des Menschen, so auch in absurder Situation – kommen Jean-Paul Sartres und Albert Camus' philosophische Betrachtungen über die Existenz überein. Im Roman spiegelt sich diese Freiheit im Verhalten der vorgestellten Nihilisten wider. In der politischen und gesellschaftlichen Lage, in der sie leben, werden die Kreisstädter mit einer ständigen Gewalt konfrontiert; zugleich sollen sie, wie zuvor dargelegt, leben als wären sie nicht vorhanden. Diesen Zustand lehnen die jungen Nihilisten ab. Sie wollen nicht mehr in dem ihnen durch die Macht aufgezwungenen Zustand weiterleben:

> Die jungen Leute setzten den Besuchern auseinander, daß es an der Zeit wäre, dem unablässigen Eifer des menschlichen Lebens eins auf den Hut zu geben. Ein paar müßten einmal den Anfang machen, meinten sie, sich an dem Leerlauf nicht mehr zu beteiligen. Es lohne sich weder politisch noch sozial. Wenn es immer noch Leute gebe, die in Kirche und Staat, im Glauben und im Nationalgefühl Lebensziele sähen, bitteschön, das wäre deren Sache. Ihre Sache sei es nicht. Sie wären noch nicht alt genug, den ewigen Phrasen ihr Leben zu opfern. (S. 419)

In dieser Textstelle deuten die jungen Nihilisten auf die Handlungsfreiheit des Menschen – wie sie Jean-Paul Sartre und Albert Camus betonen – hin. Um aufzuzeigen, „dies ist möglich!", stellen sie sich als Pioniere dar. Sie glauben also, sich dank dieser Freiheit eine neue Lebensform geschaffen zu haben. Sieht man freilich genauer hin, so fällt auf, dass die so gut wie frei gewählte Lebensweise dieser Nihilisten eine Schimäre ist. Dies ist bloß ein geistiger Vorgang, der nicht praktisch zu vollziehen ist, sondern nur in theoretischen Interpretationen der eigenen Lage, die diese und das eigene Ich so lange deutet, bis diese beiden Seiten zueinander passen. Der Beleg hierfür ist der Kommentar des Erzählers über das Verhalten der Nihilisten – es sei eine Selbstquälerei, eine „Selbstverstümmelung": „Es waren Marodeure, die sich selbst verstümmelten, um den Lebensfolgen zu entgehen." (S. 420) Jedoch ist das Verb „sich verstümmeln" hier im übertragenen Sinne zu verstehen, denn diese Jungen fügen sich kein körperliches Leid zu. Dem Kommentar des Erzählers entsprechend scheint es, in der Inszenierung des Nihilismus eine Satire auf den modernen französischen

378 Albert Camus: *Le mythe de Sisyphe*, a. a. O., S. 82.

Existentialismus vorzuliegen, vor allem auf den der zuvor genannten Existentialisten.

2.4 Konstruiertes apokalyptisches Bild als „Demonstration der möglichen Wirklichkeit"

Das apokalyptische Bild wird durch eine apokalyptische Katastrophe ausgelöst. Diese Katastrophe tritt aber unerwartet auf – unerwartet nicht nur für den Leser, sondern auch für die Einwohner der Provinzstadt. In der Tat ereignet sie sich nach einer durch das Lachen der Kreisstädter gekennzeichneten Phase. Entsprechend der offiziellen Mitteilung diene alles, was in der Kreisstadt vor sich geht und das als Böses beurteilt werden kann, nur noch einem filmischen Zweck. Diese Erklärung bereitet den Menschen selbstverständlich eine große Freude – sie sehen darin das Ende ihres Leides: „Wie elend die Menschen auch aussahen, begannen sie doch herzhaft zu lachen, als es ihnen nach einer Weile wie Schuppen von den Augen fiel, daß alle Anstrengungen nur einem Film-Unternehmen gegolten hatten." (S. 434 f.)

Die Verlautbarung lässt allerdings keinen einzigen Menschen ahnen, dass es sich doch bloß um eine vorübergehende Ruhepause handelt. Die Reaktion der Kreisstädter auf die Mitteilung der Machthaber wirft die Frage nach der korrekten Wahrnehmung der eigenen Lage und des eigenen Zustands auf. Das Lachen hat plötzlich einen Sinn, den die Kleinstädter nachvollziehen können, auch wenn er auf ihre Kosten geht, und zwar einen unernsten Sinn (Spiel, Inszenierung für einen Film, Authentizitätsfiktion der Filmemacher, die von den Betroffenen nicht nach der Seite der Authentizität betrachtet, sondern als bloße Fiktion wahrgenommen wird). Aus der Perspektive der Betroffenen erweist sich das Lachen wirklich als eine Erleichterung. Es ist aber nicht das letzte Wort des Romans. Das letzte Wort ist das apokalyptische Ende. Daraus ergeben sich inhaltliche sowie ästhetische Konsequenzen. Es soll hier daran erinnert werden, dass das anonyme regierende Unternehmen es sich zur Aufgabe gemacht hat, die Nachkriegszustände in Form eines Films zu dokumentieren. Diese Nachkriegszustände seien jedoch in der geschilderten Kleinstadt zum Zeitpunkt des Filmdrehens normalisiert worden. Daher werden als getreue Abbildung dieser Zustände desaströse Lebensbedingungen geschaffen, denen die Kleinstädter unterworfen werden. Gleichwohl geht das Unternehmen darüber hinaus. Es imaginiert den konsequenten Ausgang der Fortsetzung gegenwärtiger Verhältnisse. Ihm zufolge ist dies der „Untergang des Abendlandes": „›Vorgesehen in unserem Filmablauf sind, wenn ich das verraten darf, auch Szenen, die den Untergang des Abendlandes darstellen. Bitte nicht zu erschrecken, das ist eine geläufige Wendung, die für unser Ohr sogar überholt klingt.‹“ (S. 486) Der Untergang des Abendlandes wird nicht als kultureller Untergang im Sinne von Oswald Spengler verstanden[379]. Er wird im Roman als physischer Untergang aufgefasst (natürlich impliziert der physische Untergang selbstverständlich auch den kulturellen). Der Einsatz einer Bombe soll dies erzielen:

> Nach einer offiziellen Erklärung des IFE war, um die Glaubwürdigkeit der Weltuntergangsszenen zu sichern, in der Tat der Abwurf einer radioaktive Strahlen auslösenden Bombe vorgesehen. Mit einer bloßen Attrappe hätte sich die Wirkung niemals erzielen lassen. Da es sich aber nur um eine Demonstration der möglichen Wirklichkeit und nicht um die volle Realität handelte, kam von vornherein keine der höllischen Wasserstoffbomben in Betracht. (S. 491)

Die Katastrophe hinterlässt, wie zu erwarten, ein veritables verheerendes Bild der Zerstörung, ja ein Bild einer Trümmerstadt, wie es die zwei untenstehenden Zitate illustrieren sollen:

> Die Detonation der Magnetbombe, die in einem Garten in der Nähe des Postplatzes aufschlug, war weithin wie ein knatternder Donnerschlag vernehmbar. Eine hohe grüne Stichflamme stand steil in der Luft, bis sie sich in einem rasch wachsenden Rauchpilz auflöste. Stundenlang bebte die Erde. Luftwirbel wie bei einem Tornado knickten einzelne Bäume um, drehten die Kronen im Schaft ab. (S. 489)
> Der Fluß im Tal schien wie elektrisiert. Aus der Tiefe schleuderten sich gewaltig kreisende Wassermassen empor, welche die Ufer überschwemmten, und später schoß eine Flutwelle auf die Talsohle heran. Die tiefer gelegenen Häuser standen schon bis zum ersten Geschoß in einer trüben, schlammigen Flut, auf der losgerissene Bretter, Zäune, Baumstämme trieben, ertrunkenes Vieh, ertrunkene Menschen. (S. 490)

Eine der Konsequenzen, die sich aus der Darstellung der Katastrophe ergeben, ist die Umwertung des Spiels. Die Katastrophe wertet das Spiel um, nämlich zum tatsächlichen und höchsten Ernst. Die Übertreibungen der Darstellung herrscherlicher Gewalt in die Absurdität sollen aus dieser apokalyptischen Perspektive keine Übertreibungen mehr gewesen sein, sondern eher Untertreibungen. In diesen Kontext gehören die Ableitungen der totalitären Herrschaft wie der totalen Vernichtung aus der Vernunft. Die Vernichtung aus der Vernunft illustriert der Verfasser durch folgendes kritisches Bild:

---

379 Dass Hermann Kasack seine Figur den Titel des Buches von Oswald Spengler nennen lässt, zwinkert er dadurch dem Leser zu. So lässt er Herrn Friedrich sprechen: „›Vorgesehen in unserem Filmablauf sind […], die den Untergang des Abendlandes darstellen. […]. Immerhin war es einmal der erregende Titel eines deutschen Buches.‹“ (S. 486 f.).

> Wohin habe alles Handeln und Besserwissen die Menschen in Europa gebracht? An den Rand des Abgrunds! Das könne keiner der Großherren der Kirchen und Staaten bestreiten. »Was ist aus dem Sieg der Vernunft geworden?« fragten sie höhnisch. Ein Zwangsirrenhaus! »Und aus Gottes Schöpfung?« Ein Trümmerhaufen! (S. 415)

Diese Kritik an der Vernunft[380] erinnert an das im Exil entstandene und 1947 erstmals bei Querido in Amsterdam erschienene Buch *Dialektik der Aufklärung*[381] von Max Horkheimer und Theodor Wiesengrund Adorno. Diese zeigen in ihrem Buch die Kehrseite der Aufklärung, die sich allerdings zum Ziel gesetzt hat, „von den Menschen die Furcht zu nehmen und sie als Herren einzusetzen“[382]. Die Kehrseite der Aufklärung, so die Verfasser, tritt in die Zerstörung der Natur – und mit der Natur auch in einem höchsten Maße der Menschen – durch den technischen Fortschritt in Erscheinung. Für die Verfasser strahle „die vollends aufgeklärte Erde im Zeichen triumphalen Unheils.“[383]

Aber der Roman setzt nicht einfach diese philosophische Kritik an der Aufklärung ins Bild. Vielmehr ist er in sich selber unentschieden. Einerseits stellt er die Katastrophe als die konsequente und unvermeidliche Fortsetzung der gegenwärtigen Ordnung dar, andererseits als Konsequenz eines Fehlers, den man auch unterlassen bzw. vermeiden könnte: Die Westeuropäer hätten aus der Vergangenheit nichts gelernt: „: ›Ich sehe‹, fuhr Herr Friedrich fort, ohne den Einwurf zu beachten, ›daß die Menschen auf den Trümmern Europas nichts für sich gelernt haben und mit allem, was sie anstellen, eine noch schlimmere Katastrophe vorbereiten.‹“ (S. 246)

In der Kritik, dass die Menschen aus der Vergangenheit nichts für sich gelernt haben, liegt die Aufforderung, endlich die Lehre aus der Geschichte, die Hermann Kasack vorschwebt, zu ziehen. In der Tat erfüllen die politische Entwicklung und das Treiben der Menschen in Europa in der 20. Jahrhundertmitte Hermann

---

380 Diese Kritik scheint in *Das grosse Netz* nicht etwas ganz Neues zu sein. M. Boussart zufolge taucht sie schon in dem 1947 publizierten Roman *Die Stadt hinter dem Strom* auf: „Kasack semble persuadé que l'erreur qui se trouve à la base de cette situation désespérée de l'Occident est l'hybris humaine, *la confiance exclusive dans la raison* et dans l'action, l'instinct faustien qui perd et entraîne l'homme à étendre de plus en plus sa domination sur la nature“, M. Boussart: „La crise européenne au travers des œuvres d'après-guerre de H. Kasack“. In: *Revue des Langues vivantes*, 3, 1964, S. 221–234, hier S. 224. [Hervorhebung von mir].

381 Max Horkheimer und Theodor W. Adorno: *Dialektik der Aufklärung. Philosophische Fragmente*, Darmstadt: WBG Wissen verbindet 2015.

382 Ebd., S. 19.

383 Ebd., S. 19.

Kasack mit einer tiefen Besorgnis. Diese Epoche war durch die Wiederbewaffnung und wesentlich die Beschaffung von Massenvernichtungswaffen[384] dominiert. In puncto dieses Sachverhaltes befürchtet er sehr die Wiederholung der Geschichte, d.h. das Geschehen einer weiteren Katastrophe, und mehr noch: die Herbeiführung des Jüngsten Gerichts durch die Menschen selber, zumal die produzierten Atombomben die ganze Welt in einem Bruchteil einer Sekunde dem Erdboden gleichmachen können, wie die Zeitung darüber berichtet:

> »Ich habe in der Zeitung gelesen«, sagte Icks überzeugt, »daß sechzig der armierten Wasserstoffbomben, die mit radioaktiven Kräften ausgestattet sind, genügen, sämtliche Menschen auf diesem Erdenrund zu vertilgen. Wir sind also bereits in der Lage, das Jüngste Gericht uns selber jeden beliebigen Tag zu schaffen.« (S. 463)

Der Appell Hermann Kasacks, endlich die Lehre aus der Geschichte zu ziehen, um der Welt eine weitere Katastrophe zu ersparen, hört doch nicht mit dem in diesem Kapitel untersuchten Roman auf. Bis zu seinem Tod hält der Verfasser an diesem Appell fest. Daraus würde man auf eine Obsession rückschließen. In *Das grosse Netz* erscheinen seine Angst und sein Skeptizismus als weitaus übertrieben. Kurz vor seinem Tod und trotz seiner Vollerblindung appelliert er noch einmal an das Gewissen seiner Landsleute in dem Kapitel, das die Bilanz seines Lebens darstellt:

> Klischeedenken und Phrasen haben Deutschland schon zweimal in ein nationales Unglück gestürzt. Ein drittes Mal würde es zu einer Katastrophe führen, die, wie jeder weiß, bestenfalls nur jeder Tausendste von uns überleben dürfte. Deutschland gäbe es dann nicht mehr. Weiß das jeder?[385]

Die Ähnlichkeit zwischen dieser Äußerung und der von Herrn Friedrich (siehe das Zitat oben, S. 246) ist so offensichtlich, dass man daraus erschließen kann, dass Hermann Kasack in der Fiktion seiner Figur seine eigenen Worte in den Mund gelegt habe. Im Roman wird die existierende Weltordnung als höchst gefährlich beurteilt, deshalb muss Alarm geschlagen werden: „Nun sah es um die Mitte des Jahrhunderts nicht so rosig in der Welt aus, und es wäre unverantwortlich gewesen, die kritische Lage zu verharmlosen." (S. 413) Trotz der Unentschiedenheit des Romans, die übrigens den Leser am Schluss etwas ratlos lässt, setzt sich der Verfasser ein klares Ziel: Durch die erdichtete Katastrophe warnt Hermann Kasack nicht nur seine Mitmenschen, sondern er beabsichtigt auch

---

384 Vgl. Heribert Besch: *Dichtung zwischen Vision und Wirklichkeit*, a. a. O., S. 334.

385 Hermann Kasack: „Jahrgang 1896. Rückblick auf mein Leben". In: Egmont Zechlin, Hermann Kasack u. Walter Abendroth: *1896 Jahr und Jahrgang*, Hamburg: Hoffmann und Campe Verlag 1966, S. 55–97, hier S. 97.

dadurch, um mit Heribert Besch zu sprechen, eine „Schocktherapie": „KASACK beabsichtigt mit seinen phantasierten Vergegenwärtigungen der Katastrophe eine Schocktherapie."[386] In der Tat dient im Text die Katastrophe dazu, die Menschen über die schlimme wahre Wirklichkeit, die von der Schein-Realität überdeckt worden ist, aufzuklären, wie das Brigitte kurz vor dem Schluss des Romans auf den Punkt bringt: „Herr Friedrich sei sich aber, wenn sie es recht bedenke, bewußt gewesen, daß sein Film bei diesem oder jenem Anstoß und Ärgernis erregen könnte. Wahrscheinlich hätte es keinen anderen Weg gegeben, den Blinden und Verblendeten die Augen zu öffnen." (S. 503) Damit hofft bestimmt Hermann Kasack, der sich selbst als „das Gewissen der Zeit"[387] versteht, „das ‚Grauen' der wirklichen Katastrophe, die er für unabwendbar hält, in der Gegenwart zu meistern oder umbiegen zu können."[388]

386 Heribert Besch: *Dichtung zwischen Vision und Wirklichkeit*, a. a. O., S. 335.

387 In seiner Ansprache zur Verleihung des Fontane-Preises 1949 an ihn liefert Hermann Kasack sein Verständnis vom Dichter: „Der Dichter ist das Gewissen der Zeit. Wenn diese Bestimmung wohl zu allen Zeiten ihre Gültigkeit erweist, so ist ihr fordernder Charakter im letzten Jahrhundert immer stärker ins Bewußtsein gerückt. In diesem Sinne ist der Dichter da:

Um das Schicksal seit Menschengedenken
Aufzubewahren und fortzuschenken." In: Hermann Kasack: *Mosaiksteine*, a. a. O., S. 8.

388 Heribert Besch: *Dichtung zwischen Vision und Wirklichkeit*, a. a. O., S. 336.

Teil III: Vergleichende Zusammenfassung und Ausblick

Die vorliegende Arbeit beschäftigt sich mit der ästhetischen Darstellung von politischer Macht in der Literatur. Daher ist ihre zentrale Frage, wie die von mir ausgewählten Texte die Problematik der politischen Macht sprachlich-ästhetisch und inhaltlich-politisch darstellen. Mit anderen Worten, wie sie die Machthaber und Machtstrukturen stilisieren und die Machtausübung bewerten. Zwei afrikanische und zwei deutsche Romane bilden die literarische Grundlage, anhand derer das Thema dieser Untersuchung behandelt wird. Sony Labou Tansi und Ahmadou Kourouma behandeln diese Thematik im postkolonialen Afrika. Der Erstere schildert in seinem Debütroman *La vie et demie* die Monstrosität grotesker Machthaber des fiktiven Staates namens Katamalanasie und deren höchst grausame Gewalt; der Letztere zeichnet in *En attendant le vote des bêtes sauvages* ein schauriges Bild von unerbittlichen Diktatoren im „freiheitsmordenden" Afrika, die wegen des Kalten Krieges durch den kapitalistischen Westen eingesetzt und unterstützt werden. Was die deutschen Texte betrifft, schneiden Heinrich Mann und Hermann Kasack die Problematik politischer Macht in verschiedenen Epochen an. In *Lidice* legt Heinrich Mann anhand der Führerfigur Reinhard Heydrich die brutale Gewalt, die Absurdität dieser Gewalt und den Irrationalismus nationalsozialistischer Macht bloß. Hermann Kasack seinerseits beschäftigt sich mit den politischen Herrschaftszuständen in der Epoche unmittelbar nach dem Nationalsozialismus und dem Zweiten Weltkrieg. In seinem Roman *Das grosse Netz* schildert er die willkürliche und absurde Gewalt eines eher ungewöhnlichen Machthabers, des Unternehmens IFE, in einer kleinen deutschen Provinzstadt.

In die Repräsentation von politischer Macht gehen die spezifischen historischen Erfahrungen von Machtausübung wie die individuelle Ausprägung von Erfahrung und Bewertung bei jedwedem Schriftsteller mit ein. Aus den historischen Unterschieden ergeben sich die Unterschiede der Kritik, welche die Romane in der jeweiligen Stilisierung der politischen Macht artikulieren. Ungeachtet dieser Unterschiede weisen die Romane jedoch eine markante Gemeinsamkeit auf. Sie führen die Missstände, gegen die sie sich richten, darauf zurück, dass die direkt oder indirekt charakterisierten Staaten etwas Entscheidendes systematisch unterlassen: Sie alle sind, auf je verschiedene Weise, Gegenbilder zum Ideal der gerechten politischen Macht. In der Negation dieses Ideals kommen die verschiedenen Negationen, die in den Romanen ästhetisch gestaltet werden, inhaltlich überein.

Indem die Verfasser die geschilderten Mächte als Gegenbilder zum Ideal der gerechten Macht stilisieren, haben sie immer auch die gerechte politische Herrschaft zum Thema. Bei der negativen Stilisierung der politischen Macht gehen sie von einer positiven Vorstellung einer gerechten politischen Herrschaft aus: Diese

Herrschaft verfügt über die Beherrschten, berücksichtigt jedoch auch ihre Interessen und entspricht zumindest prinzipiell ihren Bedürfnissen. In den analysierten Texten wird also die jeweilige dargestellte Herrschaft in abstrakter Weise skandalisiert, ja als ein Unding geschildert, gerade deswegen, weil sie dieses Ideal verfehlt. Diese Verfehlung wird den verschiedenen Mächten mittels direkter oder indirekter Kritik ihrer niederträchtigen Herrschaftsmethoden vorgeworfen. Die Darstellung von verwerflichen Mächten bestimmt in den ausgewählten Romanen die ästhetische Stilisierung. Die Auseinandersetzung mit diesen Texten hat zur Erkenntnis geführt, dass sie allesamt aufgrund der Gemeinsamkeit der ästhetischen Stilisierung ein gemeinsames Ziel verfolgen, das im Folgenden zusammengefasst ausgeführt wird. Das ist der Erkenntnisgewinn, der sich aus der Beschäftigung mit den untersuchten Textgruppen aus unterschiedlichen Geschichts- und Kulturräumen ergibt und somit den Vergleich zulässt.

1 Skandalisierung von politischer Macht als gemeinsames ästhetisches Verfahren

Die ins Negative verlängerte Darstellung von historisch gegebenen Mächten, die kritisiert werden, durchdringt alle behandelten Texte. Ins Bild gesetzt werden höchst gewalttätige Mächte, die ihre Fangarme über das Leben der jeweiligen fiktiven Gesellschaft ausbreiten. Die Autoren werfen den verschiedenen geschilderten Mächten zunächst die gravierende Rücksichtslosigkeit gegenüber den Beherrschten vor. Diese Rücksichtslosigkeit äußert sich nicht nur darin, dass die Herrscher den Belangen der Beherrschten nicht entsprechen (bzw. nicht entsprechen wollen), sondern vielmehr in der Gewalt, die die Herrscher über die Beherrschten ausüben.

Die Gestaltung solcher Gewalt als etwas Monströses stellt den ersten verbindenden Aspekt der analysierten Romane dar. Dies wird deutlich aus den mit dem literarischen Verfahren der Hyperbolik dargestellten Szenen, welche die gewalttätigen Taten der Herrschenden veranschaulichen sollen. Stilisiert werden in der Tat ungeheure Gewalthandlungen seitens der Herrschenden. Die Verfasser versehen ihre konstruierten Herrscher mit einer extremen Grausamkeit, die sich in Szenen furchtbarer Tötungen, Folterungen und willkürlichen Entzügen (Entzug der Rechte, der Freiheit), etc. niederschlägt. Die wirklich krassen Abschlachtungsszenen des politischen Gegners Martial und anderer Gegner, die Vernichtung des Dorfes Maondo samt Einwohnern (*La vie et demie*), die schrecklichen Folterszenen vermeintlicher politischer Konkurrenten, die willkürlichen Inhaftierungen wie die grausamen Tötungen (*En attendant le vote des bêtes sauvages*) sollen nicht nur an tatsächlich stattgefundene Gewalttaten erinnern, sondern die Verfasser tun ihr Möglichstes, um die Formen der Gewalt ins Exzessive zu steigern. In *Lidice* gestaltet Heinrich Mann die Gewalt des NS-Regimes anhand der äußeren Brutalität beispielsweise im Dorf Lidice als auch in Brünn. Die übersteigerte Darstellung von allerlei verhängten Zwangsmaßnahmen und deren perniziösen Folgen, die Festnahmen durch die Polizei sollen in *Das grosse Netz* die Gewalt des IFE illustrieren. Allerdings ist es wichtig, daran zu erinnern, dass Kasack diese Gewalt nicht als Superlativ äußerer Brutalität, sondern als undurchdringliches Geheimnis mit aberwitzigem Potential an Willkür vorstellt. Durch diese Verästelung wird auch hier, wie in den übrigen Romanen, die Gewalt als etwas Monströses repräsentiert.

Zudem lässt sich in den analysierten Werken die Tendenz erkennen, diese als monströs gestaltete Gewalt immer weiter – offenbar wird hier das rhetorische Verfahren der Amplificatio angewandt – auf die Spitze zu treiben: Die Abschlachtungsszene von Martial bei Sony Labou Tansi, in welcher der Guide Providentiel bereits als eine Bestie in Erscheinung tritt, die über ihre Beute mit einer schwerlich vorstellbaren Brutalität herfällt, wird durch weitere, noch gewalttätigere Szenen verlängert, z. B. der Tabubruch, Menschenfleisch zu verzehren. Der Verfasser amplifiziert auch noch den Tötungsakt des Guide Providentiel, indem er ihn Martials Frau sowie dessen Kinder bis auf Chaïdana kaltblütig umbringen lässt. Bei Sony Labou Tansi fließt Blut ohne Ende. Das Blut durchzieht seinen Text von den ersten bis zu den letzten Seiten. Das ständige Blutfließen verweist nicht nur auf die psychisch-physische Gestalt der Führer als Monster (vgl. Teil I, Kap. 1); es erweist sich offenbar auch als eine logische Folge der Machtkonzeption der Führer: Dem Guide Providentiel zufolge ist die Macht im Blut (*La vie et demie*, S. 80). Demnach konzipieren die Führer die politische Macht nicht als ein Mittel zur Organisation der Gesellschaft und zur Ordnungserhaltung durch Gesetze. Sie verstehen die Macht bloß als eine Überlebenstaktik des Machthabers selber, ja als einen Selbstzweck.

In den übrigen Texten ist die Gewalt ebenfalls maßlos: dies wird illustriert durch u. a. die wiederkehrenden Szenen, in denen die politischen Gegner auch bei lebendigem Leib entmannt werden – die Entmannung erscheint somit als ein persönliches Kennzeichen Koyagas (bei Ahmadou Kourouma); durch das dank Pavels Handeln in letzter Minute vereitelte Hängen von fünfzig Menschen, das verfehlte Vernichten des Dorfes Brünn, weil den Nazis an Sprengstoffen gefehlt hat (bei Heinrich Mann). Bei Hermann Kasack ist der Leser einem unerbittlichen totalitären Überwachungsstaat gegenübergestellt, der rückhaltlos Zwangsmaßnahmen verhängt, und darüber hinaus zu Methoden der nationalsozialistischen Herrschaft greift, wie der Gleichschaltung aller Vereine und Organisationen und der Erzwingung freiwilliger Meldungen. Derartige Gewalthandlungen machen deutlich, dass die Herrschenden dem Leben der Beherrschten überhaupt keinen Wert zuerkennen und dass es ihnen nur um eine Macht geht, die keinerlei Maß kennt.

Überdies wird ersichtlich, dass die als monströs und maßlos gestaltete Gewalt auch als absolut zwecklos stilisiert wird: Sie verfolgt keinen Zweck im Sinne der Staatsgewalt bei Max Weber. Sie äußert sich in den afrikanischen Texten als Selbstzweck. Sony Labou Tansis Machthaberfiguren und die Ahmadou Kouroumas greifen zur Gewalt, um ihre Macht zu konsolidieren und sich auf Lebenszeit an der Macht zu erhalten, indem sie ihre unmittelbaren bzw. vermeintlichen Konkurrenten entweder eigenhändig töten (der Guide Providentiel beim ersteren Schriftsteller) oder in sinistren Gefängnissen bis zum Tode foltern lassen (die Machthaber bei Kourouma). Als irrational und absurd wird die Gewalt bei Heinrich Mann, aber auch bei Hermann Kasack gefasst.

Ein weiteres gemeinsames Merkmal der Darstellung der politischen Macht ist die Zurückführung der Gewalt auf die Psychologie des Machthabers. Dementsprechend lassen die Autoren der untersuchten Werke die Gewalt als Resultat einer möglichen psychischen Deformation des Machthabers wahrnehmbar werden. Hierbei sind die „Guides", der Machthaber der République du Grand Fleuve und Koyaga in den afrikanischen Romanen und die Führerfigur Heydrich in *Lidice* die angeführten Beispiele. Sony Labou Tansi stellt implizit einen Zusammenhang zwischen dem physischen Porträt seiner Führerfiguren als Monster und deren moralischem Verhalten her, das auch monsterhaft erscheint. Mithilfe von literarischer Dekonstruktion (als Strategie der Enthüllung) und der Entmythisierung des Präsidenten als „Erlöser" führt Ahmadou Kourouma seinerseits die Gewalttätigkeit Koyagas und des Herrschenden der République du Grand Fleuve auf deren moralischen Eigenschaften zurück; diese entsprechen übrigens nicht im Geringsten denen eines Erlösers: Diese Machthaber sind jeweils von Natur aus gewalttätig sowie wild, verlogen, grausam, mörderisch und demagogisch. Damit disqualifiziert Ahmadou Kourouma diese Herrscher, die sich als Erlöser für ihr Volk ausgeben und sich entsprechend verehren lassen. Schließlich sieht Heinrich Mann in der tiefen psychologischen Schwäche seiner Führerfigur die einzige mögliche Ursache ihrer von ihm überzeichneten Gewalt. Ein solches Stilisierungsverfahren tendiert dazu, die Macht zu dämonisieren.

Ebenfalls kongruieren die Wahrnehmungs- und Bewertungsperspektiven der Legitimationsprinzipien der ausgewählten Texte. Obwohl diese Texte durchweg die jeweils stilisierte Macht wegen ihres rein negativen Verhältnisses zu den Beherrschten schelten, thematisieren sie die große Mühe, die sich die Machthaber geben, um ihre Macht bzw. Gewalt zu legitimieren. Zu diesem Zweck berufen sich die Herrschenden auf diverse Legitimationsprinzipien, z. B. die Staatsraison und das Führerprinzip (der Guide Providentiel bei Sony Labou Tansi und Heydrich bei Heinrich Mann), das Gottesgnadentum, die Authentizität (jeweils der König des Pays des Djébels und der Machthaber der République du Grand Fleuve bei Ahmadou Kourouma). Dadurch beanspruchen solche Herrscher Legitimität für ihre Gewalt und ergänzen ihre Rücksichtslosigkeit durch die Forderung nach Anerkennung als legitime Machthaber. Das ist einerseits überraschend, denn indem die Macht Anspruch auf die Anerkennung durch die Beherrschten erhebt, tut sie so, als wären ihr diese nicht gleichgültig, als wäre sie womöglich selber von deren Anerkennung abhängig. Eben diese Prätention wird in den afrikanischen Romanen, aber auch bei Heinrich Mann nur thematisiert, um sie drastisch als absolut unglaubwürdig und auf vollkommen durchsichtige Weise als verlogen zu konterkarieren. Die Art und Weise, wie die Herrschenden die Beherrschten als überhaupt bloße Objekte behandeln, dementiert gerade diese Prätention.

Die bisher diskutierten Stilisierungsmethoden von politischer Macht in den ausgewählten Romanen machen deutlich, dass sich diese Methoden zum Ziel setzen, die jeweils gemeinte Herrschaft, auch wenn sie sich des Öfteren mithilfe von leeren propagandistischen Parolen als gerechte Herrschaft zu profilieren versucht, als vollkommen negative darzustellen. Eine solche ästhetische Stilisierung markiert eindeutig die Intention des jeweiligen Verfassers, die ins Bild gesetzte Macht moralisch herabzusetzen.

Durch die Stilisierung ins Monströse werden die politischen Mächte mit ästhetischen Mitteln als maßlose, unbegreifliche, sinnlose Gewalt denunziert, als eine Gewalt, die in keiner Hinsicht mehr als Mittel gelten kann; weder für einen moralischen noch einen materiellen Zweck, der als inhaltlich bestimmter Zweck noch eine Grenze der für ihn produktiven Gewalt kennen würde. Alle Romane imaginieren die Gewalt als Selbstzweck und damit als eine Absurdität, die jenseits politischer Parteinahmen oder Argumente von jedermann unmittelbar abzulehnen ist. Die ästhetischen Mittel, die zur Anwendung kommen, werden allesamt aus dem Instrumentarium der satirischen Groteske entlehnt, die mit hohem Pathos den politischen Feind buchstäblich verteufelt. Jeder soll, wenn er einen der ausgewählten Texte gelesen hat, sofort gegen die Macht, die der Verfasser in der Fiktion kritisiert, Partei nehmen. Moralische Parteinahme aufgrund eines ästhetischen Eindrucks – nicht politische Reflexion – ist das Wirkungsideal dieser Romane; oder, wenn nicht aller Romane, so doch der Ästhetik der Dämonisierung der Macht in der Person der Machthaber.

In den Negativurteilen der je geschilderten Macht ist indessen ein Positivum enthalten. Dieses Positivum wird durch abstrakte Ideale der guten Herrschaft bzw. des *Good Governance* gebildet, die allen bekannt sind. Bis auf Sony Labou

Tansi, der eine Art antithetische Vorgehensweise verwendet hat, durch die er in der Gegenrepublik Darmellia eine bestimmte Art der guten Regierungsführung nahezulegen scheint, schlagen alle anderen Verfasser der untersuchten Texte kein bestimmtes politisches System und keine feste Methode der guten Herrschaft vor. Die eindeutige Skandalisierung der abgelehnten Mächte ist den Verfassern offenbar wichtiger als die – womöglich entzweiende – Diskussion positiver Perspektiven. Die positiven Perspektiven, die der Ablehnung immanent sind, bleiben aber implizit in allen behandelten Texten.

2 Unterschiedliche Merkmale

Auf der Basis der bisher dargelegten wichtigen Gemeinsamkeit der verwendeten Ästhetik bilden die behandelten Romane auch markante Unterschiede aus.

Zunächst ergibt sich aus der Analyse, dass die ausgewählten afrikanischen und deutschsprachigen Texte vor allem in der Form (Status) der geschilderten Mächte divergieren. Sony Labou Tansis *La vie et demie* und Ahmadou Kouroumas *En attendant le vote des bêtes sauvages* stilisieren eine individuelle, also eine stark personalisierte Macht: Eine einzige Person, der Herrscher, hält in ihren Händen die volle Macht, setzt sie nach individuellem Belieben ein, entscheidet allein über das Schicksal der Beherrschten, die sie als vollständig und einseitig vom Herrscher abhängige Kinder betrachtet. Eine solche Machtkonzeption spiegelt sich in den Bezeichnungen wie „Vater der Nation" wider. Die deutschsprachigen Texte, *Lidice* und *Das grosse Netz*, stellen hingegen Mächte, die als mehr oder minder komplexe Systeme in Erscheinung treten, dar und weisen damit darauf hin, dass hier die Gewalt ein Systemcharakter habe. Die bei Sony Labou Tansi und bei Ahmadou Kourouma festgestellte Personalisierung der Macht ist ein Stilisierungsverfahren, das die fiktiven Texte der meisten afrikanischen Schriftsteller, die sich mit der kritischen Darstellung von politischer Macht beschäftigt haben bzw. beschäftigen, kennzeichnet.

Ein weiterer Unterschied, der offensichtlich mit dem ersten einhergeht, liegt in der Frage nach dem konkreten Nutzen der Macht für die Machhaber; mit anderen Worten, im Wozu der Macht. In den afrikanischen Texten wird dieser Aspekt ausdrücklich thematisiert. Dabei stellen sich die exklusiven Privilegien der Machthaber als ein selbstverständliches Recht dar, zumindest sehen die Herrschenden das so. Diese Privilegien erscheinen in Form von außerordentlichem Geldreichtum oder in Form anderer individueller Vorteile. In den deutschen Texten dagegen spielt die Frage nach einem materiellen Ertrag der Macht keine Rolle. Es gilt anzumerken, dass die afrikanischen Schriftsteller diese Frage darstellen, um eben dadurch eine Herrschaftspraktik, die leider noch in den meisten afrikanischen Ländern anzutreffen ist, zu entlarven und zugleich dagegen direkt oder indirekt Stellung zu nehmen.

Die Divergenzen zwischen den beiden Textgruppen impliziert jedoch nicht, dass die Texte aus der jeweiligen Gruppe die Problematik von politischer Macht auf einheitliche Weise darstellen würden. So werden auch Abweichungen in manch stilisierten Aspekten zwischen den Romanen aus derselben Literatur bemerkt. *La vie et demie* und *En attendant le vote des bêtes sauvages* unterscheiden sich zunächst in der Darstellung und Wahrnehmung der Diktatur. Sony Labou Tansis Roman setzt sich nur mit der Funktionsweise der Diktatur auseinander, während Ahmadou Kouroumas Text, in erster Linie, deren Errichtung bzw. das Zustandekommen und das Fördern der Diktatur vorführt – in erster Linie, weil er die Funktionsweise der errichteten Diktatur nicht restlos außer Acht lässt.

Diese Unterschiede lassen sich auf die historisch-politischen Hintergründe, die der Entstehung beider Werke zugrunde liegen, zurückführen. Der Hintergrund bei Sony Labou Tansi ist die Ermordung seiner Freunde durch die damaligen Regierenden seines Landes. Ahmadou Kourouma hingegen stellt seinen Roman in eine internationale Krise, und zwar in die Krise des Kalten Krieges. Damit hat er versucht, die verschiedensten Zusammenhänge zwischen der Entwicklung der Politik in Afrika und den Auswirkungen jenes Krieges auf diesen Kontinent aufzugreifen und literarisch zu diskutieren. Durch jenen internationalen Kontext bedingt lässt er seine Hauptfigur, Koyaga, vor seinem Machtantritt diktatorische Herrschaftslehren bei erfahrenen Diktatoren einholen bzw. die Kunst diktatorischen Regierens, die „perilleuse science de la dictature" (gefährliche Wissenschaft der Diktatur) erlernen. Damit fingiert Ahmadou Kourouma eine Schule der Diktatur. Die versierten Lehrer dieser Schule machen den Schüler Koyaga auf die laut ihnen wichtigen Regeln aufmerksam, die er während seiner Regierungszeit einhalten muss. Im weiteren Textverlauf wird ersichtlich, dass der nun Diktator gewordene Koyaga tatsächlich nach diesen Regeln regiert. Dies deutet darauf hin, dass die diktatorische Herrschaft eine erlernte Regierungsführung sei. In dieser Perspektive lebt nicht der Diktator sich und seine pathologische Persönlichkeit aus, sondern er passt sich an ein ohne ihn existierendes, überpersönliches und auch dem Machthaber vorausgesetztes System an. Dieser Umstand nähert Kourouma an Romane wie den von Kasack an. Das Besuchen der Diktaturschule ist insofern wichtig, als es gilt, dem ‚System Diktatur' zu entsprechen: Als Diktator muss man im eigenen Interesse dem Diktatursystem gerecht werden. In diesem Sinne insistiert der Machthaber der République des Ébènes, Tiékoroni, bei den vier Koyaga beigebrachten Regeln darauf, dass das Nicht-Einhalten einer jeden solcher Regeln ein „großes Unheil" sei, das einem

Staatschef und Vorsitzenden einer Einheitspartei im unabhängigen Afrika drohe (Siehe S. 193 f., S. 197, S. 199 und S. 203 f.)

Die Wichtigkeit jener diktatorischen Herrschaftsregeln wird eindeutig im folgenden Kommentar des Erzählers zum Ausdruck gebracht, in dem der Erzähler diese Regeln als einem Diktator geradezu lebenswichtige Orientierungshilfen ausgibt: „Des paroles qui pour votre carrière de dictateur vous seront plus salutaires que ne le sont les bâtons blancs aux non-voyants."[389] (S. 193).

Ferner heben sich die afrikanischen Texte in den Formen des materiellen Ertrags der Macht voneinander ab. Beide thematisieren zwar diese Problematik, aber in *La vie et demie* besteht der Gewinn fast ausschließlich im Ausleben der Unersättlichkeit des Machthabers nach Sex und Essen. Die Führer behalten sich die schönsten Frauen vor, mit denen sie maßlos Sex treiben. Der Pokalgewinner in diesem Bereich ist der Führer Jean-Cœur-de-Pierre (Führer Steinherz). Außerdem haben allein die Führer das Recht auf eine gute Versorgung aus speziellen Lebensmittelgeschäften, die nur ihnen vorbehalten sind. In *En attendant le vote des bêtes sauvages* hingegen ist der Ertrag der Macht ein finanzieller. Hierfür setzen die Machthaber alles darauf an, um über die Staatskasse und die Zentralbank ihrer jeweiligen Staaten nach Belieben zu verfügen. Der Herrscher muss die vermögendste Person seines Staats sein; dies ist die erste Lehre, die Koyaga bei zwei der besuchten Diktaturmeistern erlernt hat.

Die Rechtfertigungen dieser Meister – es gebe für einen afrikanischen Staatschef im unabhängigen Afrika weder Zukunft noch Autorität, wenn er nicht die vermögendste Person seines Landes sei (Tiékoroni); „ein richtig authentisch-afrikanischer" Chef verfüge über das Gesamtgeld der Staatskasse und der Zentralbank (der Machthaber der République du Grand Fleuve) – unterstellen, dass es sich angeblich um ein authentisches afrikanisches Machtprinzip handle; anders ausgedrückt, ein Chef, der nicht beliebig über die Staatsgelder verfügt, ist kein „authentisch-afrikanischer" Chef, also quasi ein Chef ohne Autorität. So wird Folgendes deutlich: Wenn die persönliche Macht des Regierungschefs über den Reichtum des Staats als Legitimationsgrundlage angeführt wird, dann gibt der Ratgeber des künftigen Diktators zu erkennen, worin der höhere legitimierende Wert für ihn besteht: Die Amtsgewalt des Regierungschefs wird dadurch gerechtfertigt, dass er ihr alleiniger und persönlicher Inhaber ist; der Nutzen der Macht soll im Ausschluss aller vom Staatsreichtum durch den einen Herrscher liegen. Dieser für den Machthaber höhere legitimierende Wert ist das Gegenteil

389 „Er will dir ein Wissen vermitteln, das dir für deine Karriere als Diktator nützlicher sein [müsste], als weiße Stöcke es für Blinde sind.", S. 178.

eines allgemeinen Werts. Die Macht, der er zur Anerkennung verhilft, entlarvt sich nicht nur durch ihre Taten, sondern auch durch die „guten" Gründe, die er für den Gehorsam ihr gegenüber anzubieten hat.

Ungeachtet des Unterschieds der Formen vom Machtnutzen in den analysierten afrikanischen Texten, lässt die Thematisierung der übermäßigen Privilegien der Regierenden den Eindruck gewinnen, dass es den Bevölkerungen in Afrika deshalb so schlecht geht, weil die Regierenden nur noch für ihr eigenes Wohlergehen sorgen. Auch wenn ein Blick auf die realen Lebensbedingungen der Massen in Afrika dazu tendiert, diesen Eindruck zu bestätigen, partizipiert die Stilisierung dieses Sachverhaltes und besonders sein Aufbauschen in der Fiktion vielmehr an der Skandalisierung und an der moralischen Disqualifizierung stilisierter Mächte als das Gegenteil von gerechter Macht. Damit wird den in den afrikanischen Romanen dargebotenen politischen Mächten vorgeworfen, dass sie sich selbst als ungerecht entlarven, indem sie sich nicht um das Wohlbefinden aller kümmern: Die Machtelite trage ausschließlich um ihren eigenen Wohlstand Sorge und versucht diesen zynisch zu rechtfertigen.

Schließlich trennen die Mittel der Legitimitätszuweisung die beiden afrikanischen Texte. Die in *La vie et demie* aus der Analyse hervorgehenden Prinzipien sind die Staatsräson und das Führerprinzip. Beide sind nicht nur modern, sondern auch weltweit anerkannt bzw. bekannt. Die Staatsräson gilt selbst als universaler staatstragender Grundsatz. *En attendant le vote des bêtes sauvages* weist andere Legitimationsprinzipien auf: den Antikommunismus, die „authenticité" (die Authentizität) und das Gottesgnadentum. Hierbei lässt sich der Antikommunismus eindeutig durch den Konflikt des Kalten Krieges erklären; die Authentizität deutet durch das davon abgeleitete Adjektivkompositum „authentisch-afrikanisch" auf eine gewisse authentische afrikanische Kultur hin. Jedoch funktioniert diese angebliche Authentizität – um einmal einen Begriff aus der bildenden Kunst zu verwenden – nur noch als ein *Trompe-l'Œil*. Das Gottesgnadentum erhält seine Grundlage dadurch, dass es auf Gottes (hier Allahs) Legitimation rekurriert. Somit erinnert dieses Prinzip an die Auffassung der Machtlegitimität seit den Karolingern.

Die deutschsprachigen Romane stellen systematische Mächte bzw. Machtkonstellationen dar. Dennoch stilisiert jeder Verfasser diese auf seine Weise. Heinrich Mann personalisiert die NS-Herrschaft, indem er sie ganz auf die Führergestalt des Reinhard Heydrich reduziert: Die Grundlage nationalsozialistischer Willkürherrschaft ist für ihn die Psychologie der NS-Führer. Mit der Personalisierung der NS-Herrschaft nähert er sich an die Machtstilisierung in den afrikanischen Romanen an. Dennoch bleibt die von ihm stilisierte Macht als eine europäische erkennbar, da er durch die Personalisierung eine generelle

Theorie des Faschismus anschneidet. Dadurch charakterisiert er alle, die aktiv die faschistische Herrschaft ausübten. Aus dieser Sicht wird Reinhard Heydrich bislang in der Forschung gedeutet: Die Kritiker werten ihn als Repräsentanten der NS-Führer. Heinrich Mann nimmt mit dem gerade ausgeführten zweidimensionalen Aspekt seiner Herrschaftsstilisierung etwa eine mittlere Position zwischen den beiden behandelten Autorengruppen ein.

Dies unterscheidet ihn von Hermann Kasack, der repräsentativ für viele europäische Schriftsteller steht, welche die politische Macht kritisch von „Oben" erörtern. Die Macht bei Kasack ist anonym, was offensichtlich auf die europäische Macht reagiert, die anonym erscheint. Die Anonymität der Macht im Kasackschen Roman ist vielleicht überaus ausgeprägt. Es ist nicht ersichtlich, wer eigentlich die Machthebel betätigt, und schon gar nicht, zu welchem Zweck er sie einsetzt.

Zu erinnern ist auch an die generelle Paradoxie dieser Macht: Die Macht erlässt Gesetze und Verordnungen, durch welche die Lebensbedingungen aller bestimmt werden, indem alle ihre Vorhaben nach den Gesetzen richten und ihre individuellen Mittel ihnen gemäß gebrauchen müssen. Sie tritt zunächst in der Form einer allgemeinen Regulierung von Rahmenbedingungen privater Entscheidungen auf, dabei aber wird sie täglich weniger berechenbar, weil immer sprunghafter und widersprüchlicher in ihren Vorgaben. Damit entlarvt sie sich als das Gegenteil einer Ordnungsmacht, die von allen als ihre Lebensbedingung gehandhabt und akzeptiert werden könnte. Im gleichen Zug wird immer mysteriöser, was sie eigentlich will.

Die Untersuchung der hier herangezogenen Romane, die aus dem afrikanischen und dem deutschen, also aus zwei unterschiedlichen, Kulturräumen stammen und verschiedene Erfahrungen von Machtausübung mit einbeziehen, hat aufgezeigt, dass diese Texte, die wegen eben der Unterschiedenheit von Kulturen und Machterfahrungen *a priori* nichts miteinander zu tun zu haben scheinen, doch eine bedeutende Gemeinsamkeit erkennen lassen. Folgende Unterschiede haben sich auf Grund der Gemeinsamkeit ergeben: Der wichtigste Unterschied ist der zwischen der starken Personalisierung der Herrschaft in den afrikanischen Romanen und der Macht als System in den deutschsprachigen Texten. Jegliche Herrschaftsstilisierung reagiert erkennbar auf die spezifische Machtpraxis in dem Kulturraum, dem die Texte entstammen. Die Gemeinsamkeit besteht darin, die Macht so zu stilisieren, dass diese Stilisierung eine hoch pathetische Ablehnung der jeweils gemeinten Macht erzeugen soll. Somit deuten die Verfasser darauf hin, dass ihre stilisierten Mächte das Ideal gerechter politischer Herrschaft in sein Gegenteil verkehren.

Die Untersuchung zeigt also, dass solche Mächte, unabhängig von den jeweiligen spezifischen historischen Erfahrungen von Machtausübung und den kulturellen Unterschieden (in Afrika und in Deutschland bzw. Europa), prinzipiell nicht akzeptiert werden. Dabei spielen auch Schriftsteller eine nicht zu vernachlässigende Rolle, auch wenn nicht direkt in der politischen Öffentlichkeit. Durch die angewandte Darstellungsästhetik entlarven die behandelten Autoren die geschilderten, diktatorisch geprägten Mächte besser als durch eine an einer *Mimesis* orientierte Darstellungsweise.

Bibliographie

1. Primärliteratur

1.1 Afrikanische Werke

Kourouma, Ahmadou: *En attendant le vote des bêtes sauvages*, texte intégral, Paris: Seuil 1998.

Kourouma, Ahmadou: *Die Nächte des großen Jägers* (aus dem Französischen von Cornelia Panzacchi übersetzt), Wuppertal: Peter Hammer Verlag 2000.

Sony, Labou Tansi: *La vie et demie*, Paris: Seuil 1979.

Sony, Labou Tansi: *Verschlungenes Leben*, (aus dem Französischen von Bettina Kobold übersetzt), Zürich: Eco-Verlag 1981.

1.2 Deutschsprachige Werke

Kasack, Hermann: *Das grosse Netz*, Berlin und Frankfurt am Main: Suhrkamp Verlag 1952.

Mann, Heinrich: *Lidice*, 1. Auflage, Berlin und Weimar: Aufbau-Verlag 1984.

1.3 Weitere Primärliteratur

Brecht, Bertolt: *Der aufhaltsame Aufstieg des* Arturo *Ui*, 3. Aufl., Berlin [u.a.]: Suhrkamp 1967.

Feuchtwanger, Lion: *Der falsche Nero*, Amsterdam: Querido 1936.

Kasack, Hermann: *Mosaiksteine. Beiträge zu Literatur und Kunst*, Frankfurt am Main: Suhrkamp Verlag 1956.

Kourouma, Ahmadou: *Les Soleils des indépendances*, Paris: Editions du Seuil 1970.

Kourouma, Ahmadou: *Monnè, outrages et défis*, Paris: Seuil 1990.

Mann, Heinrich: „Im Reich der Verkrachten". In: ders.: *Der Hass: deutsche Zeitgeschichte*, Berlin und Weimar: Aufbau-Verlag 1983, S. 79–86.

Mann, Heinrich: *Das Führerprinzip*, 1. Aufl., Berlin: Aufbau-Taschenbuch-Verlag 1991, herausgegeben von Werner Herden.

Orwell, George: *1984* (übersetzt von Michael Walter), 40. Aufl., Berlin: Ullstein Verlag 1994.

Sony, Labou Tansi: *La parenthèse de sang*, Paris: Hatier International 2011.

2. Sekundärliteratur

2.1 Zu den afrikanischen Werken

Abomo-Maurin, Marie-Rose: „*La Vie et demie* et *L'État honteux*: œuvres polémiques et d'engagement politique". In: Diop, Papa Samba/Garnier, Xavier (Hrsg.): *Sony Labou Tansi à l'œuvre: actes du colloque international organisé par les universités Paris 12 et Paris 13, les 15 et 16 mars 2007*, Paris: L'Harmattan 2007, S. 53–64.

Adom, Marie-Clémence: „Le mythe christique dans *La vie et demie* de Sony Labou Tansi". In: Lezou, D. Gérard/N'Da, Pierre (Hrsg.): *Sony Labou Tansi, témoin de son temps*, Limoges: Presses Universitaires de Limoges 2003, S. 227–240.

Amougou, Louis Bertin: „Politique et pensée magico-religieuse chez Kourouma". In: Sossou, Pierre Kadi/Kassi-Krécoum, Bernadette (Hrsg.): *Un donsomana pour Kourouma*, Berlin: Wissenschaftlicher Verlag 2007, S. 139–156.

Ananissoh, Théo „A propos de Sony Labou Tansi lecteur de Garcia Marquez". In: *Palabres: Revue Culturelle Africaine*, Vol. I, N° 3&4, 1997, S. 59–98.

Anatere, Nanka: „Kontrastive Bilder als Darstellung der guten Regierungsführung in *En attendant le vote des bêtes sauvages* Ahmadou Kouroumas". In: *MultiFontaines*, no 4, Janvier 2017, S. 144–157.

Anyinefa, Kofi: *Littérature et politique en Afrique noire. Socialisme et Dictature comme thèmes du roman congolais d'expression française*, Bayreuth: Bayreuth African Studies 1990.

Bakayoko Kamalan, Bintou: „Le Donsomana ou les «quatre vérités» de Kourouma". In: Diandué, Bi Kacou Parfait (Hrsg.): *Actes du colloque «Ahmadou Kourouma, un écrivain total» des 18, 19 et 20 Septembre 2013. Approches interculturelles de l'œuvre d'Ahmadou Kourouma*, o. O., Le Graal édition, S. 7–24.

Bassolé, A.: „Sony Labou Tansi entre révolte et provocation". In: *L'arbre à Palabres*, Nr. 16, 2004, S. 66–71.

Bauduin, Roxana: „Le mal africain voilé et exhibé dans le roman sonyen". In: Diop, Papa Samba/Garnier, Xavier (Hrsg.): *Sony Labou Tansi à l'œuvre: actes du colloque international organisé par les universités Paris 12 et Paris 13, les 15 et 16 mars 2007*, Paris: L'Harmattan 2007, S. 227–236.

Bazié, Isaac: „Corps-signe et esthétique de la résistance chez Sony Labou Tansi". In: *Applied Semiotics/Sémiotique appliquée (AS/SA)*, Vol. 4, n°11/12, 2002, pp. 111–121.

Bédé, Damien: „Le réel et la fiction dans *La vie et demie* de Sony Labou Tansi". In: D. Gérard Lezou/N'Da, Pierre (Hrsg.): *Sony Labou Tansi, témoin de son temps*, Limoges: Presses Universitaires de Limoges 2003, S. 241–257

Bédia, Jean-Fernand: „Donsomana pour Koyaga ou la mise à nu de la logique de la démocratie postmoderne". In: *Ethiopiques*, n°86, 1er semestre 2011.

Bédia, Jean-Fernand: *Ahmadou Kourouma: romancier de la politique africaine de la France. Un écrivain et critique engagé en situation postcoloniale*, Paris: L'Harmattan 2014.

Bisanswa, Justin Kalulu: „Littérature et représentation chez Sony Labou Tansi". In: Diop, Papa Samba (Hrsg.): *Littératures francophones: langues et styles*, Paris: L'Harmattan 2001, S. 83–100.

Bohui, Djédjé Hilaire: „L'esthétique romanesque sonienne comme exemple de l'expression de la langue par la parole dans *La vie et demie*". In: Lezou, D. Gérard/N'Da, Pierre (Hrsg.): *Sony Labou Tansi, témoin de son temps*, Limoges: Presses Universitaires de Limoges 2003, S. 15–27.

Borgomano, Madeleine: *Des hommes ou des bêtes? La lecture de En attendant le vote des bêtes sauvages d'Ahmadou Kourouma*, Paris: L'Harmattan 2000.

Borgomano, Madeleine: „Écrire, c'est répondre à un défi". In: *Notre Librairie*, n° 155–156, juillet–décembre 2004, S. 136–143.

Borgomano, Madeleine: „En attendant le vote des bêtes sauvages: à l'école des dictatures". In: *Notre Libraire*, N° 155–156, juillet–décembre 2004, S. 158–163.

Borgomano, Madeleine: „Les pouvoirs du récit: un remède au chaos du monde? *En attendant le vote des bêtes sauvages*". In: *Présence Francophone*, N° 63, 2004, S. 65–83.

Chanda, Tirthankar: „La guerre froide". In: *Jeune Afrique*, n° 1964, 1–7 Septembre 1998, S. 68 f.

Chevrier, Jacques: „Le roman africain dans tous ses états". In: *Notre Librairie*, n°78, Janvier-Mars 1985, S. 37–45.

Coates, Carrol F.: „Le *bilakoro* à l'honneur: les prix et les titres honorifiques d'Ahmadou Kourouma". In: *Présence Francophone*, N° 59, 2002, S. 142–152.

Colvin, Margaret E.: „‚Cette Vaste et Multiple Afrique': Le Périple néobaroque de Maclédio dans *En attendant le vote des bêtes sauvages*". In: *Nouvelles Études Francophones*, Vol. 22, No. 2, 2007, S. 25–33.

Dabla, Séwanou: *Nouvelles écritures africaines. Romanciers de la seconde génération*, Paris: L'Harmattan 1986.

Dacy, Elo: „La tradition burlesque dans *La vie et demie* de Sony Labou Tansi". In: Kadima-Nzuji, Mukala/Kouvouama, Abel/Kibangou, Paul (Hrsg.): *Sony*

Labou Tansi ou la quête permanente du sens. Actes du colloque international tenu à Brazzaville les 13, 14 et 15 juin 1996 avec le concours de l'Union Européenne, Programme Culturel Régional Bantu, Paris: L'Harmattan 1997, S. 75–86.

Devésa, Jean-Michel: *Sony Labou Tansi: écrivain de la honte et des rives magiques du Kongo*, Paris: L'Harmattan 1996.

Diakité, Boubakary: „Entre *désécriture* et oralité feinte: *En attendant le vote des bêtes sauvages* ou la rhétorique de l'instabilité". In: *Nouvelles Études Francophones*, Vol. 25, No. 2, 2010, S. 55–71.

Diandué, Bi Kacou Parfait: *Histoire et fiction dans la production romanesque d'Ahmadou Kourouma*, Diss., 2003.

Diandué, Bi Kacou Parfait: „Esthétique du chaos et prémonition romanesque: une prophétie de la tragédie congolaise". In: Diop, Papa Samba/Garnier, Xavier (Hrsg.): *Sony Labou Tansi à l'œuvre: actes du colloque international organisé par les universités Paris 12 et Paris 13, les 15 et 16 mars 2007*, Paris: L'Harmattan 2007, S. 247–253.

Ehora, Effoh Clément: „La ‚parole recopiée' dans *En attendant le vote des bêtes sauvages*: une autre manière d'écrire le conte oral africain". In: *Synergies*, n° 7, 2010, S. 21–29.

Fandio, Pierre: „*Trop De Soleil Tue L'amour* Et *En Attendant Le Vote Des Betes Sauvages*: Deux Extrêmes, Un Bilan Des Transitions Démocratiques En Afrique". In: *African Studies Quarterly*, vol. 7, Issue 1, 2003, S. 1–14.

Fèze, Yves-Abel: „L'écrivain «engageant» et l'homme politique". In: Diop, Papa Samba/Garnier, Xavier (Hrsg.): *Sony Labou Tansi à l'œuvre: actes du colloque international organisé par les universités Paris 12 et Paris 13, les 15 et 16 mars 2007*, Paris: L'Harmattan 2007, S. 29–37.

Fonkoua, Romuald: „Dix ans de littérature africaine: pouvoir, société et écriture". In: *Notre Librairie*, n° 103, octobre–décembre 1990, S. 70–77.

Gambou, Richard-Gérard: „L'idée de liberté et de démocratie chez Sony Labou Tansi". In: Kadima-Nzuji, Mukala/Kouvouama/Abel und Kibangou/Paul (Hrsg.): *Sony Labou Tansi ou la quête permanente du sens. Actes du colloque international tenu à Brazzaville les 13, 14 et 15 juin 1996 avec le concours de l'Union Européenne, Programme Culturel Régional Bantu*, Paris: L'Harmattan, 1997, S. 351–362.

Garnier, Xavier: „Le rire cosmique de Kourouma". In: *Études françaises*, vol. 42, n° 3, 2006, p. 97–108.

Gbanou, Sélom Komlan: „L'incipit dans l'œuvre de Kourouma". In: *Présence Francophone*, N° 59, 2002, S. 52–68.

Gbanou, Sélom Komlan: „*En attendant le vote des bêtes sauvages* ou le roman d'un ‚diseur de vérité' ". In: *Études françaises*, vol. 42, n° 3, 2006, S. 51–75.

Jones, Alycia: „Sony Labou Tansi et Gabriel Garcia Marquez autour de la solitude". In: Kadima-Nzuji, Mukala/Kouvouama, Abel/Kibangou, Paul (Hrsg.): *Sony Labou Tansi ou la quête permanente du sens. Actes du colloque international tenu à Brazzaville les 13, 14 et 15 juin 1996 avec le concours de l'Union Européenne, Programme Culturel Régional Bantu*, Paris: L'Harmattan 1997, S. 363–368.

Julien, Eileen: „Dominance and Discourse in ‚La vie et demie' or How to Do Things with Words". In: *Research in African Literatures*, Vol. 20, N° 3, 1989, S. 371–384.

Kabanda, Théopiste: „Théâtralité et formes parodiques dans *En attendant le vote des bêtes sauvages*". In: Ouédraogo, Jean (Hrsg.): *L'imaginaire d'Ahmadou Kourouma. Contours et enjeux d'une esthétique*, Paris: Éditions Karthala 2010, S. 245–267.

Kakpo, Mahougnon: „*La vie et demie*: L'Archaïque et le Baroque dans le roman négro-africain d'expression française". In: Diop, Papa Samba (Hrsg.): *Littératures francophones: langues et styles*, Paris: L'Harmattan 2001, S. 107–117.

Kapanga, Kasongo M.: „Le héros sonyen à la croisée des principes sartriens et nietzschéens". In: Rwanika, Drocella Mwisha/Rubango, Nyunda ya (Hrsg.): *Francophonie littéraire africaine en procès. Le destin unique de Sony Labou Tansi*, Ivry-sur-Seine/Yaoundé: Silex/Nouvelles du Sud 1999, S. 105–116.

Kapanga, Kasongo M.: „L'enfance échoué comme source de drame dans *En attendant le vote des bêtes sauvages*". In: *Présence Francophone*, N° 59, 2002, S. 92–108.

Kéré, Catherine: „L'ironie dans *La vie et demie*". In: Lezou, D. Gérard/N'Da, Pierre (Hrsg.): *Sony Labou Tansi, témoin de son temps*, Limoges: Presses Universitaires de Limoges 2003, S. 113–127.

Konan, Yao Louis: „D'un héros … Dans le roman d'Ahmadou Kourouma? Étude d'un personnage à l'aune du postmodernisme". In: Diandué, Bi Kacou Parfait (Hrsg.): *Actes du colloque «Ahmadou Kourouma, un écrivain total» des 18, 19 et 20 Septembre 2013. Approches interculturelles de l'œuvre d'Ahmadou Kourouma*, o. O., Le Graal édition, S. 83–103.

Koné, Amadou: „Entre hommage et abâtardissement: la tradition subvertie". In: *Notre Librairie*, N° 155–156, juillet–décembre 2004, S. 178–183.

Kone, Diakaridia: „Le mythe des ancêtres chasseurs du Mandingue et sa narrativisation chez Ahmadou Kourouma". In: Diandué, Bi Kacou Parfait

(Hrsg.): *Actes du colloque «Ahmadou Kourouma, un écrivain total» des 18, 19 et 20 Septembre 2013. Approches interculturelles de l'œuvre d'Ahmadou Kourouma*, o. O., Le Graal édition, S. 169–184.

Kouakou, Jean-Marie: „La vie et la mort dans *La vie et demie*". Lezou, D. Gérard/N'Da, Pierre (Hrsg.): *Sony Labou Tansi, témoin de son temps*, Limoges: Presses Universitaires de Limoges 2003, 213–225.

Kouamé, Kouamé: „Sony Labou Tansi et le problème de la liberté: l'exemple de *La vie et demie*". In: Lezou, D. Gérard/N'Da, Pierre (Hrsg.): *Sony Labou Tansi, témoin de son temps*, Limoges: Presses Universitaires de Limoges 2003, S. 279–294.

Kouassi Affoué, Virginie: „Chaïdana, figure d'une situation liminale". In: Lezou, D. Gérard/N'Da, Pierre (Hrsg.): *Sony Labou Tansi, témoin de son temps*, Limoges: Presses Universitaires de Limoges 2003, S. 259–277.

Kourouma, Ahmadou: „Comment le guide suprême débarrassa le pays des quatre monstres qui le terrorisaient". In: *Études françaises*, vol. 31, n° 1, 1995, p. 7–11.

Kyoore, Paschal Kyiiripuo: „L'humour satirique dans *En attendant le vote des bêtes sauvages* d'Ahmadou Kourouma". In: Ouédraogo, Jean (Hrsg.): *L'imaginaire d'Ahmadou Kourouma. Contours et enjeux d'une esthétique*, Paris: Éditions Karthala 2010, S. 225–244.

Laditan, O. Affin: „De l'école de la dictature à sa pratique dans *En attendant le vote des bêtes sauvages* d'Amadou [sic!] Kourouma". In: *Neohelicon*, XXVII/2, 2000, S. 269–285.

Lassi, Etienne-Marie: „Power and the Aesthetic of the Novel in Francophone Africa: The Example of Ahmadou Kourouma", translated by Jeff Fuller. In: Mazuet, Alix (Hrsg.): *Imaginary spaces of power in sub-Saharan literatures and films*, Newcastle upon Tyne: Cambridge Scholars Publishing 2012, S. 45–67.

Lebon, Cécile: „Sony Labou Tansi: ›rêver un autre rêve‹". In: *Notre Librairie*, n° 125, janvier–mars 1996, S. 102–107.

Lezou, Gérard Dago: „*La vie et demie*: une esthétique de la tératologie". In: Lezou, D. Gérard/N'Da, Pierre (Hrsg.): *Sony Labou Tansi, témoin de son temps*, Limoges: Presses Universitaires de Limoges 2003, S. 97–111.

Loimeier, Manfred: „Ahmadou Kourouma". In *Munziger online/edition text + kritik Kritisches Lexikon der fremdsprachigen Gegenwartsliteratur* (KLfG).

Mambenga-Ylagou, Frédéric: „Kourouma et la violence sacrificielle". In: Sossou Pierre Kadi/Kassi-Krécoum, Bernadette (Hrsg.): *Un donsomana pour Kourouma*, Berlin: Wissenschaftlicher Verlag 2007, S. 123–137.

Marcato Falzoni, Franca: „Le corps, la mémoire et les mouches dans La Vie et demie de Sony Labou Tansi“. In: ders.: (Hrsg.): *Animisme et technologie dans la littérature francophone subsaharienne*, Bologna: CLUEB 1989, S. 145–169.

Martin-Granel, Nicolas: „Le Crier-Écrire“. In: *Notre Librairie*, n° 78, janvier-mars 1985, S. 47–55.

Maurin-Abomo, Marie-Rose: „Sony Labou Tansi et le cannibalisme: une manière de donner du sens à la vie à travers *La Vie et demie*“, In: Kadima-Nzuji, Mukala/Kouvouama, Abel/Kibangou, Paul (Hrsg.): *Sony Labou Tansi ou la quête permanente du sens. Actes du colloque international tenu à Brazzaville les 13, 14 et 15 juin 1996 avec le concours de l'Union Européenne, Programme Culturel Régional Bantu*, Paris: L'Harmattan 1997, S. 309–327.

Mbanga, Anatole: *Les procédés de création dans l'œuvre de Sony Labou Tansi. Systèmes d'interactions dans l'écriture*, Paris: L'Harmattan 1996.

Mikala, Gyno Noël: „Ahmadou Kourouma, l'art du portrait satirique et la désacralisation par le rire“. In: Diandué, Bi Kacou Parfait (Hrsg.): *Actes du colloque «Ahmadou Kourouma, un écrivain total» des 18, 19 et 20 Septembre 2013. Approches interculturelles de l'œuvre d'Ahmadou Kourouma*, o. O., Le Graal édition, S. 104–135.

Montes, Stefano: „L'anthropologie des réponses de Kourouma. L'altérité, la langue, le dire, la quête“. In: Sossou, Pierre Kadi/Kassi-Krécoum, Bernadette (Hrsg.): *Un donsomana pour Kourouma*, Berlin: Wissenschaftlicher Verlag Berlin, S. 99–122.

Moralis, Bernard: „Ahmadou Kourouma (1927–2003) ou l'Innovateur“. In: Mongo-Mboussa, Boniface (Hrsg.): *L'engagement de l'écrivain africain: Hommage à Ahmadou Kourouma*, Paris: L'Harmattan 2004, S. 123- 125.

Mwantuali, Joseph E.: „La «parenthèse» de Sony ou l'espace palingénésique“. In: Rwanika, Drocella Mwisha/Rubango, Nyunda ya (Hrsg.): *Francophonie littéraire africaine en procès. Le destin unique de Sony Labou Tansi*, Ivry-sur-Seine/Yaoundé: Silex/Nouvelles du Sud 1999, S. 129–142.

Nagalasso, Mwatha Musanji: „De *Les soleils des indépendances* à *En attendant le vote des bêtes sauvages*. Quelles évolutions de la langue chez Ahmadou Kourouma?“. In: Diop, Papa Samba (Hrsg.): *Littératures francophones: langues et styles*, Paris: L'Harmattan 2001, S. 13–47.

N'Da, Pierre: „Onomastique et création littéraire: les noms et titres des chefs d'État dans le roman négro-africain“. In: *Présence Francophone*, n° 45, 1994, S. 151–171.

N'Da, Pierre: „L'écriture de la transgression ou le parti pris de la subversion des codes. L'exemple de Sony Labou Tansi et de Baenga Bolya dans *La vie et demie* et *Cannibale*". In: Lezou, D. Gérard/N'Da, Pierre (Hrsg.): *Sony Labou Tansi, témoin de son temps*, Limoges: Presses Universitaires de Limoges 2003, S. 47–59.

Ndiaye, Christiane: „Kourouma et Sony Labou Tansi: Le refus du silence". In: dies.: *Danses de la parole: études sur les littératures africaines et antillaises*, Ivry: Éditions Nouvelles du Sud 1997, S. 75–87.

Ndiaye, Christiane: „Sony Labou Tansi: Les femmes sont aussi des hommes". In: dies.: *Danses de la parole: études sur les littératures africaines et antillaises*, Ivry: Éditions Nouvelles du Sud 1997, S. 89–115.

Ndiaye, Christiane: „Kourouma, le mythe. La rhétorique des lieux communs du discours critique". In: Ouédraogo, Jean (Hrsg.): *L'imaginaire d'Ahmadou Kourouma. Contours et enjeux d'une esthétique*, Paris: Éditions Karthala 2010, S. 17–39.

Ndiaye, Serigne: „Dictatorship and Emptiness of the Rhetoric of Totalitarian Discourse in Sony Labou Tansi's *La vie et demie*". In: *Research in African Literatures*, Vol. 34, No. 2, 2003, S. 112–126.

Ndinda, Joseph: *Le politicien, le marabout-féticheur et le griot dans les romans d'Ahmadou Kourouma*, Paris: L'Harmattan 2011.

Ngal, Georges: „Sony Labou Tansi ou l'engendrement du sens". In: Kadima-Nzuji, Mukala/Kouvouama, Abel/Kibangou, Paul (Hrsg.): *Sony Labou Tansi ou la quête permanente du sens. Actes du colloque international tenu à Brazzaville les 13, 14 et 15 juin 1996 avec le concours de l'Union Européenne, Programme Culturel Régional Bantu*, Paris: L'Harmattan 1997, S. 39–46.

Ngal, Georges: „Style, sens et non sens chez Sony Labou Tansi". In: Diop, Papa Samba (Hrsg.): *Littératures francophones: langues et styles*, Paris: L'Harmattan 2001, S. 101–105.

Ngandu Nkashama, Pius: „L'œuvre romanesque de Sony Labou Tansi: une tragédie de la parole et une scène de l´histoire". In: Rwanika, Drocella Mwisha/Rubango, Nyunda ya (Hrsg.): *Francophonie littéraire africaine en procès. Le destin unique de Sony Labou Tansi*, Ivry-sur-Seine/Yaoundé: Silex/ Nouvelles du Sud 1999, S. 37–65.

Ngandu Nkashama, Pius: „Par-delà les écritures fictionnelles. La mémoire de Kourouma". In: Ouédraogo, Jean (Hrsg.): *L'imaginaire d'Ahmadou Kourouma. Contours et enjeux d'une esthétique*, Paris: Éditions Karthala 2010, S. 173–192.

Ngong, Benjamin: *Pouvoir, violence et résistance en Postcolonie: Une lecture de En attendant le vote des bêtes sauvages d'Ahmadou Kourouma*, Diss., University Minnesota, 2008.

Ngong, Benjamin: „Costume et pouvoir: La fonction comminatoire du vêtement dans la politique post-coloniale en Afrique“. In: Mazuet, Alix (Hrsg.): *Imaginary spaces of power in sub-Saharan literatures and films*, Newcastle upon Tyne: Cambridge Scholars Publishing 2012, S. 88–117.

Ngouloure, Jean Pierre Fewou: „L'alibi du corps“. In: Diop, Papa Samba/Garnier, Xavier (Hrsg.): *Sony Labou Tansi à l'œuvre: actes du colloque international organisé par les universités Paris 12 et Paris 13, les 15 et 16 mars 2007*, Paris: L'Harmattan 2007, S. 237–246.

Nshimiyimana, Eugène: „Vers une éthique du récit: le narrateur sonyen“. In: Diop, Papa Samba/Garnier, Xavier (Hrsg.): *Sony Labou Tansi à l'œuvre: actes du colloque international organisé par les universités Paris 12 et Paris 13, les 15 et 16 mars 2007*, Paris: L'Harmattan 2007, S. 219–225.

Ouédraogo, Amadou: *L'univers mythique d'Ahmadou Kourouma. Entre vision et subversion*, Paris: L'Harmattan 2014.

Ouédraogo, Jean: *Maryse Condé et Ahmadou Kouroma: griots de l'indicible*, New York: Peter Lang 2004.

Ouédraogo, Jean: „Magie et démagogie. L'instrumentalisation de la divination dans les écrits d'Ahmadou Kourouma“. In: ders. (Hrsg.): *L'imaginaire d'Ahmadou Kourouma. Contours et enjeux d'une esthétique*, Paris: Éditions Karthala 2010, S. 193–223.

Pageaux, Daniel-Henri: „García Márquez en français: de la traduction au modèle“, in: *Lendemains* Nr. 27, 1982, S. 45–52.

Perraudin, Pascale: „From a ‚large morsel of meat' to ‚passwords-in-flesh': Resistance through Representation of the Tortued Body in Labou Tansi's *La vie et demie*“. In: *Research in African Literatures*, 36, 2, 2005, S. 72–84.

Riesz, János: „Patrick Grainville, *Les flamboyants* (1976), et Sony Labou Tansi, *La vie et demie* (1979): Quel rapport entre textes européens et textes africains?“. In: Lüsebrink, Hans-Jürgen/Städtler, Katharina (Hrsg.): *Les littératures africaines de langue française à l'époque de la postmodernité. Etat des lieux de la recherche*, 1. Aufl., Oberhausen: ATHENA-Verlag 2004, S. 129–144.

Rwanika, Drocella Mwisha: „Influences bibliques dans *La Vie et demie* de Sony Labou Tansi“. In: Rwanika, Drocella Mwisha/Rubango, Nyunda ya (Hrsg.): *Francophonie littéraire africaine en procès. Le destin unique de Sony Labou Tansi*, Ivry-sur-Seine/Yaoundé: Silex/Nouvelles du Sud 1999, S. 205–220.

Rwanika, Drocella Mwisha: „Sony Labou Tansi et Rabelais. Le thème du gigantisme dans *La Vie et demie*“. In: Rwanika, Drocella Mwisha/Rubango,

Nyunda ya (Hrsg.): *Francophonie littéraire africaine en procès. Le destin unique de Sony Labou Tansi*, Ivry-sur-Seine/Yaoundé: Silex/Nouvelles du Sud 1999, S. 89–103.

Salien, François: „Sony Labou Tansi: La destruction des vieux mythes dans *La Vie et deme*". In: ders.: *Mélanges d'articles critiques sur le roman africain*, Bandundu: CEEBA 1985, S. 197–216.

Samaké, Adama: „Gouvernance et développement durable dans le roman africain d'expression française: l'exemple *d'En attendant le vote des bêtes sauvages* d'Ahmadou Kourouma". In: *Academic Journal*, Vol. 1, Number 1, 2013.

Schüller, Thorsten: *„Wo ist Afrika?". Paratopische Ästhetik in der zeitgenössischen Romanliteratur des frankophonen Schwarzafrika*, Frankfurt am Main/ London: IKO – Verlag für Interkulturelle Kommunikation 2008.

Semujanga, Josias: „Du roman comme art de la métamorphose: *La Vie et demie*". In: ders.: *Dynamique des genres dans le roman africain. Eléments de poétique transculturelle*, Paris: L'Harmattan 1999, S. 131–148.

Semujanga, Josias: „Des ruses du roman au sens de l'histoire dans l'œuvre de Kourouma". In: *Études françaises*, In: *Études françaises*, vol. 42, n° 3, 2006, S. 11–30.

Städler, Katharina: „Les littératures africaines en langue française en Allemagne et en Autriche (1950–2000): état de la recherche". In: Lüsebrink, Hans-Jürgen/Städtler, Katharina (Hrsg.): *Les littératures africaines de langue française à l'époque de la postmodernité. Etat des lieux de la recherche*, 1. Aufl., Oberhausen: ATHENA-Verlag 2004, S. 13–31.

Stamm, Norbert: *‚Den Kongo schreiben'. Geschriebene Heterogenität: das Werk Sony Labou Tansis*, Frankfurt/M: IKO-Verlag für Interkulturelle Kommunikation 2000.

Tcheuyap, Alexie: „Préface" zu Alix Mazuet (Hrsg.): *Imaginary spaces of power in sub-Saharan literatures and films*, Newcastle upon Tyne: Cambridge Scholars Publishing 2012.

Thomas, Dominic: „Le silence et la violence chez Sony Labou Tansi". In: Rwanika, Drocella Mwisha/Rubango, Nyunda ya (Hrsg.): *Francophonie littéraire africaine en procès. Le destin unique de Sony Labou Tansi*, Ivry-sur-Seine/Yaoundé: Silex/Nouvelles du Sud 1999, S. 119–128.

Timm, Uwe: „Eine Reise in das Innere Afrikas. Ahmadou Kouroumas Roman ‚Die Nächte des großen Jägers' ". In: *Die Zeit*, Nr. 25 vom 15.06.2000, S. 3.

Tshikumambila, Patrice Nyembwe: „Les droits de l'homme dans l'œuvre de Sony Labou Tansi". In: Mukala Kadima-Nzuji/Abel Kouvouama/Paul Kibangou (Hrsg.): *Sony Labou Tansi ou la quête permanente du sens. Actes du colloque international tenu à Brazzaville les 13, 14 et 15 juin 1996 avec le concours de l'Union Européenne, Programme Culturel Régional Bantu*, Paris: L'Harmattan 1997, S. 343–349.

Vaschalde, Nicole: „La référence corporelle dans *La vie et demie* de Sony Labou Tansi". In: Bardolph, Jacqueline (Hrsg.): *Littérature et maladie en Afrique. Image et fonction de la maladie dans la production littérature*, Paris: L'Harmattan 1994, S. 203–218.

Vibert, Marie-Noëlle: „Sony Labou Tansi: entre morts et vivants". In: *Notre Librairie*, n° 125, janvier–mars 1996, S. 108–122.

Wane, Ibrahima: „Transgressions, concessions et conciliations ou l'altérite dans *En attendant le vote des bêtes sauvages* d'Ahmadou Kourouma". In: *Ethiopiques*, n° 75, 2ème semestre 2005.

Wynchank, Anny: „Réponse de Sony Labou Tansi aux dictatures: une satire ménippée. L'univers carnavalesque de Sony Labou Tansi". In: *Présence Francophone*, n° 45, 1994, S. 133–149.

Wynchank, Anny: „La stratégie romanesque de Sony Labou Tansi dans *La vie et demie*: le carnavalesque". In: Lezou, D. Gérard/N'Da, Pierre (Hrsg.): *Sony Labou Tansi, témoin de son temps*, Limoges: Presses Universitaires de Limoges 2003, S. 83–95.

Yoka, Lye Mudaba: „Sony Labou Tansi: La quête permanente du sens". In: Kadima-Nzuji, Mukala/Kouvouama, Abel/Kibangou, Paul (Hrsg.): *Sony Labou Tansi ou la quête permanente du sens. Actes du colloque international tenu à Brazzaville les 13, 14 et 15 juin 1996 avec le concours de l'Union Européenne, Programme Culturel Régional Bantu*, Paris: L'Harmattan 1997, S. 27–38.

2.2 Zu den deutschsprachigen Werken

Abusch, Alexander: „Lidice", Satire und Wirklichkeit". In: Kießling, Wolfgang (Hrsg.): *Alemania Libre in Mexiko. 2. Texte und Dokumente zur Geschichte des antifaschistischen Exils, 1941–1946*, Berlin: Akademie-Verlag 1974, S. 282–285.

Anger, Sigrid: *Untersuchungen zum Gesellschaftsbild in Heinrich Manns Romanen „Empfang bei der Welt", „Lidice" und „Der Atem"*, Diss., Humboldt-Universität zu Berlin, 1979.

Anger, Sigrid: „Nachbemerkung" zu *Lidice*, 1. Auflage, Berlin und Weimar: Aufbau-Verlag 1984, S. 255–277.

Basler, Otto in: *Das Schweizer Bücherblatt*, 1952.

Bauer, Gerhard: „Die lächerlichen faschistischen Mörder und die erfolgreichen Komiker der Résistance. Heinrich Mann arbeitet für Hollywood". In: *Heinrich Mann-Jahrbuch* 6/1988, S. 70–87.

Besch, Heribert: *Dichtung zwischen Vision und Wirklichkeit: eine Analyse des Werkes von Hermann Kasack mit Tagebuchedition (1930–1943)*, St. Ingbert: Röhrig 1992.

Boussart, M.: „La crise européenne au travers des œuvres d'après-guerre de H. Kasack". In: *Revue des Langues vivantes*, 3, 1964, S. 221–234.

Braese, Stephan: „‚den einzigen Krieg, den wir vermochten' – Heinrich Manns *Lidice*: Vom Ende der Mimese". In: ders.: *Das teure Experiment: Satire und NS-Faschismus*, Opladen: Westdeutscher Verlag 1996, S. 180–213.

Braese, Stephan: „Antifaschistische Satire und die ›Epoche der Geschichtslosigkeit‹: Heinrich Manns ›Filmroman‹ *Lidice* im Kontext". In: Fröhlich, Margrit/Loewy, Hanno/Steinert, Heinz (Hrsg.): *Lachen über Hitler – Auschwitz-Gelächter?: Filmkomödie, Satire und Holocaust*, München: Ed. Text + Kritik 2003, S. 107–124.

Die Zeit: „Hermann Kasack", Nr. 03, 14. Januar 1966, S. 13.

Emrich, Elke: „Heinrich Manns Roman *Lidice*: eine verschlüsselte Demaskierung faschistischer Strukturen". In: *Amsterdamer Beiträge zur neueren Germanistik*, Band 4, 1975, S. 55–112.

Emrich, Elke: „Vorstufen zu Heinrich Manns Roman *Lidice*". In: *Arbeitskreis Heinrich Mann Mitteilungsblatt*, Nr. 17, 1982, S. 2–38.

Emrich, Elke: „Die erste Fassung von Heinrich Manns Roman,Lidice' ". In: *Heinrich Mann-Jahrbuch* 2, 1984, herausgegeben von Helmut Koopmann u. Peter-Paul Schneider, S. 99–110.

Emrich, Elke: „Das Theater der Macht und die Macht des Theaters in der ersten Fassung von Heinrich Manns Roman *Lidice*". In: *Heinrich Mann-Jahrbuch* 3/1985, herausgegeben v. Helmut Koopmann und Peter-Paul Schneider unter dem Titel *Heinrich Mann – Sein Werk im Exil*, S. 143–163.

Emrich, Elke: „Heinrich Manns Roman *Lidice*: Eine Legende von der menschlichen Verwandlung". In: Wolff, Rudolf (Hrsg.): *Heinrich Mann. Das Werk im Exil*, Bonn: Bouvier 1985, S. 13–69.

Frei, Bruno: „Heinrich Mann: Lidice". In: Kießling, Wolfgang (Hrsg.): *Alemania Libre in Mexiko. 2. Texte und Dokumente zur Geschichte des antifaschistischen Exils, 1941–1946*, Berlin: Akademie-Verlag 1974, S. 285–286.

Frey, John R.: „Hermann Kasack. *Das große Netz*". In: *Books Abroad*, Vol. 27, No. 4, 1953, S. 382.

Frey, John R.: „Hermann Kasack". In: *Books Abroad*, Vol. 31, No. 1, 1957, S. 24–28.

Grözinger, Wolfgang: „Hermann Kasack: *Das große Netz*". In: Grözinger, Wolfgang/Rotermund, Erwin/Ehrke-Rotermund, Heidrun: *Panorama des internationalen Gegenwartsromans. Gesammelte „Hochland"-Kritik 1952–1965*, Paderborn: Ferdinand Schöningh 2004, S. 64–65.

Ihering, Herbert: *Heinrich Mann*, 3. Aufl., Berlin: Aufbau-Verlag 1952.

John, Helmut/Neumann, Lonny (Hrsg.): *Hermann Kasack – Leben und Werk. Symposium 1993 in Potsdam*, Frankfurt am Main, u.a.: Peter Lang 1994.

Jürgen, Haupt: *Heinrich Mann*, Stuttgart: Metzler 1980.

Kasack, Hermann: „Marginalien zu dem Roman ›Das grosse Netz‹". In: ders.: *Mosaiksteine: Beiträge zu Literatur und Kunst*, Frankfurt a. M.: Suhrkamp Verlag 1956, S. 369–376.

Kasack, Hermann: „Gewissen der Zeit: Ein Selbstporträt". In: *Welt und Wort*, 12. Jahr, 1957, S. 45–46.

Kasack, Hermann: „Jahrgang 1896. Rückblick auf mein Leben". In: Egmont, Zechlin/Kasack, Hermann/Abendroth, Walter: *1896 Jahr und Jahrgang*, Hamburg: Hoffmann und Campe Verlag 1966, S. 55–97.

Kasack, Wolfgang: *Leben und Werk von Hermann Kasack. Ein Brevier*, Frankfurt am Main: Suhrkamp Verlag 1966.

Koopmann, Helmut: „Heinrich Mann". In: Steinecke, Hartmut (Hrsg.): *Deutsche Dichter des 20. Jahrhunderts*, Berlin: Erich Schmidt Verlag 1994, S: 85–97.

Korn, Karl: „Kasack, Hermann: Das große Netz". In: *Frankfurter Allgemeine Zeitung*, 22.11.1952

Mann, Heinrich, *Briefe an Karl Lemke und Klaus Pinkus*, 1. Auflage, Hamburg: Claassen 1963.

Martini, Fritz: „Hermann Kasack zum Gedächtnis". In: *Jahrbuch der Deutschen Schillergesellschaft*, 10. Jahrgang, 1966, S. 407–413

Naumann, Uwe: *Faschismus als Groteske. Heinrich Manns Roman „Lidice"*, Worms: Verlag Georg Heintz 1980.

Naumann, Uwe: *Zwischen Tränen und Gelächter. Satirische Faschismuskritik 1933 bis 1945*, Köln: Pahl-Rugenstein Verlag 1983.

Rasche, Friedrich in: *Hannoversche Presse*, 25.10.1952.

Reinecke, Rüdiger/Weber, Hendrik: „‚Wer genug geweint hat, lacht'. Entstehung, Verbreitung und Rezeption von Heinrich Manns *Lidice*". In: Delabar, Walter/Fähnders, Walter (Hrsg.): *Heinrich Mann (1871–1950)*, Berlin: Weidler Buchverlag 2005, S. 277–310.

Schröter, Klaus: *Heinrich Mann in Selbstzeugnissen und Bilddokumenten*, Reinbeck bei Hamburg: Rowohlt Taschenbuch Verlag 1967.

Siedler, Wolf Jobst: „Vom Webstuhl der Zeitsatire". In: *Der Monat*, 5. Jahrgang, Heft 54, 1953, S. 661–664.

Socha, Monika: *Komisches Selbstverkennen. Zur Darstellung von Nationalsozialisten in Heinrich Manns „Lidice", Günther Grass' „Die Blechtrommel" und Edgar Hilsenraths „Der Nazi & der Friseur"*, Hamburg: Verlag Dr. Kovač 2014.

Sprengel, Peter: „Teufels-Künstler. Faschismus- und Ästhetizismus-Kritik in Exilromanen Heinrich, Thomas und Klaus Manns". In: Koepke, Wulf/Winkler, Michael (Hrsg.): *Exilliteratur: 1933–1945*, Darmstadt: Wissenschaftliche Buchgesellschaft 1989, S. 424–450.

Teinturier, Frédéric: „Le rire comme arme: satire et grostesque dans *Der falsche Nero* de Lion Feuchtwanger et dans *Lidice* d'Heinrich Mann". In: Azuélos, Daniel (Hrsg.): *Lion Feuchtwanger und die deutschsprachigen Emigranten in Frankreich von 1933 bis 1941/Lion Feuchtwanger et les exilés de langue allemande en France de 1933 à 1941*, Berlin [u. a.]: Peter Lang 2006, S. 207–224.

Trapp, Frithjof: *»Kunst« als Gesellschaftsanalyse und Gesellschaftskritik bei Heinrich Mann*, Berlin [u.a.]: Walter de Gruyter 1975.

Uhse, Bodo: „Heinrich Mann. Zum Erscheinen seines neuen Romans „Lidice". In: Kießling, Wolfgang (Hrsg.): *Alemania Libre in Mexiko. 2. Texte und Dokumente zur Geschichte des antifaschistischen Exils, 1941–1946*, Berlin: Akademie-Verlag 1974, S. 280–282.

Vesely, Jiri: „Über Heinrich Manns Roman ‚Lidice'". In: Deutschen Akademie der Künste zu Berlin (Hrsg.): *Heinrich Mann am Wendepunkt der deutschen Geschichte. Internationale wissenschaftliche Konferenz aus Anlaß des 100. Geburtstages von Heinrich Mann*, 1971, S. 163–164.

Weisstein, Ulrich: „Von‚Lidice' bis zum‚Empfang bei der Welt'". In: ders.: *Heinrich Mann: Eine historisch-kritische Einführung in sein dichterisches Werk; mit einer Bibliographie der von ihm veröffentlichten Schriften*; Tübingen: Max Niemeyer Verlag 1962.

Welscher, Ute: *Sprechen-Spielen-Erinnern: Formen poetologischer Selbstreflexion im Spätwerk Heinrich Manns*, Bonn: Bouvier 2002.

Winkler, Michael: „Hermann Kasack (1896–1966)". In: Elfe, Wolfgang D/Hardin, James (Hrsg.): *Contemporary German Fiction Writers. First Series*, Detroit, Michigan: Gale Reserch Company, Book Tower 1988, S. 169–173.

3. Zur Literaturtheorie

Corbineau-Hoffmann, Angelika: *Einführung in die Komparatistik*, 2., überarbeitete und erweiterte Auflage, Berlin: Erich Schmidt Verlag 2004.

Culler, Jonathan: *Dekonstruktion: Derrida und die poststrukturalistische Literaturtheorie*, Dt. Erstausg, Neuausg., 8.–10. Tsd., Reinbeck bei Hamburg: Rowohlt Taschenbuch Verlag 1999.

Derrida, Jacques: „Signatur Ereignis Kontext". In: ders.: *Randgänge der Philosophie*, Hrsg. von Peter Engelmann [aus d. Franz. von Günther R. Sigl ...], 1. vollst. dt. Ausg., Wien: Passagen Verlag 1988, S. 291–314.

Kreutzer, Leo: „Germanistik und ›Midlife-crisis‹ oder: Wie meine endgültige Literaturwissenschaft zu einer interkulturellen Entwicklungsforschung wurde". In: Griesheimer, Frank/Prinz, Alois (Hrsg.): *Wozu Literaturwissenschaft?: Kritik und Perspektiven*, durchges. Nachdruck der 1. Aufl., Tübingen: Francke Verlag 1992, S. 260–276.

Kreutzer, Leo: „Eigensinn und Geschichte. Überlegungen zu einer Literaturwissenschaft als interkulturelle Entwicklungsforschung". In: Danneberg, Lutz/Vollhardt, Friedrich: *Wie international ist die Literaturwissenschaft?: Methoden- und Theoriediskussion in den Literaturwissenschaften: kulturelle Besonderheiten und interkultureller Austausch am Beispiel des Interpretationsproblems (1950–1990)*, in Zusammenarbeit mit Hartmut Böhme und Jörg Schönert, Stuttgart [u.a.]: Verlag J. B. Metzler 1996, S. 591–599.

Menke, Bettine: „Dekonstruktion – Lektüre: Derrida literaturtheoretisch". In: Bogdal, Klaus Michael (Hrsg.): *Neue Literaturtheorien: Eine Einführung*, 3. Auflage, Göttingen: Vandenhoeck & Ruprecht 2005, S. 242–273.

Schäfer, Tanja: *Positionen literarischer Dekonstruktion. Paul de Man und Jacques Derrida*, Marburg: Tectum Verlag 2009.

Simo, S.: „Germanistik und Selbsterfindung. Zur Dialektik Fremdverstehen-Selbstverstehen". In: Wierlacher, Alois (Hrsg.): *Perspektiven und Verfahren interkultureller Germanistik. Akten des I. Kongresses der Gesellschaft für Interkulturelle Germanistik*, München: Iudicium Verlag 1987, S. 693–700.

Zima, Peter V.: *Die Dekonstruktion: Einführung und Kritik*, Tübingen [u.a.]: Francke Verlag 1994.

Zima, Peter V.: *Komparatistik: Einführung in die vergleichende Literaturwissenschaft*, 2. überarb. und erg. Auflage, Tübingen [u.a.]: A. Francke Verlag 2011.

4. Weitere Nachschlagwerke

Baumgart, Winfried: „Stationen der Unfreiheit – Gleichgeschaltet: Das ‚Ermächtigungsgesetz' und das ‚Heimtückegesetz'". In: *Geschichte/Hessischer Rundfunk, Schulfunk Bd. 26*,1971, S. 40–43.

Camus, Albert: *Le mythe de Sisyphe. Essai sur l'absurde*, (collection folio/Essais) Paris: Les Éditions Gallimard 1999.

Drechsler, Hanno/Hilligen, Wolfgang/Neumann, Franz (Hrsg.): *Gesellschaft und Staat. Lexikon der Politik*, 10., neubearb. und erw. Auflage, München: Verlag Franz Vahlen 2003.

Frei, Norbert: *Der Führerstaat. Nationalsozialistische Herrschaft 1933 bis 1945*, 6. erw. und aktualisierte Neuauflage, München: Deutscher Taschenbuch Verlag 2001.

Friedrich Wilhelms IV., König von Preußen: *So sprach der König. Reden, Trinksprüche, Proclamationen, Botschaften, Kabinets-Ordres, Erlasse, u.s.w.*, neue sehr vermehrte und vervollständige, wohlfeilere Ausgabe, Stuttgart: Göpel 1861.

Haasis, Hellmut G.: *Tod in Prag. Das Attentat auf Reinhard Heydrich*, 1. Auflage, Reinbeck bei Hamburg: Rowohlt Verlag 2002.

Herrmann, Klaus: „Ernst Jünger und der deutsche Nihilismus". In: *Aufbau*, 4. Jahrgang 1948, Heft 1, S. 42–51.

Horkheimer, Max/Adorno, Theodor W.: *Dialektik der Aufklärung. Philosophische Fragmente*, Darmstadt: WBG Wissen verbindet 2015.

Kakama, Mussia: „›Authenticité‹, un système lexical dans le discours politique au Zaire". In: *Mots*, mars 1983, N° 6, S. 31–58

Ki-Zerbo, Joseph: „Histoire et Conscience Nègre", online Veröffentlichung.

Majer, Diemut: *Grundlagen des nationalsozialistischen Rechtssystems. Führerprinzip, Sonderrecht, Einheitspartei*, Stuttgart/Berlin [u.a.]: Verlag W. Kohlhammer 1987.

Riecken, Björn: „Gottesgnadentum", (Version 11. November 2010), im Internet Archive.

Sanchez Penzo, Hannelore: *Die Kunst der literarischen Spannung. Die Erzählstrategie der literarischen Spannung in Max Brods frühem zionistischem Roman Arnold Beer – Das Schicksal eines Juden*, Diss., Universität Düsseldorf 2011.

Sartre, Jean-Paul: *L'existentialisme est un humanisme*, Paris: Les Éditions Nagel 1946.

Schmidt, Manfred G.: *Wörterbuch zur Politik*, 3. überarb. und aktualisierte Aufl., Stuttgart: Alfred Kröner Verlag 2010.

Schmitt, Carl: „Der Führer schützt das Recht. Zur Reichstagsrede Adolf Hitlers vom 13. Juli 1934“, in: *Deutsche Juristen-Zeitung*, Heft 15, 39. Jahrgang, 1. August 1934, Sp. 945–950.

Spies, Bernhard: „Die Macht im Drama. Napoleon-Dramen von Schiller bis Dürrenmatt“. In: Ensberg, Peter/Kost, Jürgen (Hrsg.): *Klassik-Rezeption: Auseinandersetzung mit einer Tradition. Festschrift für Wolfgang Düsing*, Würzburg: Königshausen & Neumann 2003, S. 243–255.

Weber, Max: *Politik als Beruf*, 11. Auflage, Berlin: Duncker & Humblot 2010, S. 8.

Weddigen, Peter Florenz: „Der leere Titel“. In: Bern, Maximilian: *Die zehnte Muse: Dichtungen vom Brettl und fürs Brettl aus vergangenen Jahrhunderten und aus unseren Tagen*, Berlin: Elsner 1920, S. 176–177.

Wighton, Charles: *Heydrich: Hitler's Most Evil Henchman*, London: Odhams Press Limited 1962.

5. Interviews

Boni, Tanella: „Les »contre-dires« de l'Histoire“. In: *Notre Librairie*, N° 155–156, juillet–décembre 2004, S. 77–80.

Borgomano, Madeleine: „On est toujours un enfant pour des personnes plus âgées que vous. Un entretien avec Ahmadou Kourouma“. In: *Mots pluriels*, No 22. septembre 2002.

Brézault, Alain/Clavreuil, Gérard: „Sony Labou Tansi“. In: dies.: *Conversations congolaises*, Paris: L'Harmattan 1989, S. 81–94.

Chemla, Yves: „*En attendant le vote des bêtes sauvages* ou le donsomana. Entretien avec Ahmadou Kourouma“. In: *Notre Librairie*, n° 136, janvier–avril 1999, S. 26–29.

Herzberger-Fofana, Pierrette: „Sony Labou Tansi, écrivain congolais“. In: Rwanika, Drocella Mwisha/Nyunda ya Rubango (Hrsg.): *Francophonie littéraire africaine en procès. Le destin unique de Sony Labou Tansi*, a. a. O., S. 268–272.

Le Renard, Thibault/Toulabor, Comi M.: „Entretien avec Ahmadou Kourouma“. In: *Politique africaine*, n°75, octobre 1999, S. 178–183.

Magnier, Bernard: „Ahmadou Kourouma“. In: Notre Librairie, n° 87, avril–juin 1987, S. 11–15.

Magnier, Bernard: „Je ne suis pas à développer mais à prendre ou à laisser“. In: *Notre Librairie*, n° 79, avril–juin 1985, S. 5–7.

Ouédraogo, Jean: „Entretien avec Ahmadou Kourouma“. In: *The French Review*, Vo. 74, No. 4, 2001, S. 772–785.

Singou-Basseha, Apollinaire: „Une œuvre inachevée. Sony Labou Tansi: romancier, nouvelliste, metteur en scène, dramaturge, poète". In: ders.: *Confidences et révélations littéraires. Henri Lopes, Sony Labou Tansi, Matondo Kubu Turé, Alain Mabanckou, Ghislaine Sathoud et Henri Djombo*, Paris: L'Harmattan 2012, S. 91–102.

Stamm, Norbert: „Entretien avec Sony Labou Tansi sur sa socialisation littéraire et culturelle, le 4 mai 1993 à Brazzaville". In: ders.: *‚Den Kongo schreiben'. Geschriebene Heterogenität: das Werk Sony Labou Tansis*, Frankfurt/M: IKO-Verlag für Interkulturelle Kommunikation 2000, S. A1–A20.

6. Links

http://epublications.unilim.fr/theses/2003/diandue-bi-kacou-parfait/diandue-bi-kacou-parfait.pdf, zuletzt aufgerufen am 12.06.2016.

http://ethiopiques.refer.sn/spip.php?article1031, zuletzt aufgerufen am 07.01.2017.

http://nodusciendi.net/articles.php, zuletzt aufgerufen am 13.06.2016.

http://asq.africa.ufl.edu/files/v7i1.pdf, zuletzt aufgerufen am 04.01.2017.

http://ethiopiques.refer.sn/spip.php?article1757, zuletzt aufgerufen am 04.01.2017.

https://conservancy.umn.edu/bitstream/handle/11299/47226/Ngong_umn_0130E_10143.pdf?sequence=1, abgerufen am 14.01.2016.

http://www.wissen.de/lexikon/absolutismus, zuletzt aufgerufen am 21.01.2016.

http://www.universitepopulairemeroeafrica.org/IMG/pdf/Joseph_KI-Zerbo_Histoire_et_Conscience_Negre.pdf, S. 13, zuletzt aufgerufen am 09.02.2016.

http://web.archive.org/web/20101111011509/http://www.histosem.uni-kiel.de/legitimation/glossar/gottesgnadentum.html, zuletzt aufgerufen am 09.02.2016.

https://www.deutscheakademie.de/de/akademie/geschichte, zuletzt aufgerufen am 05.12.2016.

https://docserv.uni-duesseldorf.de/servlets/DerivateServlet/Derivate-20028/Diss.25.7.ver%c3%b6ffentl-PDF-A1b.pdf, zuletzt aufgerufen am 05.12.2016.

STUDIEN ZUR DEUTSCHEN UND EUROPÄISCHEN LITERATUR DES 19. UND 20. JAHRHUNDERTS

Begründet von Dieter Kafitz,
Franz Norbert Mennemeier, Erwin Rotermund
Herausgegeben von Bernhard Spies

Band 1 Dieter Kafitz (Hrsg.): Dekadenz in Deutschland. Beiträge zur Erforschung der Romanliteratur um die Jahrhundertwende. 1987.

Band 2 Thomas Fraund: Bewegung – Korrektur – Utopie. Studien zum Verhältnis von Melancholie und Ästhetik im Erzählwerk Thomas Bernhards. 1986.

Band 3 Edward McInnes: ‚Ein ungeheures Theater'. The Drama of the Sturm und Drang. 1987.

Band 4 Georgia A. Schneider: Portraits of Women in Selected Works of Gabriele Reuter. 1987.

Band 5 Michael Limlei: Geschichte als Ort der Bewährung. Menschenbild und Gesellschaftsverständnis in den deutschen historischen Romanen (1820-1890). 1988.

Band 6 Hoda Issa: Das *Niederländische* und die *Autopsie*. Die Bedeutung der Vorlage für Georg Büchners Werke. 1988.

Band 7 Christa Jordan: Zwischen Zerstreuung und Berauschung. Die Angestellten in der Erzählprosa am Ende der Weimarer Republik. 1988.

Band 8 Alfons Weber: Problemkonstanz und Identität. Sozialpsychologische Studien zu Franz Werfels Biographie und Werk – unter besonderer Berücksichtigung der Exilerzählungen. 1990.

Band 9 Michael Krüger: Vom ordnenden Subjekt zur subjektgemäßen Ordnung. Studien zu Arnolt Bronnens Dramen. 1989.

Band 10 Michael Schmitt: Der rauhe Ton der kleinen Leute. „Große Stadt" und „Berliner Witz" im Werk Adolf Glaßbrenners (zwischen 1832 und 1841). 1989.

Band 11 Jutta Kiencke-Wagner: Das Werk von Gerlind Reinshagen. Gesellschaftskritik und utopisches Denken. 1989.

Band 12 Susanne Werling: Handlung im Drama. Versuch einer Neubestimmung des Handlungsbegriffs als Beitrag zur Dramenanalyse. 1989.

Band 13 Jürgen Hillesheim: Die Welt als Artefakt. Zur Bedeutung von Nietzsches „Der Fall Wagner" im Werk Thomas Manns. 1989.

Band 14 Jörg Marx: Lebenspathos und ‚Seelenkunst' bei Stanislaw Przybyszewski. Interpretation des Gesamtwerkes unter besonderer Berücksichtigung der weltanschaulichen und kunsttheoretischen Positionen sowie der Poetik. 1990.

Band 15 Edward McInnes: ‚Eine untergeordnete Meisterschaft?' The Critical Reception of Dickens in Germany 1837-1870. 1991.

Band 16 Andrea Stoll: Erinnerung als ästhetische Kategorie des Widerstandes im Werk Ingeborg Bachmanns. 1991.

Band 17 Werner Brand: Der Schriftsteller als Anwalt der Armen und Unterdrückten. Zu Leben und Werk Walter Kolbenhoffs. 1991.

Band 18 Birgit Graafen: Konservatives Denken und modernes Erzählbewußtsein im Werk von Hermann Lenz. 1992.

Band 19 Barbara Krauß-Theim: Naturalismus und Heimatkunst bei Clara Viebig. Darwinistisch-evolutionäre Naturvorstellungen und ihre ästhetischen Reaktionsformen. 1992.

Band 20 Birgit Kneip: Zwischen Angriff und Verteidigung. Satirische Schreibweise in der deutschen Erzähl- und Dokumentarprosa 1945-75. 1993.

Band 21 Wolfgang Düsing (Hrsg.): Experimente mit dem Kriminalroman. Ein Erzählmodell in der deutschsprachigen Literatur des 20. Jahrhunderts. 1993.

Band 22 Bernd Waldmann: „Schiller ist gut – Schiller muß sein!" Grundlagen und Funktion der Schiller-Rezeption des westdeutschen Theaters der fünfziger Jahre. 1993.

Band 23 Bernd Kiefer: Rettende Kritik der Moderne. Studien zum Gesamtwerk Walter Benjamins. 1994.

Band 24 Eva Borst: Über jede Scham erhaben. Das Problem der Prostitution im literarischen Werk von Else Jerusalem, Margarete Böhme und Ilse Frapan unter besonderer Berücksichtigung der Sittlichkeits- und Sexualreformbewegung der Jahrhundertwende. 1993.

Band 25 Doortje Cramer: Von Prag nach New York ohne Wiederkehr. Leben und Werk Hermann Grabs (1903-1949). 1994.

Band 26 Elisabeth Hillesheim: Die Erschaffung einer Märtyrers. Das Bild Albert Leo Schlageters in der deutschen Literatur von 1923 bis 1945. 1994.

Band 27 Claudia Bibo: Naturalismus als Weltanschauung? Biologistische, theosophische und deutsch-völkische Bildlichkeit in der von Fidus illustrierten Lyrik (1893-1902). Mit einem Anhang: Organisationen der Deutschgläubigen Bewegung. 1994.

Band 28 Roswita Schwarz: Vom expressionistischen Aufbruch zur Inneren Emigration. Günther Weisenborns weltanschauliche und künstlerische Entwicklung in der Weimarer Republik und im *Dritten Reich*. 1995.

Band 29 Martin Steinmetz: Fernando Pessoa und Gottfried Benn. Eine vergleichende Studie zur Identitätsproblematik in der Dichtung des 20. Jahrhunderts. 1995.

Band 30 Helena Frenschkowski: Phantasmagorien des Ich. Die Motive Spiegel und Porträt in der Literatur des 19. Jahrhunderts. 1995.

Band 31 Verena Mahlow: „Die Liebe, die uns immer zur Hemmung wurde...". Weibliche Identitätsproblematik zwischen Expressionismus und Neuer Sachlichkeit am Beispiel der Prosa Claire Golls. 1996.

Band 32 Irene Schüpfer: „Es war, als *könnte* man gar nicht reden." Die Kommunikation als Spiegel von Zeit- und Kulturgeschichte in Eduard Mörikes *Maler Nolten*. 1996.

Band 33 Elisabeth Fillmann: Realsatire und Lebensbewältigung. Studien zu Entstehung und Leistung von Werner Krauss' antifaschistischem Roman „PLN. Die Passionen der halykonischen Seele". 1996.

Band 34 Gerd Schattner: Der Traum vom Reich in der Mitte: Bruno Brehm. Eine monographische Darstellung zum operationalen Charakter des historischen Romans nach den Weltkriegen. 1996.

Band 35 Doris Kolesch: Aufbauende Zerstörung. Zur Paradoxie des Geschichts-Sinns bei Franz Kafka und Thomas Pynchon. 1996.

Band 36 Susanne Marschall: TextTanzTheater. Eine Untersuchung des dramatischen Motivs und theatralen Ereignisses „Tanz" am Beispiel von Frank Wedekinds *Büchse der Pandora* und Hugo von Hofmannsthals *Elektra*. 1996.

Band 37 Peter W. Marx: Heiner Müller: *Bildbeschreibung*. Eine Analyse aus dem Blickwinkel der Greimas'schen Semiotik. 1998.

Band 38 Jürgen Kron: Seismographie der Moderne. Modernität und Postmodernität in Ernst Jüngers Schriften von *In Stahlgewittern* bis *Eumeswil*. 1998.

Band 39 Sabine Hillebrand: Strategien der Verwirrung. Zur Erzählkunst von E.T.A. Hoffmann, Thomas Bernhard und Giorgio Manganelli. 1999.

Band 40 Christina Jung-Hofmann: Wirklichkeit, Wahrheit, Wirkung. Untersuchungen zur funktionalen Ästhetik des Zeitstückes der Weimarer Republik. 1999.

Band 41 Stefan Schwöbel: Autonomie und Auftrag. Studien zur Kunsttheorie im Werk von Peter Weiss. 1999.

Band 42 Alexa Hennemann: Die Zerbrechlichkeit der Körper. Zu den Georg-Büchner-Preisreden von Heiner Müller und Durs Grünbein. 2000.

Band 43 Anne Waterstraat: „Ein System und keine Gnade". Zum Zusammenhang von Gottesbild, Sündenverständnis und Geschlechterverhältnis in ausgewählten Texten Marieluise Fleißers. 2000.

Band 44 Ina-Gabriele Dahlem: Auflösen und Herstellen. Zur dialektischen Verfahrensweise der literarischen Décadence in Heinrich Manns *Göttinnen*-Trilogie. 2001.

Band 45 René Geoffroy: Ungarn als Zufluchtsort und Wirkungsstätte deutschsprachiger Emigranten (1933-1938/39). 2001.

Band 46 Carola von Edlinger: Kosmogonische und mythische Weltentwürfe aus interdiskursiver Sicht. Untersuchungen zu *Phantasus* (Arno Holz), *Das Nordlicht* (Theodor Däubler) und *Die Kugel* (Otto zur Linde). 2002.

Band 47 Ruthild Kropp: Konstanz und Wandel der Pferdedarstellung in der neueren deutschen Literatur. Ein Beitrag zur Motivgeschichte des Pferdes. 2002.

Band 48 Ulrike Brandenburg: Hanns Heinz Ewers (1871-1943). Von der Jahrhundertwende zum Dritten Reich. Erzählungen, Dramen, Romane 1903-1932. Von der Genese des Arioheros aus der Retorte: Die Gestaltwerdung einer ‚deutschen Reichsutopie'. 2003.

Band 49 Katharina Theml: *Fortgesetzter Versuch* – Zu einer Poetik des Essays in der Gegenwartsliteratur am Beispiel von Texten Christa Wolfs. 2003.

Band 50 Brigitte Dörrlamm: Gasthäuser und Gerüchte. Zu integrativer Polyphonie im Werk Wilhelm Raabes. 2003.

Band 51 Brigitte Schultze: Der polnische *Bauernfürst*: Vom Bauern zum König. Arbeit am Stoff in vier Jahrhunderten. 2003.

Band 52 Ewa Makarczyk-Schuster: Raum und Raumzeichen in Stanis³aw Ignacy Witkiewiczs Bühnenschaffen der zwanziger Jahre *oder* Kann man am Ende der Bühne noch die Hand ausstrecken? 2004.

Band 53 Dörte Lütvogt: Raum und Zeit in Olga Tokarczuks Roman *Prawiek i inne czasy* (Ur- und andere Zeiten). 2004.

Band 54 Michael Hesse: Kunst als fraktales Spiel. Potentiale der Kommunikation in den Romanen Alfred Anderschs. 2004.

Band 55 Natalia Shchyhlevska: Deutschsprachige Autoren aus der Bukowina. Die kulturelle Herkunft als bleibendes Motiv in der Identitätssuche deutschsprachiger Autoren aus der Bukowina. Untersucht anhand der Lyrik von Paul Celan, Rose Ausländer, Alfred Kittner, Alfred Gong, Moses Rosenkranz, Immanuel Weißglas, Alfred Margul-Sperber, Selma Meerbaum-Eisinger, Klara Blum, Else Keren. 2., korrigierte Auflage. 2009.

Band 56 Ellen Graßmann: Frauenbilder im deutschen Roman der fünfziger Jahre. 2004.

Band 57 Frauke Lamberts: Die Muse und die Erinnerung. Stilistische und poetologische Analyse von Hans Joachim Schädlichs Roman *Schott*. 2005.

Band 58 Elinor Waldmann: Frank Wedekinds *Bismarck*. Deutschnationale Heldenverehrung oder Dokument subversiver Kritik. 2005.

Band 59 Ernst Günter Fröls: *Die Weber* in der Revision. Untersuchungen zu Quellen, Struktur und Intention von Hauptmanns Weberdrama. 2005.

Band 60 Martin Buchwaldt: Ästhetische Radikalisierung. Theorie und Lektüre deutschsprachiger Theatertexte der achtziger Jahre. Tankred Dorst: *Karlos*, Rainald Goetz: *Krieg*, Heiner Müller: *Bildbeschreibung*. 2007.

Band 61 Valeska Steinig: Abschied von der DDR. Autobiografisches Schreiben nach dem Ende der politischen Alternative. 2007.

Band 62 Agnieszka Rajewska-Perzyńska: Rolf Bongs. Dissoziation eines Schriftstellers im Spannungsfeld zwischen Selbststilisierung und Anpassung. 2009.

Band 63 Veronica Alina Buciuman: *Sinceritas*. Der poetologische Begriff in Hermann Hesses Prosawerk. 2010.

Band 64 Annette Peitz: Chick Lit. Genrekonstituierende Untersuchungen unter angloamerikanischem Einfluss. 2010.

Band 65 Kuessi Marius Sohoudé: Rechtsstaatlichkeit und Verantwortlichkeit bei Heinrich von Kleist. 2010.

Band 66 Walter Schmidt: Zimmerspiele Mainz/Haus am Dom. Ein Zimmertheater der Nachkriegszeit (1950-1959/60) oder Der Versuch, poetische Schwingungen zu erzeugen. 2010.

Band 67 Komi Kouma Kougblenou: Studien zur Entwicklung der kulturellen Norm „Toleranz". Die Forderung nach Toleranz gegenüber den Juden in der deutschen Literatur von der Aufklärung bis zur Gründerzeit. 2010.

Band 68 Véronique Liard / Bernhard Spies (Hrsg.): Aneignung und Abgrenzung. Studien zur Relativität kultureller Grenzziehungen zwischen der französischen und der deutschsprachigen Literatur im 19. und 20. Jahrhundert. 2013.

Band 69 Aglaia Bianchi: Shoah und Dialog bei Primo Levi und Ruth Klüger. 2014.

Band 70 Sewa Okpar: Geschlechterrollen und Frauenbilder. Untersuchungen zu Romanen frankophoner schwarzafrikanischer und deutschsprachiger Autoren und Autorinnen. 2014.

Band 71 Ulrike Häfner: Geschichtsphilosophische Implikationen im historischen Roman des frühen 20. Jahrhunderts. 2016.

Band 72 Forthcoming.

Band 73 N'Tchombitché Séidou: Politische Literatur und Good Governance. Untersucht an frankophonen, schwarzafrikanischen Romanen der ‚Postkolonie' und an deutschsprachigen Romanen der ‚Nachkriegszeit'. 2018.

Band 74 Messan Tossa: Friedensdiskurse in der neueren deutschsprachigen Literatur. Am Beispiel von Erich Maria Remarque und Martin Auer. 2018.

Band 75 Nanka Anatere: Ästhetische Modellierung von politischer Macht in der Literatur. Untersuchungen zu ausgewählten afrikanischen und deutschsprachigen Romanen des 20. Jahrhunderts. 2018.

www.peterlang.com